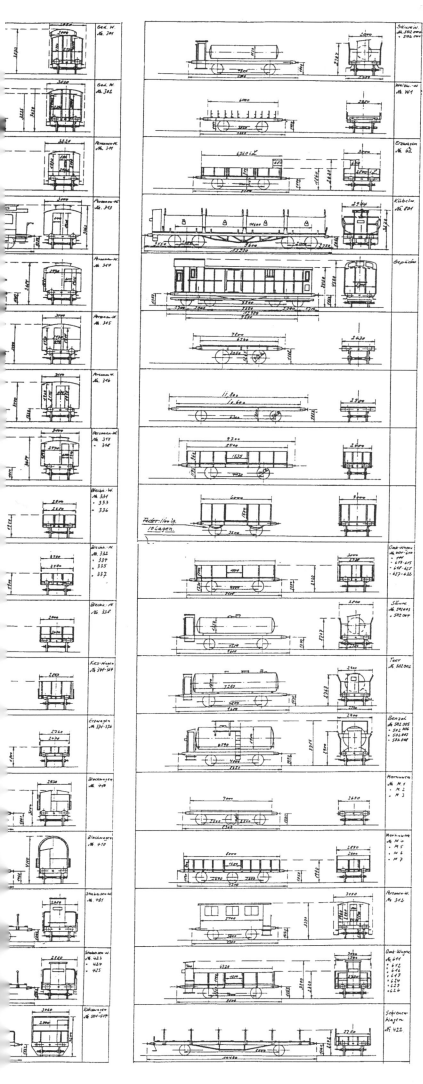
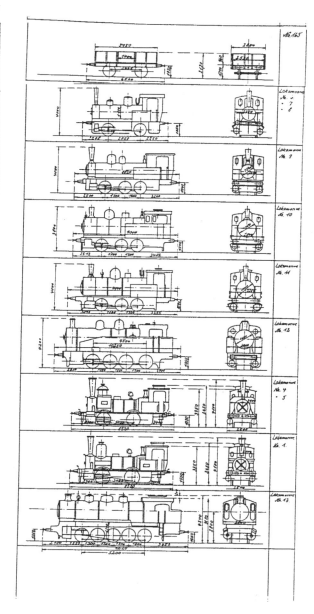

Lothar H. Hülsmann

Die Georgsmarienhütter Eisenbahnen

LOK
RUNDSCHAU

Titelbild:
Lok 15 der Georgsmarienhütten-Eisenbahn im schweren Güterzugdienst. Die Maschine wurde 1950 von Henschel gebaut und blieb bis 1965 im aktiven Einsatz.
Foto: Hugo Mittelberg

Vor- und Nachsatz:
Grafische Betriebsmittelübersicht der Georgsmarienhütten-Eisenbahn vom September 1913.
Archiv: Klöckner-Werke AG

Seite 1:
Ein Personenzug der GME mit Lok 13 bei der Einfahrt in die Station Patkenhof, aufgenommen im September 1963.
Foto: Ludwig Rotthowe

Seite 2 (oben):
Am 16. April 1976 reichte ein Steuerwagen (VS 2) für den Personenverkehr auf der GME aus, geschoben von der 1958 gebauten KHD-Lok Nr. 9. Im Hintergrund ist das Stationsgebäude des Bahnhofs Patkenhof zu sehen, das später halbiert wurde.
Foto: Joachim Petersen

Rücktitel:
Der GME-Personenverkehr, wie er vielen Menschen noch in Erinnerung ist: Als roter Altbau-Triebwagenzug, hier aufgenommen bei Wulfskotten (1968).
Foto: Achim Switing

Herausgeber:
LOKRUNDSCHAU Verlag GmbH, Geesthachter Straße 28a, D–21483 Gülzow

Layout: Malte Werning
Druck: Fuldaer Verlagsagentur (FVA), D – 36037 Fulda

Ergänzungen, Berichtigungen usw. senden Sie bitte direkt an den Verlag.

Aktuelle Berichte, Ergänzungen und Korrekturen auch auf folgenden Internet-Seiten:
http://www.l-huelsmann.de
http://www.lokrundschau.de

Das Manuskript wurde im Juni 2000 abgeschlossen.
ISBN 3-931647-11-0
© LOKRUNDSCHAU Verlag GmbH
1. Auflage 2000
Alle Rechte – auch der Vervielfältigung und Datenverwertung – vorbehalten.
– Printed in Germany –

Inhalt

Grußwort 4
Geleitwort 5
Vorwort und Einleitung 7

Die Georgsmarienhütte 8
Die Georgsmarienhütten-Eisenbahn
    Entwicklung 16
    Gleisanlagen und Betrieb 26
    Betriebsmittel 36
      Waggonbau 65
Der Erz-, Kohlen- und Kalksteinabbau im Gebiet der Hütte
    Erzabbau am Hüggel 70
    Kohlenabbau bei Oesede 72
    Kohlenabbau am Hilterberg 73
    Die Kalkseilbahn 73
Das Stahlwerk Osnabrück
    Entwicklung 74
    Betriebsmittel 80

Die Bahnen am Piesberg
    Städtischer Kohlenabbau am Piesberg 88
    Die Kohlengruben gelangen zum GMBHV 92
    Der Steinbruch Piesberg 93
    Die Kleinbahn Rheine – Piesberg 94
    Entwicklung im Zweiten Weltkrieg 95
    Der Piesberg heute 97
    Betriebsmittel und Anlagen 97
    Die Museumsbahn am Piesberg 103
Die Perm-Bahn
    Die normalspurige Perm-Bahn Velpe – Hasbergen 106
    Schmalspurbahn am Schafberg 109
Die Wallücke-Bahn
    Geschichte 111
    Die eisenbahntechnischen Anlagen und Betriebsmittel 116
Die Kohlenzeche Werne 122

Quellen- und Literaturnachweise 126
Danksagung 127

Die GME-Lok 3 rangiert zwei sechsachsige Pfannenwagen im Werksgelände der Georgsmarienhütte. Foto: Kai Drether

Grußwort

Sehr verehrte Leserin, sehr geehrter Leser, liebe Eisenbahnfreunde

Sie halten hier ein Buch in den Händen, das den Werdegang einer der ältesten Privatbahnen Deutschlands beschreibt.

Der Autor hat in diesem Buche bis ins Detail der Geschichte der Bahn seit ihrer Entstehung im Jahre 1866 nachgeforscht und in Bild und Text festgehalten. Untrennbar steht die Geschichte unseres Stahlwerks, der Georgsmarienhütte GmbH, in direktem Zusammenhang mit der Georgsmarienhütten-Eisenbahn. Daher ist auch deren Geschichte seit den Anfängen parallel beschrieben. Hierfür sei dem Autor an dieser Stelle herzlichst gedankt.

Bleibt nachzutragen daß die Bahn von der VLO GmbH 1996 zurückgekauft wurde. Bedingt durch die Bahnreform und die damit verbundene Änderung des Allgemeinen Eisenbahngesetzes entstand aus der Georgsmarienhütten Eisenbahn eine eigene Gesellschaft, die GET Georgsmarienhütte Eisenbahn und Transport GmbH. Zur Kostenoptimierung haben wir 1997 die Fahrten mit eigener Lok eingestellt und die Traktionsleistung bei der DB Cargo eingekauft.

Die verbleibenden Loks werden trotz Tauglichkeit für die Strecken der Deutsche Bahn AG nur noch im Werk eingesetzt.

Hat sich auch der Name und der Betrieb ein wenig geändert, so sichern doch gerade diese Umstände den Erhalt der Bahn und damit des wichtigsten Transportleisters für unser Stahlwerk. Ohne sie wäre die Rohstoffversorgung und der Versand unserer Produkte nur schwer vorstellbar.

So wünsche ich unserer Eisenbahn eine weiterhin transportintensive Zukunft und daß sich noch viele Güterzüge über ihr Gleis am Fuße des Hüggels schlängeln werden.

Allzeit freie Fahrt und ein herzliches Glückauf

Ihr Jürgen Großmann

Gesellschafter der GET
Georgsmarienhütte Eisenbahn und Transport GmbH

Geleitwort

Die Georgsmarienhütten Eisenbahn kann in diesem Jahr bereits ihr 134-jähriges Bestehen feiern und gehört damit zu den ältesten Privatbahnen Deutschlands. Gleichzeitig liegt sie bezüglich ihres Transportaufkommens von 700 – 800.000 Jahrestonnen im guten Mittelfeld aller Bahnen.

Dieses Buch veranschaulicht dem Leser deutlich die in diesem Jahr bereits in das dritte Jahrhundert gehende Geschichte dieser Bahn mit ihren Höhen und Tiefen, mit ihren unterschiedlichen Betriebsmitteln, ihren vielfältigen und im Laufe der Zeit häufig veränderten Gleisanlagen und die über die Jahre veränderten Betriebsweisen.

Für die umfangreichen und detailgenauen Recherchen und die naturgetreuen Wiedergaben in diesem Buch sei dem Autor an dieser Stelle herzlichst gedankt.

Seit der letzten Auflage 1985 wurden bei der Georgsmarienhütten Eisenbahn zwei entscheidende Schritte getan:

Nach der Gründung der Georgsmarienhütte GmbH wurde die Roheisenerzeugung umgestellt vom Hochofenbetrieb auf Elektro-Lichtbogen-Ofen. Hiermit verbunden war eine radikale Umstellung der Rohstoffversorgung. Statt Koks und Erz für den Hochofen wird nun Schrott als Rohstoff per Bahn zum Stahlwerk transportiert. Dieses führte zu einer Transportmengenreduzierung auf der Schiene, gleichzeitig aber durch die sortenmäßige und über 24 Stunden verteilte Belieferung des E-Ofens zu einem Mehraufwand im Rangierbetrieb.

Ein zweiter Schritt war der Rückkauf der Bahn 1996. Durch die Bahnreform und die damit verbundene Änderung des Allgemeinen Eisenbahngesetzes war eine Rückübertragung der Betriebsgenehmigung im Gegensatz zu 1978 nicht mehr möglich. Hierdurch wurde es erforderlich, für die Bahn eine neue, eigene Gesellschaft zu gründen, die Georgsmarienhütte Eisenbahn und Transport GmbH (GET). Nach der Bestellung der Geschäftsführung und eines Obersten Betriebsleiters wurden dieser neuen Gesellschaft am 17.01.1997 die Genehmigungen zum Erbringen von Eisenbahnverkehrsleistungen und zum Betreiben einer Eisenbahninfrastruktur erteilt. Somit stand dem Weiterbetrieb der Bahn in dieser neuen Form nichts mehr im Wege.

Seit ihrer Gründung hat das Stahlwerk für die Georgsmarienhütten Eisenbahn eine existentielle Bedeutung. Dieses hat sich bis heute nicht geändert. Möge dieser Umstand und eine weitere Steigerung der Transportmengen bis weit in das gerade begonnene 21. Jahrhundert erhalten bleiben.

Dipl.-Ing. Hubert Unland
Ewald Schwebe

Geschäftsführer der GET
Georgsmarienhütte Eisenbahn- und Transport GmbH

Vorwort und Einleitung

Der Erz- und Kohlenabbau im Osnabrücker Land hat eine lange Tradition. Schon um 1180 läßt sich im Hüggel der Silbererzabbau nachweisen, ab 1530 trifft dies auch für den Eisenerzabbau am Hüggel zu. Der Sohn der alten Osnabrücker Wachsbleichner-Familie, Karl Förster, der in einer Eisenhütte bei Altenbecken gearbeitet und danach die Hütte zu Gravenhorst geleitet hatte, stellte 1835 beim Amt Iburg den Antrag in Beckerode eine Hütte eröffnen zu dürfen. Dem Antrag wurde stattgegeben. Am 19. Februar 1839 übernahm Julius Meyer die Hütte. 1855 hatte die Hütte Schürfrechte in Hagen, Oesede, Iburg, Holzhausen, Ohrbeck, Malbergen, Hellern und Gaste. Der Hütte wurde der Bezug von einheimischer Steinkohle aus den Gruben bei Borgloh vorgeschrieben. Verkaufsverhandlungen mit einer westfälischen Gesellschaft scheiterten am Einspruch der Regierung in Hannover. Im Königreich Hannover gewonnenes Erz sollte auch dort verhüttet werden. In Hannover bildete sich darauf ein Konsortium zwecks Ankauf der Hütte.

Am 3. Mai 1856 erteilte König Georg V. die Genehmigung, diese neue Gesellschaft Georgs-Marien-Bergwerks- und Hütten-Verein (GMBHV) zu nennen. Am 5. Juni 1856 übergab der Fabrikant Julius Meyer die Hütte in Beckerode an die neue Gesellschaft.

Das Gelände der Beckeroder Hütte war für das neu zu schaffende Hüttenwerk ungeeignet. In zentraler Lage zwischen den Erzvorkommen im Hüggel und den Kohlenlagerstätten bei Oesede, Kloster Oesede und Wellendorf konnte die Gesellschaft eine 79,4 ar große Fläche in der Gemeinde Malbergen käuflich erwerben. Der Bau der Hüttenanlagen begann noch 1856. 1923 wurde der GMBHV durch die Klöckner Werke AG übernommen. 1993 erfolgte der dritte Besitzerwechsel durch die Übernahme des Werkes durch Dr. Jürgen Großmann und durch die Gründung der Georgsmarienhütte GmbH.

Folgende Einzelfirmen der Georgsmarienhütte Holding GmbH finden in dem vorliegenden Buch Erwähnung:

☐ Georgsmarienhütte GmbH (das eigentliche Stahlwerk)
☐ IAG – Industrie-Anlagen-Bau Georgsmarienhütte GmbH
☐ Wärmebehandlung Osnabrück GmbH
☐ MAGNUM Metallbearbeitung GmbH (beide auf dem Gelände des ehemaligen Stahlwerks in Osnabrück)
☐ Rohstoff Recycling Osnabrück GmbH am Hafen Osnabrück

Alle in diesem Buch neben der eigentlichen Georgsmarienhütten-Eisenbahn vorgestellten Bahnen stehen im direkten Zusammenhang mit der Georgsmarienhütte, sie werden deshalb in etwa ihrer Stellung nach hier vorgestellt. Die Entwicklung der Betriebe und mit ihnen ihrer Eisenbahnen wird bis in das Jahr 2000 dokumentiert. Die 1923 erfolgte Übernahme des Georgs-Marien-Bergwerks- und Hüttenvereins durch die Klöckner-Werke AG haben die Kleinbahn Werne – Ermelinghof derartig verändert, daß diese Bahn nicht bis in die Neuzeit behandelt wurde. Sie ist in die heutige Werne-Bockum-Höveler Eisenbahn aufgegangen.

Wo es von besonderem Interesse erschien, wurden auch kurze Abstecher in die Firmengeschichte unternommen und eine Vorstellung von eisenbahntechnischen Fertigungsbereichen eingefügt.

Osnabrück, im März 2000
Lothar H. Hülsmann

Foto links:
Im September 1963 boten die die Personenzüge der Georgsmarienhütten-Eisenbahn noch ein stilechtes Nebenbahnbild. Lok 13 hat hier einen Zug von Hasbergen nach Georgsmarienhütte am Haken, aufgenommen kurz vor der Station Augustaschacht.
Foto: Ludwig Rotthowe

König Georg V. und seine Gattin Marie von Altenburg, die Namensgeber der Hütte. Georg V. war von 1851 bis 1866 König in Hannover. Archiv Klöckner-Werke AG

Die Georgsmarienhütte

Die Errichtung des Hüttenwerkes auf dem damaligen Malbergener Gebiet erwies sich für den Georgs-Marien-Bergwerks- und Hüttenverein (GMBHV) schwieriger als gedacht. Die Stadt Osnabrück, die Kirche und die ansässige Bevölkerung waren gegen das Hüttenwerk eingestellt. Die Bauern waren für die nötigen Arbeiten nicht zu gewinnen. Der GMBHV sah sich gezwungen, im größeren Umfang ortsfremde Arbeitnehmer anzuwerben. Dies mißbilligte die Kirche wieder, die den Verfall der guten Sitten erwartete. Um diese mißliche Lage zu beseitigen, mußte der GMBHV zuerst Wohnungen bauen. Gleichzeitig wurde der Antrag zur Gründung einer eigenen Gemeinde in Hannover gestellt und von dort auch genehmigt.

Bereits im ersten Betriebsplan für die Hütte war der Bau einer Eisenbahnverbindung zu den Kohlenlagerstätten bei Oesede und zum Erzabbaugebiet am Hüggel vorgesehen. Die dafür benötigten Grundstücke konnte die Hütte von den Grundeigentümern nicht freiwillig erwerben. Ein Enteignungsrecht für die Trasse besaß der GMBHV noch nicht. Dieses Recht wurde dem GMBHV erst zugestanden, nachdem der Verein bereit war, eine Bahnverbindung „des öffentlichen Nutzens" mit Güter- und Personenverkehr zu erstellen und dies am 23. Oktober 1857 erklärte.

Am 14. April 1858 konnten die ersten beiden Hochöfen in Betrieb genommen werden. Die hohen Transportkosten für den Antransport der Rohstoffe ließ noch keine gewinnbringende Eisenproduktion zu. Obschon 8.000 Tonnen Roheisen erzeugt wurde, schloß die Bilanz mit einem Verlust von umgerechnet 133.876,42 Mark ab. Ende des Jahres 1858 waren bei der Hütte bereits 794 Mitarbeiter beschäftigt. Diese teilten sich folgendermaßen auf:

Zeitgenössische Darstellung des Hüttenwerks aus dem Jahre 1870.   Archiv Klöckner-Werke AG

3	Technische Gruben- und Hüttenbeamte
3	Bau- und Maschinenbauingenieure
10	Bürobeamte
12	Aufseher
366	Bergarbeiter
280	Hüttenarbeiter
120	Maurer, Zimmerleute und Hilfsarbeiter

Im Juli 1860 übernahm C. Wintzer als Direktor die Leitung der Hütte. Am 1. Juli 1860 hatte man bereits einen Lagerbestand von 2.335 Tonnen an Roheisen. Ein zu diesem Zeitpunkt mit der Firma Krupp geschlossener Vertrag zur Lieferung von Roheisen für die Erzeugung von Bessemer-Stahl kam gerade recht.

Am 26. September 1861 wurde der dritte Hochofen angeblasen. Über 400 Pferdegespanne waren nun damit beschäftigt, die benötigten Rohstoffe zur Hütte zu transportieren und die Fertigprodukte im wesentlichen zur hannoverschen Westbahn zu bringen.

Am 28. Februar 1862 erhielt der GMBHV für die zu bauenden Bahnverbindungen das Enteignungsrecht mit der Auflage, die Bahn bis zum 1. April 1864 zu bauen und in Betrieb zu nehmen.

Die Roheisenerzeugung zu diesem Zeitpunkt zeigt die folgende Übersicht:

Die Materialzufuhr erfolgte im Jahre 1890 mit eisernen Wagen, die in Osnabrück beim Stahlwerk gefertigt wurden. Die Spurweite betrug 750 mm.   Archiv Klöckner-Werke AG

1858/59	8.000 Tonnen
1859/60	10.350 Tonnen
1860/61	11.300 Tonnen
1861/62	12.000 Tonnen
1863/64	16.000 Tonnen

Die Georgsmarienhütte

Im Jahre 1873 war die Produktion der Hütte bereits auf das siebenfache des Jahres 1858 angestiegen. 54.000 Tonnen Roheisen wurden erzeugt.

Am 29. Dezember 1881 verstarb der Direktor der Hütte, C. Wintzer. Sein Nachfolger wurde am 12. Februar 1882 Direktor Holste.

Zwischen 1880 und 1885 wurden die Hochofen- und Nebenanlagen umgebaut und erweitert. Eine Zementfabrik entstand, und eine Fabrik für die Produktion von Schlackensteinen nahm ihre Arbeit auf. Die Schlackensteine wurden im weiten Umkreis zum Bau von Wohn- und Fabrikgebäuden genutzt. Diese Steinefertigung brachte auch der Georgsmarienhütten-Eisenbahn (GME) ein beträchtliches zusätzliches Verkehrsaufkommen. Die folgende Übersicht nennt die Produktionszahlen:

1892	3.330.800 Stück
1893	4.231.890 Stück
1894	5.458.800 Stück
1895	5.675.300 Stück
1896	7.571.100 Stück
1897	8.236.300 Stück
1898	11.963.000 Stück
1899	11.428.900 Stück

Die Produktionssteigerung der Hütte brachte einen vermehrten Kohlenbedarf. 1895 benötigte die Hütte 239.773 Tonnen Kohle, die von der GME angefahren wurden. Vom Piesberg kamen 80.377 Tonnen, vom Hilterberg 22.811 Tonnen. Es mußte also bereits fremde Kohle aus den westfälischen Revieren angefahren werden. Es waren 136.585 Tonnen.

Der Erzbedarf der Hütte im Jahre 1899 betrug 325.798 Tonnen. Davon wurden am Hüggel 145.214 Tonnen abgebaut. Über die zwischenzeitlich erstellte Perm-Bahn gelangten 55.250 Tonnen zur Hütte, vom Abbaugebiet „Porta" bei Wallücke kamen weitere 27.042 Tonnen. 98.295 Tonnen fremde Erze mußten zugekauft werden.

Zwischen 1904 und 1907 errichtete der GMBHV in Georgsmarienhütte ein neues Siemens-Martin-Stahlwerk. Vor der Errichtung hatte man umfangreiche Versuche im Stahlwerk Osnabrück durchgeführt. Gleichzeitig entstand ein Blockwalzwerk und eine Stahlstraße.

Die eigene Erzförderung des GMBHV betrug 1911 noch 260.000 Tonnen. An Kohle wurden 400.000 Tonnen benötigt. Die Produktionszahlen waren auf 150.000 Tonnen Roheisen und 154.000 Rohstahl gestiegen. Die An- und Abfuhr erfolgte fast ausschließlich mit der Georgsmarienhütten-Eisenbahn.

Die ständige Weiterentwicklung des Hüttenwerkes machte 1913 den Antrag auf Neuverlegung der Gleise bei gleichzeitigem Abriß der katholischen Kirche notwendig. Die 1883 erbaute Kirche mußte dann aber doch erst 1936/37 dem Werk weichen.

Kriegsbedingt stiegen die Leistungen der Hütte bis 1918 stetig an. Als Beispiel: In der Zeit vom 20. bis 23. November 1916, also in nur vier Tagen, wurden in Hasbergen von der GME 630 Güterwagen angenommen bzw. an diese übergeben. 1917 sammelten sich in Hasbergen so viele Wagen, daß auch nachts Züge fahren mußten. Für Be- und Entladearbeiten wurden im Werk Kriegsgefangene eingesetzt.

Trotz der Nachkriegssituation, die auch

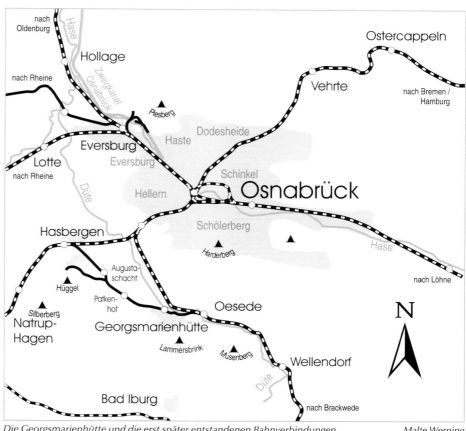

Die Georgsmarienhütte und die erst später entstandenen Bahnverbindungen. — Malte Werning

Die alte katholische Kirche in Georgsmarienhütte, aufgenommen um 1936. — Slg. Beermann

Zwei Kübelwagen vor der Einfahrt in den Bunker im Jahre 1922. *Museum Siemens AG*

1923 zu Streikmaßnahmen führte, begannen bereits 1922 größere Umbauarbeiten im Werk. Dabei entstand eine neue Begichtungsanlage zur Beschickung der Hochöfen. Der mechanische Teil dieser nach modernsten Gesichtspunkten erstellten Anlage wurde durch die Firma MAN geliefert und montiert. Die elektrische Ausrüstung kam von der Firma Siemens. Zwischen der Bunkeranlage und dem Aufzug für die auf den Wagen aufgesetzten Kübel fuhren die Zubringerwagen für Koks und Erz. Die Bunkeranlage konnte von den Zügen der GME direkt angefahren werden. Die Zubringerwagen waren für eine Geschwindigkeit von 1,5 m/s ausgelegt, die Stromzuführung dieser mit Elektromotoren ausgerüsteten Wagen erfolgte durch eine mit Holz abgedeckte dritte Schiene, die ähnlich wie bei der Berliner oder Hamburger S-Bahn seitlich angeordnet war. Die normalspurig ausgeführten Wagen waren in ihrer ersten Ausführung zur Aufnahme von zwei Kübeln vorgesehen. Folgende Lasten konnten gefahren werden:

Erzlast	20 t
1. Kübel	6 t
2. Kübel	6 t
Wagengewicht	33 t
Elektroausrüstung	2,5 t
Gesamtgewicht	**67,5 t**

Kokslast	7,5 t
1. Kübel	6 t
2. Kübel	6 t
Wagengewicht	22,5 t
Elektroausrüstung	2 t
Gesamtgewicht	**44 t**

Im Laufe der Zeit sind die Wagen umgebaut worden, so daß die Unterschiede entfallen sind. Vom Gichtmeister wurden die Wagen mit einer optischen und akustischen Signalanlage in der für die Beschickung richtigen Reihenfolge angefordert. Auf jedem Wagen war ein Fahrer tätig. Die Wagen gehörten nicht zum Bestand der GME.

Auf der zum 5. Dezember 1918 einberufenen Generalversammlung des GMBHV war auch der Geheimrat Peter Klöckner anwesend, der zusammen mit August Thyssen ein Aktienpaket von 6 Millionen Mark erworben hatte. Es wurde ein Vertrag zur Bildung einer Interessengemeinschaft zur gegenseitigen Förderung auf die Dauer von 50 Jahren zwischen dem GMBHV und der zur Firma Klöckner & Co. gehörenden Lothringer Hütten- und Bergwerksverein geschlossen.

Ein Fusionsvertrag vom 8. Februar 1923 ließ aus dem GMBHV die "Klöckner-Werke AG" werden.

Im Frühsommer 1940 kam Peter Klöckner das letzte Mal zum ehemaligen GMBHV, am 5. Oktober 1940 verstarb er fast siebenundachtzigjährig. Anstelle seines durch einen Autounfall zu Tode gekommenen Sohnes übernahm sein Schwiegersohn Dr. jur. Henle die Leitung.

Der Bau der Begichtungsanlage machte eine weitere Werksausdehnung in Richtung Westen notwendig. Wegen dieser Baumaßnahmen war auch bereits das 1857 erbaute Schloß „Monbrillant" abgebrochen worden. Das Schloß hatte der GMBHV einstmals in Hannover auf Abbruch erworben, um es in Georgsmarienhütte erneut aufzubauen.

Schon früh waren auf der Hütte für den, der es wollte, die Zeichen der „neuen Zeit" zu erkennen. 1934 wurde der Hütte bereits verboten, Luftaufnahmen der Anlage zu Werbezwecken zu verwenden.

Die Produktionszahlen des Jahres 1934 zeigen recht deutlich, welch großes Unternehmen zwischenzeitlich in Georgsmarienhütte vorhanden war. Es wurden 100.000 t Stabeisen, 70.000 t Hämatit- und 260.000 t Rohstahl erzeugt. Für die Produktion waren 226.000 t Erze, 206.000 t Kohle und 160.000 t Koks notwendig.

Nach Kriegsende und der nachfolgenden Neuorientierung lief die Produktion in Georgsmarienhütte schnell wieder an. Schon 1951/52 konnte ein zweites Siemens-Martin-Werk errichtet und in Betrieb genommen werden.

Die Hochofenanlage auf einer Aufnahme von 1930. *Slg. Beermann*

Die Georgsmarienhütte

Das 1903 erbaute Hauptverwaltungsgebäude wurde im Jahre 1963 abgebrochen.
Slg. Beermann

Das Schloß Monbrillant in Georgsmarienhütte.   *Archiv Klöckner-Werke AG*

Noch 1951 wurden in Georgsmarienhütte kriegszerstörte Eisenbahnbrücken aus Osnabrück und dem Umland repariert und für die erneute Verwendung aufgearbeitet.

1953 wurde praktisch die gesamte Südseite des Osterbergs abgetragen. Mit Lorenzügen sind die Erdmassen zu verschiedenen Aufschüttungspunkten gefahren worden, und extra für die Unterquerung der Bundesbahnstrecke Osnabrück – Bielefeld wurde ein provisorisches Brückenbauwerk errichtet.

Für das konventionelle Stahlwerk kam Anfang der 1980er Jahre das Aus. Ein neues KS-Stahlwerk, welches nur noch Schrott verarbeitete, nahm den Betrieb auf. Der vorläufig letzte Erzzug traf am 3. Februar 1983 in Georgsmarienhütte ein. Der letzte geplante Hochofenabstich erfolgte am 27. April 1983. Niemand hatte nochmals einen Hochofenbetrieb erwartet, doch er erfolg-

Anläßlich notwendiger Umbauarbeiten wurde diese Zeichnung von den Klöckner-Werken erstellt.

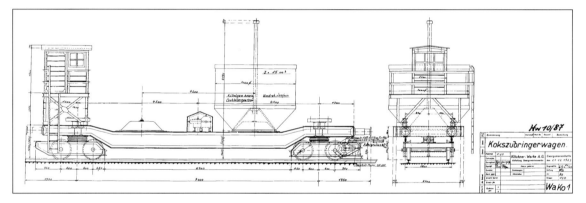

Seitenansicht des neu gelieferten Zubringerwagens mit einem aufgesetzten Kübel im Jahre 1922.
Museum Siemens AG

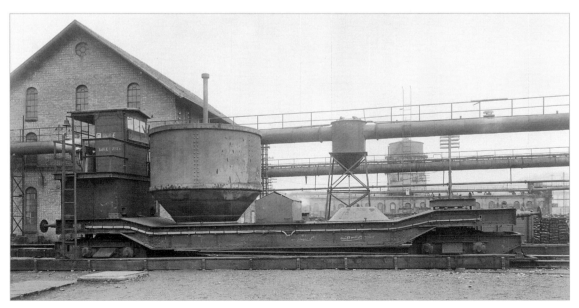

Anfang der 1950er Jahre wurde die Südseite des Osterberges mit Feldbahnen abgetragen. Am 24. Februar 1953 entstand diese Aufnahme eines Lorenzuges beim Unterqueren der Bundesbahnstrecke Osnabrück – Bielefeld. Hugo Mittelberg

Ein Lorenzug wird beladen. Hugo Mittelberg

Die Georgsmarienhütte

Ein Möllerwagen auf der Fahrt vom Gichtaufzug zum Kohlenbunker (14. Mai 1969).
Oppermann

Im Oktober 1994 gab es für die Zubringerwagen keine Verwendung mehr.
Thomas Krick

te. Erst im Mai 1994 endete dann der Betrieb endgültig.

Zu den dunkelsten Kapitel der Geschichte der Klöckner-Werke AG in Georgsmarienhütte gehört sicherlich die Beschäftigung der meist ausländischen Zwangsarbeiter während des Zweiten Weltkriegs. Im Gebäude des Augustaschachtes, beim km 4,0 der Strecke Georgsmarienhütte – Hasbergen und in den Lägern Ohrbeck I und II waren sie untergebracht. Bis zu 5.000 Frauen und Männer sind zur Arbeit in den Klöckner-Werken gezwungen worden.

Beim Gebäude des Augustaschachtes ist eine Gedenkstätte an das „Arbeitserziehungslager Ohrbeck" eingerichtet worden. In dem Gebäude waren von Januar 1944 bis Anfang April 1945 hauptsächlich Zwangsarbeiter aus den Niederlanden, Polen, Italien und Rußland untergebracht.

Obwohl die heutige Georgsmarienhütte GmbH, die ja erst seit 1993 besteht, für diesen Abschnitt der Werksgeschichte nicht zur Verantwortung gezogen werden kann, war es für den Geschäftsführer Dr. Großmann eine moralische Verpflichtung, als eine der ersten Firmen im Osnabrücker Land sich an dem „Fonds der deutschen Wirtschaft" mit der Summe von einer Millionen Mark zu beteiligen. Weiterhin ist Dr. Großmann bereit, das Gebäude des Augustaschachtes für eine symbolische Mark an die „Initiative Augustaschacht" zu verkaufen, wenn diese dort eine internationale Gedenk- und Begegnungsstätte errichten will. Als einzige Bedingung wurde der freie Zugang zu den Pumpenanlagen im Gebäude genannt. Die Georgsmarienhütte fördert noch immer einen Großteil des für die Stahlproduktion benötigten Wassers aus dem Augustaschacht.

Eine Phase der wirtschaftlichen Schwierigkeiten endete im Dezember 1992 mit einem Vergleich der Klöckner Edelstahl GmbH. Das gesamte Werk wurde durch Dr. Jürgen Großmann übernommen. Die neue Firma blieb dem traditionellen Namen treu: 1993 wurde die Georgsmarienhütte GmbH gegründet.

Als eine der ersten Maßnahmen der neuen Leitung wurde ein Plan für die Stillegung des Hochofenbetriebs und dafür der Errichtung eines modernen Elektrolichtbogenofens erstellt. Ende Mai 1993 wurde sowohl der herkömmliche wie auch der KS-Stahlbereich stillgelegt. Ende Juli 1994 nahm der erste Gleichstrom-Elektrolichtbogenofen in Deutschland in Georgsmarienhütte die Produktion auf. Dieser Ofen, der in etwa die Strommenge einer 150.000 Einwohnerstadt verbraucht, hat ein Abstichgewicht von 125 Tonnen. In den Folgejahren entwickelte die Hütte ein völlig neues Erscheinungsbild. Alle klassischen Merkmale einer Hüttenanlage verschwanden.

Auf dem Gelände des ehemaligen Erz- und Kohlenlagers, das an die Gemeinde verkauft wurde, siedelten sich moderne nicht umweltbelastende Firmen an. Spektakulär und im Beisein von 10 bis 20.000 Zuschauern wurde am 7. März 1999 der 90 Jahre alte und 83 Meter hohe Gasometer auf dem alten Werksgelände gesprengt. Er war die ganzen Jahre das Wahrzeichen in Georgsmarienhütte gewesen.

Im verbleibenden Stahlwerksbereich wurde mit immer neuen Investitionen die Basis für eine rationale und moderne Stahlerzeugung geschaffen. Georgsmarienhütte erreichte im Jahre 1999 immerhin eine Jahresproduktion von 600.000 Tonnen. Der hier erzeugte Stahl wird einzig aus Schrott hergestellt. Neben dem Elektroofen sind im Werk noch folgende Fertigungsbereiche vorhanden:

Ein Rest der ehemaligen Hochofenanlage gehörte noch ein paar Jahre zum Erscheinungsbild der Georgsmarienhütte.
Werner Beermann

Seit 1997 besorgen DB-Loks den Schrottzugverkehr. Die DB Cargo-Lok 290 065 passiert hier bei Kilometer 4,0 das Gebäude des Augustaschachtes.   *Lothar Hülsmann*

Sekundärmetallurgie:
Pfannenofen; Vakuumanlage; computergestützte Analyseoptimierung

Stranggießanlage:
200 x 240 und 165 x 165 mm binäres Kühlsystem; elektromagnetische Strangrührer

Blockgießanlage:
Blockgewichte von 4,5 t bis 6,5 t; Rohblöcke für Freiformschmiede bis zu 32 t

Halbzeugstraße:
Offene Straße für Abmessungen bis 370 mm rd 400 vkt

Mittelstraße:
Halbkontistraße mit Präzisionswalzblock nach dem Kocks-Verfahren mit Walztoleranzen von 1/4 DIN 101

Zurichtereien:
5 integrierte Richt- und Prüfstrecken; Prüfung auf Materialqualität, Innen- und Oberflächenfehler durch Spektrometer-, Ultraschallmessungen und Hochenergiestreufluß- bzw. Magnetpulverfahren

Wärmebehandlung:
Eine Reihe verschiedener Durchlauf- und Herdwagenöfen stehen für alle Wärmebehandlungsarten bereit, für Abmessungen bis 370 mm rund und bis zu 31 m lang.

Blankbetrieb:
Schälmaschinen für 21,5 bis 210 mm h9 bis h11 mit entsprechenden Richt-, Polier- (bis 110 mm rd) und Prüfanlagen (bis 130 mm rd). Schleifmaschinen für 21,5 bis 110 mm bis h6.

Die Zahl der Beschäftigten beträgt derzeit etwa 1.200 Mitarbeiter, die nach Aussagen der Geschäftsleitung in der Stahlerzeugung in Georgsmarienhütte einen sicheren Arbeitsplatz haben. Die heutige Produktionsweise beschert der Stadt Georgsmarienhütte ein Stahlwerk, das in seiner Firmengeschichte noch nie einen so geringen Schadstoffausstoß gehabt hat. Die gesamte Fertigung mit allen Komponenten der Umweltbelastung von Luft und Wasser wird ständig mit dem Ziel beobachtet, eine „Hütte im Grünen" zu sein. Daß dabei alle zulässigen Grenzwerte weit unterschritten werden, ist für die Verantwortlichen eine Selbstverständlichkeit.

Die Geschäftsleitung versucht auch durch optische Maßnahmen einen Eindruck zu schaffen, der sich weit von den herkömmlichen Hüttenwerken unterscheidet. Die Fassade des neuen Elektroofen-Gebäudes wurde 1994 von dem Architekten und Farbgestalter Friedrich Ernst von Garnier, der Inhaber des „Europäischen Stahlbaupreises 1999" ist, gestaltet. „Das neue Gebäude sollte das neue Gesicht der GMHütte wiederspiegeln, denn die Zeiten der grauen Maus im Dütetal sollten endgültig vorbei sein – man war wieder wer." berichtete die Werkszeitung „glück auf" 1999 über diese Farbgebung, die noch immer das Werk zu einem ansehnlichen Industriekomplex macht.

Am Augustaschacht wurde eine Gedenkstätte für die während des Naziregimes im „Arbeitserziehungslager Ohrbeck" verstorbenen Zwangsarbeiter aufgebaut.   *Lothar Hülsmann*

Die Georgsmarienhütte

Das Stahlwerk im Grünen – die Stadt Georgsmarienhütte wird im Süden durch den Teutoburger Wald begrenzt, und auch nördlich des Werkes schließen sich Wälder an. Das farblich markante E-Ofen-Gebäude ist zu einem Blickfang in Georgsmarienhütte geworden: Rechts die Südseite des Gebäudes des Elektroofens. Im Vordergrund steht eine Teletrac-Einheit, mit der die Beschickung des Elektroofens automatisch erfolgt. Die von der LAG in Georgsmarienhütte gebauten Wagen fahren mit Schrott beladen in das Ofengebäude hinein. Georgsmarienhütte GmbH

Diese Aufnahme zeigt einen der Großbehälter bei einem Chargiervorgang oberhalb des Gleichstrom-Elektroofens. Die Georgsmarienhütte war das erste Stahlwerk in Deutschland mit einer derartigen Ofenanlage.   Georgsmarienhütte GmbH

Im September 1963 war der GME-Personenzug Richtung Hasbergen mit Lok 13 bespannt. Im Hintergrund die Anlagen der Georgsmarienhütte. Ludwig Rotthowe

Die Georgsmarienhütten-Eisenbahn

Die Entwicklung

Der erste Betriebsplan aus dem Jahre 1856 sah zwei aus dem Hüttenwerk hinausführende Gleisstrecken vor. In westlicher Richtung sollten die Abbaustätten am Hüggel erschlossen werden, in östlicher Richtung sollten die Kohlengruben bei Kloster Oesede einen Gleisanschluß erhalten. Durch königliche Verordnung vom 29. März 1856 wurde dem GMBHV vorgeschrieben, eine Bahn des "öffentlichen Verkehrs" zu errichten, während der GMBHV dagegen nur den Bau einer Gruben- bzw. Werkbahn beabsichtigt hatte. Erst am 28. Oktober 1857 erklärte sich der GMBHV bereit, eine auch öffentlich zu nutzende Eisenbahn zwischen Oesede, der Georgsmarienhütte und dem Hüggel bis zur Straße Osnabrück – Lengerich am Rotenberge zu errichten. Am 30. Januar 1858 wird in der Gesetzessammlung für das Königreich Hannover die Erlaubnis zum Bau der Bahn erteilt.

Am 1. Februar 1858 erfolgte die Bekanntmachung der Streckenführung. Die Bahn sollte am Kohlenschacht "Glück Auf" beginnen und bis zum Eisensteinstollen Nr. 4 an der Straße von Osnabrück nach Lengerich führen. Am 27. Mai 1858 wurden der Königlichen Generaldirektion der Eisenbahnen vom GMBHV die Baupläne vorgelegt. Dabei handelte es sich aber nur um eine Teilstrecke, und daher wurde diese Planung am 12. Juli 1858 abgelehnt.

Erst am 10. Februar 1859 legte der GMBHV die Pläne für die Gesamtstrecke vor. Die Grunderwerbsbemühungen des GMBHV für die Streckenführung blieben aber erfolglos. Um das angestrebte Enteignungsrecht zu erhalten, wurde durch den GMBHV am 14. Mai 1860 ein erneuter Bauantrag gestellt. Nun zeichnete sich aber der Bau der Eisenbahnverbindung von Venlo über Münster und Osnabrück nach Hamburg ab und ließ die Hütte mit dem Bau ihrer eigenen Bahn zögern. 1863 zeigte sich aber, daß der GMBHV nicht länger auf eine eigene Bahnverbindung warten konnte. Die Transportkosten hatten sich ständig erhöht. Bis zu 400 Pferdegespanne waren täglich für den Verein im Einsatz.

Die Georgsmarienhütten-Eisenbahn

Schon zur ersten Inbetriebnahme der nur zum Hüggel führenden Bahnverbindung wurde vom Königlichen Amt in Osnabrück eine als „Warnung" bezeichnete Verordnung erlassen.
Archiv Klöckner-Werke AG

Rechts außen: Am 24. Juni 1869 wurde diese Beschreibung der neuen Verbindung Ohrbeck – Hasbergen veröffentlicht, die in Ohrbeck an die bereits bestehende Strecke von der Hütte zum Hüggel anschliessen sollte.
Niedersächsisches Staatsarchiv Osnabrück

Warnung.

I. Bei einer Geldstrafe bis zu 10 Thlr. oder bei Gefängniß bis zu 8 Tagen wird untersagt:

1) das Gehen, Reiten und Fahren auf der Eisenbahn, auf deren Böschungen und in den Gräben.
   Die Bahn darf nur auf den Wegeübergängen, und auch auf diesen nur dann überschritten und befahren werden, wenn die zum Verschlusse dieser Uebergänge vorhandenen Anlagen geöffnet sind.
2) das Treiben und der Aufenthalt des Viehes in den Gräben und Böschungen der Bahn und an anderen Stellen derselben als auf solchen, welche für das Uebertreiben des Viehes als Uebergänge angelegt sind;
3) das Verweilen und das schnelle Fahren auf den Uebergangswegen und den Rampen derselben;
4) das Fahren und Viehtreiben über die Uebergänge, nachdem das Herannahen eines Wagenzuges oder der Locomotive von dem Führer derselben oder einem Bahnbeamten durch Zeichen oder Worte angekündigt ist.
   An den Uebergängen der Bahn, wo Marktpfähle, mit dem Worte „Halt" gezeichnet, aufgestellt sind, müssen die Führer von Fuhrwerken und Pferden, vor diesen Pfählen, sonst an den Anfängen der Ueberfahrts-Rampen halten und das Wiederöffnen der Barriere erwarten.
5) das Besteigen und Oeffnen der Befriedigungen, Schranken und der sonstigen Verschlußanlagen, so wie das Durchschlüpfen unter diesen Absperrungen.

II. Jedes Verbrechen gegen die Sicherheit des Bahnbetriebes, so wie Ungebühr an der Eisenbahn, an deren Zubehör und den Betriebsmitteln werden nach den besonderen darüber ergangenen Gesetzen, insbesondere nach dem Gesetze vom 8. August 1846 und dem § 174 des Polizei-Strafgesetzes vom 25. Mai 1847 entweder mit Criminal- oder Polizei-Strafen bestraft werden.

Osnabrück, den 15. August 1865.
Königliches Amt.
Gerdes.

Nachdem durch Allerhöchsten Erlaß vom 28. Dezember 1868 dem Georgs-Marien-Bergwerks- und Hütten-Vereine zu Osnabrück die Genehmigung zum Bau und Betriebe einer Verbindungsbahn zwischen der durch Patent vom 30. Januar 1858 von der früheren Königlich-Hannoverschen Regierung dem genannten Vereine concessionirten Georgs-Marien-Hüggelbahn und der im Bau begriffenen Venloo-Hamburger Eisenbahn ertheilt ist, machen wir im Auftrage des Herrn Ministers für Handel, Gewerbe und öffentlichen Arbeiten auf Grund des Artikels 2 des Hannoverschen Gesetzes vom 8. September 1840 über die Veräußerungs-Verpflichtung behuf Eisenbahn-Anlagen hierdurch bekannt,

daß nach dem höheren Orts genehmigten Plane die fragliche Anschluß-Eisenbahn folgende Richtung erhalten wird:

Dieselbe trennt sich von der Bahn des Georgs-Marien-Bergwerks- und Hütten-Vereins zwischen dem Hüggel und dem Dompropste Sundern in der Bauerschaft Ohrbeck, geht westlich von Schierenbeck-Kotten und Böllers-Kotten, nordöstlich von den Colonaten Lurmann und Brockmann vorbei, durchschneidet nördlich von Wulffs-Kotten die Landstraße von Lengerich nach Osnabrück und schließt sich Fiebecks-Kotten gegenüber in der Bauerschaft Hasbergen an die Venloo-Hamburger Bahn an.

Auf die vorstehend beschriebene Eisenbahn nebst Zubehör ist nach Maßgabe der Königlichen Verordnung vom 17. August 1867, die Einführung des Gesetzes über die Eisenbahn-Unternehmungen vom 3. November 1838 und der Verordnung vom 21. December 1846, die bei dem Bau von Eisenbahnen beschäftigten Handarbeiter in dem neu erworbenen Landestheilen betreffend, (Gesetzsammlung pag. 1426 und Amtsblatt für Hannover pag. 1293 ff.) und der dadurch in einigen Beziehungen getroffenen Abänderungen, die Bestimmungen des erwähnten Gesetzes vom 8. September 1840 nebst den Zusatz-Bestimmungen des Gesetzes vom 6. August 1844 über die Veräußerungs-Verpflichtung behuf Eisenbahn-Anlagen, sowie die dazu ergangenen Ausführungs-Vorschriften des vormaligen Königlich-Hannoverschen Ministeriums des Innern vom 1. Mai 1844 und 15. Februar 1860 zur Anwendung zu bringen.

Osnabrück, den 24. Juni 1869.
Königlich Preußische Landdrostei.
v. Quadt.

Am 29. März 1864 reichte der GMBHV abermals neue Baupläne ein. Diesmal erfolgte die Genehmigung, woraufhin folgende Beschreibung der Bahnverbindung veröffentlicht wurde:

„Allgemeiner Vorbericht für die Erbauung einer Locomotivbahn von Georgs-Marien-Hütte bis zur Lengericher Chaussee am Rotenberge, resp. bis zum Anschlusse an eine Hauptbahn zwischen Münster – Osnabrück etc:

Der zu schaffenden Bahn soll die Aufgabe zuteil werden, die Hochofen mit Erze zu versorgen und es soll auch das Ziel im Auge behalten werden, den Personen- und Güterverkehr in den durchschnittenen Gegenden nach Möglichkeit zu begünstigen."

Haltestellen waren in Georgsmarienhütte und an der Straße Osnabrück – Lengerich vorgesehen. Die betrieblichen Verhältnisse des Bergbaues erforderten noch eine Haltestelle an der Herminengrube. Gewünscht wurde ebenfalls eine Haltestelle an der Chaussee Osnabrück – Hagen (Patkenhof).

Für den Bahnhof Georgsmarienhütte hielt man damals drei Gleise für ausreichend. Das südliche Gleis sollte zum Aufstellen der beladenen Wagen dienen. Auf dem mittleren Gleis sollten die leeren Wagen bereitgestellt werden, und das nördliche Gleis war als Umfahrgleis für die Lokomotiven gedacht. Die Gleisnutzlänge war mit ca. 140 m für 20 Wagen ausgelegt. Für die Lokomotiven plante man ein Maschinenhaus und eine Wasserstation, für den öffentlichen Personen- und Güterverkehr ein Stationsgebäude.

Die Haltestelle an der Chaussee Osnabrück – Hagen (später „Holzhausen", dann „Patkenhof" genannt) hatte eine Gleislänge von ca. 46,7 m. Ein Nebengleis von ca. 210,15 m diente zum Abstellen von jeweils 15 beladenen und 15 leeren Wagen.

Alle entlang der Strecke notwendigen Wärterbuden waren nach den Normalien der Hannoverschen Staatsbahn zu errichten. Noch im August des Jahres 1864 konnte das Teilstück bis zur Herminengrube in Betrieb genommen werden. Ein Jahr später, am 15. August 1865, fuhren die Züge bereits bis etwa zum Schacht Ida am Hüggel. Im Februar 1866 war schließlich die Gesamtstrecke bis zum Rotenberge fertiggestellt und in Betrieb. Die Annektion des Königreichs Hannover durch Preußen verzögerte die Abnahme der Strecke, die dann erst am 12. Dezember 1866 erfolgte. Die Georgsmarienhütten-Eisenbahn gehört damit zu den ältesten heute noch bestehenden Privatbahnen in Deutschland.

Die Kohle mußte zunächst weiter auf der Straße befördert werden. 1868 bezog der GMBHV die Kohle mit 100 Gespannen und 200 Pferden vom Bahnhof in Osnabrück. Diese Mengen machten dort eine Gleiserweiterung im Bahnhofsbereich notwendig.

Um diese Transporte auf die Eisenbahn zu verlagern, stellte der GMBHV im Mai 1868 einen Antrag zur Errichtung der bereits geplanten Verbindungsbahn zwischen der zum Hüggel führenden Strecke und der im Bau befindlichen Venlo – Hamburger Eisenbahn. Am 28. Dezember 1868 veröffentlichte man die Genehmigung zum Bau.

Die Bekanntgabe der genauen Streckenführung zwischen Ohrbeck und der Hauptbahn in Hasbergen erfolgte am 24. Juni 1869. Am folgenden Tag und dem 28. Juni 1869 kam es dann auch zu Vertragsabschlüssen zwischen dem GMBHV und der Direktion der Köln-Mindener Eisenbahn-Gesellschaft (KMEG). Entsprechend dem Vertrag übernahm die KMEG den Bau der Bahn vom bei der Bauerschaft Hasbergen gelegenen Bahnhof Hasbergen bis zur Georgsmarienhütte unter Einhaltung der dem GMBHV erteilten Genehmigung. Der GMBHV durfte die benötigten Schwellen, Schienen und das Kleineisenzeug beistellen. Alle anderen Materialien wurden von der KMEG geliefert. Die KMEG verpflichtete sich, die Verbindungsbahn gleichzeitig

Der erste Personenzugfahrplan der Georgsmarienhütten-Eisenbahn von 1873. Archiv Klöckner-Werke AG

mit der Hauptbahn fertigzustellen. Es wurde auch geregelt, daß bis zur Fertigstellung der Gesamtstrecke Lokomotiven der Georgsmarienhütten-Eisenbahn die Strecke der KMEG bis zum Bahnhof Osnabrück benutzen durften. Die KMEG verpflichtete sich zum ordnungsgemäßen Unterhalt der Verbindungsbahn bis zum Vorhandensein entsprechenden Fachpersonals bei der Georgsmarienhütten-Eisenbahn.

Am 18. März 1870 teilte der GMBHV dem Königlichen Eisenbahn-Kommissariat in Köln mit, daß der nun bereits seit August 1865 bestehende Personenverkehr auf der Strecke zum Rotenberge sehr gering sei und bislang „nur wenige Thaler aufgebracht habe". Der GMBH stellte daraufhin den Antrag, von der Verpflichtung zur Durchführung des öffentlichen Personenverkehrs zwischen der Hütte und der Station am Rotenberge entbunden zu werden. Das in Georgsmarienhütte erbaute provisorische Stationsgebäude sei noch nicht für Eisenbahnzwecke genutzt worden, schrieb der GMBHV weiterhin.

Unabhängig davon war nach der für die heutige Zeit sehr kurzen Bauzeit von nur einem halben Jahr die Strecke von der Hüggelbahn bis Hasbergen betriebsbereit. Die KMEG hatte die Strecke von Osnabrück bis Hasbergen mittlerweile ebenfalls fertiggestellt. Noch im August 1870 beförderten Lokomotiven der Georgsmarienhütten-Eisenbahn die ersten Züge bis nach Osnabrück. Eine Aufstellung verdeutlicht die Zugleistungen der GME zwischen Hasbergen und Osnabrück bis zum Jahresende:

August	51 Züge
September	104 Züge
Oktober	130 Züge
November	160 Züge
Dezember	162 Züge

Der Transport der Kohlen zum Werk und der Fertigprodukte nach Osnabrück erfolgte noch zum Bahnhof der Hannoverschen Westbahn, der auch nach der Errichtung der Venlo-Hamburg-Eisenbahn noch bis 1912 als Güterbahnhof in Betrieb war.

Die Entfernung zwischen Hasbergen und Osnabrück betrug 10,3 km. Die Zahlung des GMBHV an die KMEG für die Streckenbenutzung errechnete sich wie folgt:

607 Zugfahrten x 1,37 Meilen (10,3 km) = 831,59 Lokomotivnutzmeilen; bei einem Preis von 8,5 Silbergroschen pro Nutzmeile ergab sich daraus der Preis von 7068,515 Silbergroschen.

Noch bis zur Eröffnung der Hauptstrecke Münster – Osnabrück am 1. September 1871 waren Züge der GME in Osnabrück anzutreffen. Die bislang von dem GMBHV beschäftigten Fuhrleute reagierten auf diese neue Bahnverbindung mit einem Streik.

Die Beschäftigten der GME trugen Uniformen mit Knöpfen in zwei Größen
W. Scheidemann

Noch 1870 hatte der GMBHV 102.000 Taler Fuhrlöhne zahlen müssen, hierzu kamen noch 10.000 Taler Haferzulage und 2.500 Taler Prämien.

Die Hoffnung des GMBHV, durch die Fertigstellung des Anschlusses an die Staatsbahn nun von allen Transportproblemen befreit zu sein, erwies sich schnell als trügerisch. Die KMEG war nicht bereit oder in der Lage, eine für den Bedarf der Hütte ausreichende Zahl von Güterwagen zu stellen. Der GMBHV hatte für die Zeit vom 1. September 1871 bis zum 1. November 1871 von den Kohlengruben an der Bergisch-Märkischen Eisenbahn und der Westfälischen Eisenbahn 2871 Doppelwagen mit Kohle bestellt. Die KMEG war aber nur zur Stellung von 1831 Wagen bereit. Die Bahngesellschaft nahm damit massiven Einfluß auf den Bezug von Kohlen, die nach Ansicht der KMEG nur von Gruben an den Strecken der KMEG kommen sollten.

Am 2. August 1871 genehmigte das Königliche Eisenbahn-Kommissariat in Köln die Einstellung des Personenverkehrs zwischen "Dompropstsundern und dem Rotenberge". Stattdessen begann die GME am 1. September 1871 mit dem Personenverkehr zwischen der Georgsmarienhütte und Hasbergen. Die am 11. Januar von der GME eingereichten Genehmigungsunterlagen waren nicht vollständig und die Ausrüstung der Strecke entsprach nicht den Anforderungen, so daß der Personenverkehr am 1. März 1872 wieder eingestellt werden mußte. Erst Ende des Jahres 1872 waren alle Schwierigkeiten beseitigt und die GME konnte am 24. Dezember 1872 die Betriebseröffnung des Personenverkehrs zum 2. Januar 1873 bekanntgeben. Der erste Personenzugfahrplan der GME verzeichnet 6 Zugfahrten je Richtung an Werktagen. An Sonn- und Feiertagen wurden 4 Zugfahrten je Richtung durchgeführt.

Im Bereich des Güterverkehrs versuchte die GME, durch den Ankauf von eigenen Güterwagen und durch einen Vertrag mit der KMEG vom 6. / 10. Januar 1872 die Transportsituation zu verbessern. Wichtig war, daß nun beladene Wagen in Hasbergen auf die Gleise der GME übergehen durften. Das Umladen in Hasbergen entfiel damit. Die Wagen mußten innerhalb von 24 Stunden an die KMEG in Hasbergen zurückgegeben werden. Die Wagenmiete für diese Zeit betrug zwei Silbergroschen je Achse.

Der GMBHV hatte von Anfang an versucht, in den Verband Deutscher Eisenbahnverwaltungen aufgenommen zu werden. Die Wagenbereitstellung und der Wagenübergang zu anderen Gesellschaften wäre dadurch vereinfacht worden. Am 10. / 20. September 1874 konnte die GME mit der KMEG einen Zusatzvertrag abschließen, mit

Die Georgsmarienhütten-Eisenbahn

Die Hanomag-Loks 13 und 8 der GME, aufgenommen im Jahre 1913. Die Inbetriebnahme der Lok 13 war der Hanomag wert, einen Fotografen zur Georgsmarienhütte zu entsenden.

dem der Wagenübergang nochmals erleichtert wurde. Der GMBHV hatte bis zum Ende des Jahres 1874 bereits die stattliche Summe von 750.000 Thalern in die Bahnanlagen und Betriebsmittel investiert. Zwischen Hasbergen und der Hütte verkehrten bereits 10 Güterzugpaare mit Personenbeförderung. Zwei weitere Züge konnten bei Bedarf eingelegt werden.

Am 21. / 24. Juni 1879 wurde zwischen dem GMBHV und dem Königlichen Oberbergamt in Dortmund ein Vertrag über den Bau und Betrieb einer Bahnverbindung zwischen der Hütte und dem Ottoschacht in Kloster Oesede abgeschlossen. Dieser Vertrag wirkte sich positiv auf die Bemühungen des GMBHV aus, Mitglied im Verband Deutscher Eisenbahnverwaltungen zu werden. Am 6. September 1880 beschlossen die Staatsbahnverwaltung und der GMBHV, daß die Bestimmungen auch auf den Verkehr mit der GME angewandt werden sollten. Zum 29. September 1880 konnten damit Wagen der GME zu allen Bahnhöfen in Deutschland abgefertigt werden, was sich besonders für den Versand von Fertigprodukten günstig auswirkte. Wenngleich die Mitgliedschaft weiterhin versagt wurde, erhielt die GME doch alle Rechte.

Am 27. September 1884 fand im „Freudschen Gasthof" in Hasbergen eine Verhandlung und landespolizeiliche Prüfung der Strecke Hasbergen – Permer Stollen statt. Einwände gegen die Verlängerung der GME-Strecke zum Permer Stollen als Grubenanschlußbahn wurden nicht vorgebracht (siehe Kapitel „Die Perm-Bahn"). Gleichzeitig mit dem notwendigen Brückenbauwerk über die Staatsbahngleise wurden die Gleise und Abfertigungsanlagen der GME in Hasbergen wesentlich erweitert.

Im Jahre 1887 mußte der Vertrag aus dem Jahre 1879 fortgeschrieben werden. Zwischen dem GMBHV, dem Kgl. Bergamt und der Eisenbahndirektion Hannover re-

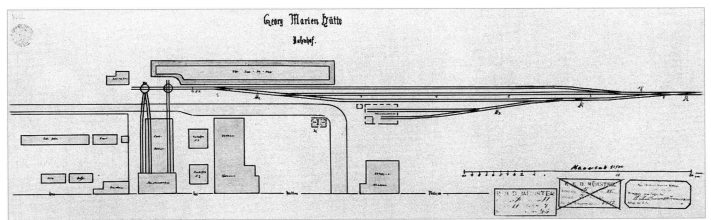

Der Gleisplan des Hüttenwerkes aus dem Jahre 1866.　　　　　　　　　　　　　　　　　　　　　　　　　　　　Archiv Klöckner-Werke AG

Die westliche Einfahrt in das Hüttenwerk um 1900. Rechts im Hintergrund ist der alte Lokschuppen zu erkennen. Slg. Beermann

gelte man der Betrieb auf dem Streckenstück zwischen Oesede und dem Ottoschacht neu. Diese Strecke war nun Bestandteil der Bahnverbindung Osnabrück – Brackwede (bei Bielefeld). Ganze Wagenladungen (von der Hütte kamen Baumaterialien wie Eisen und Holz, vom Ottoschacht Steinkohle und Koks) konnten im Bahnhof Oesede an die GME übergeben werden. Die Königl. Bergwerksverwaltung mußte je 10 Tonnen pro Wagen an die Staatskasse und an die GME einen Betrag von einer Mark Fracht bezahlen. Die GME hatte die Wagen zu stellen. Die von der GME eingesetzten eigenen Wagen mußten besonders gekennzeichnet sein und durften von der Staatsbahn nicht zu anderen Zwecken eingesetzt werden.

Im Jahre 1888 betrug der Personalbestand der GME – ohne die beschäftigten Arbeiter – bereits 55 Personen. Davon waren 6 Lokführer, 5 Heizer, 3 Zugführer und 7 Bremser.

Der erste überlieferte Unfall bei der GME ereignete sich am Sonnabend, dem 25. Januar 1890. Nachmittags gegen 14 Uhr entgleiste der Personenzug aus Hasbergen bei der Einfahrt in den Bahnhof „Hütte" direkt auf der Einfahrweiche. Die Lok stellte sich rechtwinklig zur Fahrtrichtung. Der hinter der Lok mitgeführte Kohlenwagen (der Kohlenvorrat der eingesetzten Tenderlok reichte für den Personenzugdienst nicht aus!) entgleiste ebenfalls. Der Zug bestand aus insgesamt 14 Wagen.

Nach der Einstellung des Betriebes auf dem Ottoschacht wurden die Wagenübergange in Oesede eingestellt, wie das Königl. Eisenbahnbetriebsamt Rheine-Hannover mit Schreiben vom 7. Mai 1890 dem GMBHV mitteilte. Der war nun von über Hasbergen angelieferte Fremdkohle abhängig.

Zwischen der GME und der Staatsbahn wurde am 18. / 20. Juli 1890 ein weiterer Vertrag abgeschlossen, in dem sich die GME verpflichtete, alle Rangierarbeiten in Hasbergen, auch die, die üblicherweise von der Staatsbahn zu erledigen wären, zu übernehmen. Die GME bekam dafür eine jährlich zu zahlende Pauschalvergütung von 4.500,00 Mark. Im Jahre 1893, nunmehr zwanzig Jahre nach der Betriebsaufnahme, war die GME für den GMHBV zu einem gewinnbringenden Unternehmszweig geworden. Die Zahlen des Jahres 1893 weisen das folgendermaßen aus:

Personenverkehr:

Fahrgäste II. Klasse	2.079
Fahrgäste III. Klasse	16.282
Arbeiter/Schüler	51.500
Gesamt	**68.861**

Bei diesen Zahlen muß man sich fragen, ob es überhaupt einen Einwohner der Anliegergemeinden gab, der nicht mit der GME gefahren ist. Die Einnahmen im Personenverkehr beliefen sich auf 5.200 Mark. Die Arbeiter und Schüler konnten die Bahn zu einem Sondertarif und teilweise unentgeltlich benutzen.

Über den Güterverkehr liegen die Zahlen der ein- und ausgehenden Wagen vor. Demnach sind durchschnittlich an einem Arbeitstag ca. 150 Güterwagen an die GME übergeben worden. Das Gesamtgewicht aller Wagenladungen betrug 398.780 Tonnen. Die Zahlen des Wagenausgangs zeigen gleichzeitig die Vielfalt der bei der Hütte produzierten Erzeugnisse. Durchschnittlich 61 beladene Wagen haben arbeitstäglich das Werk verlassen. Das Gesamtgewicht aller ausgehenden Wagenladungen betrug 149.770 Tonnen. Rechnerisch haben damit 24.695 Wagen das Werk wieder unbeladen verlassen.

Güterverkehr:

Eingang:

16.393	Wagen	Erz (v. Hüggel und v. Schaberg)
7.327	Wagen	Erz (über Hasbergen angeliefert)
13.986	Wagen	Kohle, Koks
1.827	Wagen	Sonstiges
241	Wagen	Kohlen (über Oesede angeliefert)
17	Wagen	Sonstiges (ü. Oesede angeliefert)
40.337	**Wagen**	**Gesamt**

Ausgang:

7.491	Wagen	Roheisen
337	Wagen	Gußwaren
3.515	Wagen	Schlacke (ü. Hasbergen, Hüggel)
138	Wagen	Zement
1.435	Wagen	Schlackensteine
1.266	Wagen	Sonstiges
28	Wagen	Roheisen (über Oesede)
1.352	Wagen	Schlacken (über Oesede)
80	Wagen	Sonstiges (über Oesede)
15.642	**Wagen**	**Gesamt**

Die Georgsmarienhütten-Eisenbahn

Im Jahre 1896 wurde zwischen de GMBHV und dem Königlichen Eisenbahnbetriebsamt (Wanne – Bremen) in Münster ein neuer Vertrag für die Wagenübergabe in Hasbergen abgeschlossen. Es wurde u.a. folgendes vereinbart:

"Die zu übergebenden Wagen werden aufgestellt:
a.) auf dem Hüttenbahnhofe im vierten Gleise
b.) auf dem Staatsbahnhofe im fünften Gleise
Die Übergabe der Wagen findet täglich in der Zeit von 6 Uhr Vormittags bis 9 Uhr Nachmittags statt. Die Stück- und Eilgutwagen werden zweimal am Tage zwischen 9 und 10 Uhr Vormittags und zwischen 4 und 5 Uhr Nachmittags übergeben."

Die Rangierarbeiten verblieben weiter bei der GME. Die Pauschale wurde in gleicher Höhe weitergezahlt.

Im Jahre 1902 befuhren 32 Züge täglich die Strecke zwischen Hasbergen und der Hütte und zurück. Davon waren 6 Zugpaare reine Personenzüge, 10 Güterzugpaare liefen als Güterzüge mit Personenbeförderung. In den Personenzügen waren 46 Personenwagen eingestellt. Die täglich verkehrenden Güterzüge bestanden aus 438 fest eingeplanten Güterwagen, die eine Gesamtlast von 3.000 Tonnen beförderten.

Die Beförderungsleistung der GME hatte sich alle Jahre kontinuierlich weiterentwickelt. Die Zahlen für das Jahr 1904 spiegeln das wieder:

Personenverkehr:

Fahrgäste zweiter Klasse	1.672
Fahrgäste dritter Klasse	20.111
Arbeiter/Schüler	216.074
Gesamt	**237.857**

Die Einnahmen im Personenverkehr betrugen 9.138 Mark. Für Schüler und Arbeiter bestand auch weiterhin ein sehr günstiger Sondertarif.

Güterverkehr:
Eingang:
17.120 Wagen Erze (Hüggel, Schafberg)
8.697 Wagen Erze (fremd)
14.065 Wagen Kohle, Koks
2.006 Wagen Sonstiges
59 Wagen über Oesede

Das Gesamtgewicht aller Wagenladungen betrug 479.234 Tonnen.

Ausgang:
7.178 Wagen Roheisen
1.002 Wagen Gußwagen
2.611 Wagen Schlacke
113 Wagen Zement
4.064 Wagen Schlackensteine
1.260 Wagen Sonstiges
300 Wagen Roheisen (über Oesede)
153 Wagen Schlacke (über Oesede)
240 Wagen Sonstiges (über Oesede)

Das Gesamtgewicht der zum Versand gebrachten Materialien betrug 178.010 Tonnen. Ab 1905 übernahm der Bahnhofsvorsteher der GME die Eil- und Stückgutwagen bereits im Staatsbahnhof bei gleichzeitiger Aushändigung der Frachtbriefe. Die Gesamtabwicklung konnte dadurch beschleunigt werden. Wagen ohne Frachtbriefe durften nicht mehr übernommen werden. Sie mußten bis zum Eintreffen der Papiere auf den Gleisen der Staatsbahn verbleiben.

Die Finanzsituation der GME war in den ersten zwanzig Jahren weitgehend ausgeglichen. Die im Jahre 1905 veröffentlichte Bilanzübersicht von 1896 bis 1905 zeigt jedoch, daß die GME nicht nur Gewinne erwirtschaftet hat.

1896:	22.857,49 Mark
1897:	34.830,93 Mark
1898:	- 12.437,61 Mark
1899:	- 11.796,08 Mark
1900:	- 34.984,79 Mark
1901:	- 20.393,53 Mark
1902:	- 20.358,74 Mark
1903:	28.264,23 Mark
1904:	- 48.234,93 Mark
1905:	- 10.475,72 Mark

Die GME war nun dazu übergegangen, "echte" Personenzüge einzusetzen, denen nur noch ein Gepäckwagen und – seltener – eilige Stückgutwagen beigestellt wurden.

Der Sommerfahrplan des Jahres 1907 verzeichnete sechs Personenzugpaare. Nur ein Zug von der Hütte nach Hasbergen war als Güterzug mit Personenbeförderung ausgewiesen. Die eigene Erzförderung des GMBHV betrug 1911 noch 260.000 Tonnen, die ausschließlich mit der GME angefahren wurden.

Im Jahre 1924 wurde die Konzession zum Betrieb der GME auf die Klöckner-Werke AG übertragen, die damit den GMBHV ablösten. Die GME beschäftigte inzwischen 120 Mitarbeiter. Zwischen 1927 und 1929 wurden von der GME durchschnittlich 70.000 Wagen zur Hütte gefahren.

Die Transportleistungen der GME zwischen 1928 und 1934 zeigt die folgende Tabelle:

Jahr	Personen	Eingang t	Ausgang t
1928	365.582	1.045.079	1.632.239
1929	284.394	932.866	1.464.461
1930	289.362	721.232	1.086.159
1931	207.567	389.577	649.656
1932	126.007	318.155	507.430
1933	158.593	419.521	655.266
1934	220.120	692.479	1.083.419

1934 wurden von der GME wieder schwarze Zahlen eingefahren. Die Einnahmen im Personenverkehr betrugen 17.726 Mark. Im Güterverkehr wurden 893.758 Mark erwirtschaftet. Diesen beiden Posten standen Ausgaben in Höhe von 660.880 Mark entgegen, so daß ein Bruttogewinn von 309.977 Mark erzielt wurde.

Im Dezember 1936 beschäftigte die GME

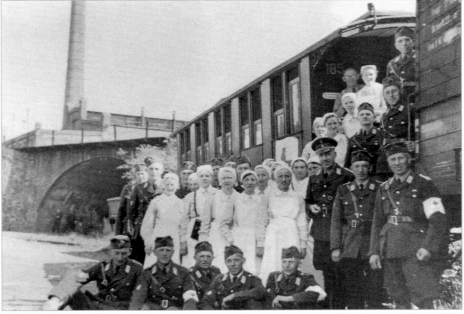

Als Erinnerung an eine Übung des Roten Kreuzes entstand diese Aufnahme um 1936. Neben dem Wagen 185 ist die erste Betonbrücke im Gelände der Hütte zu erkennen. Nach 1945 diente sie als Garage für drei Werksbusse. Heute ist sie zugeschüttet, im „Untergrund" also noch vorhanden.
Slg. Beermann

Der Hüttenbahnhof im Jahre 1920 mit der GME-Lok 8. Slg. Beermann

245 Personen. Das Personal verteilte sich folgendermaßen:

Fahrdienst	Anzahl:
Zugabfertigung	6
Betriebsschreiber	1
Stationsbeamte	8
Ablöser (für Angestellte)	2
Zugführer	3
Bremser	2
Lokführer u. Heizer	36
Wagenmeister	2
Rangierer	48
Stellwerkswärter	3
Weichenwärter (Schloßgarten)	2
Weichenwärter (Hasbergen)	2
Wieger (Doppelwaage)	4
Wagenbekleber	2
Güterbodenabfertiger	2
Wagen- u. Weichenschmierer	1
zusammen:	123

Instandhalter:	
Bahnmeister	1
Streckenwärter	1
Rottenführer	2
Rottenvorarbeiter	2
Rotte auf der Strecke	12
Arbeitsburschen	21
Lok-Wärter	23
Stellwerksschlosser	9
Buden- u. Wagenreiniger	3
Schwellenanfertiger	6
zusammen:	82

Verladebetrieb:	
Ablader (Schrott, Schlacke, Asche)	24
Bärenschlagen (Gießschlacke)	3
Platzreiniger	1
Reserve (für Kranke u. Urlaub)	12
zusammen:	40

Die Transportleistungen aus dem Jahre 1938 zeigen, daß die GME einen großen Anteil an der Versorgung der Menschen rund um die Hütte hatte. Die beförderten 1.814.782 Tonnen verteilten sich folgendermaßen auf:

Obst und Gemüse	17 t
Kartoffeln	215 t
Düngekalk	175 t
Stroh und Heu	153 t
Chemieerzeugnisse	2.899 t
Glas	24 t
Brennholz	367 t
Mühlenerzeugnisse	3 t
Treibstoffe	5.593 t
Reis, Kaffee	46 t
Kohle	425.721 t
Getreide	165 t
Öle und Fette	1 t
Düngemittel	2.150 t
Futter	177 t
Metallwaren	336 t
Holz	2.067 t
Öle	479 t
Papier	798 t
Wein	12 t
Industriekalk	24.053 t

Im gleichen Jahr wurden 245.654 Personen von der GME befördert. Die Gesamteinnahmen betrugen 1.506.691 Reichsmark. Die eigentlich als Grubenbahn vorgesehene GME hatte damit einen stolzen Platz unter den Privatbahnen in Deutschland.

Das Jahr 1939 brachte eine weitere beträchtliche Verkehrszunahme für die GME. Täglich wurden zwei Erzzüge mit je 40 Kübelwagen zusätzlich vom Hafen Osnabrück zur Hütte gefahren, die mit Lokomotiven der GME bespannt waren.

Auch die GME blieb vom Kriegsgeschehen nicht verschont. Am 4. Mai 1944 wurde der Lokomotivführer Bertram bei einem Angriff so schwer verletzt, daß er nach einigen Tagen verstarb. Bei einem Bombenabwurf auf einem zum Hüggel fahrenden Zug wurde am 6. November 1944 Heinrich Ruthemeyer tödlich verletzt.

1956 verkehrten werktäglich 16 Personen- und 20 Güterzüge. 506.392 Personen benutzten die GME als Transportmittel. Im gleichen Jahr begann die GME mit dem Bau eines großen Verschiebebahnhofs westlich der Straße Georgsmarienhütte – Osnabrück außerhalb des Werksgeländes, der 1958 fertiggestellt wurde.

Ende 1956 brachten Spezialwagen erstmals Dolomit und Brennkalk aus den rheinisch-westfälischen Kalksteingebieten zur Hütte. 1959 waren täglich 14 Güterzüge von und nach Hasbergen eingesetzt. Sechs Zugpaare verkehrten zwischen der Hütte und dem Hüggel. Zwischen Hasbergen und der Hütte wurden 2.019.000 Tonnen an verschiedenen Gütern transportiert, von und zum Hüggel immerhin noch 242.000 Tonnen. 391.000 Personen benutzten insgesamt die GME. Nur 14 % aller für die Hütte notwendigen Transporte wickelte sie mit Straßenfahrzeugen ab.

1965 konnte die GME ihr 100jähriges Bestehen feiern und transportierte von und nach Hasbergen 2.508.056 Tonnen. Vom und zum Hüggel waren es noch 195.056 Tonnen. Im Personenverkehr konnte die GME 283.000 Fahrgäste zählen. 191.167 Güterwagen wurden von der GME zwischen der Hütte und Hasbergen bewegt. Zwischen der Hütte und dem Hüggel wurden noch 18.192 Wagen gefahren.

Kontinuierlich sank das Transportvolumen in den folgenden Jahren. Die zahlen sanken bis 1970 auf 220.000 Personen und 2.393.800 Tonnen Güter, bis 1972 auf nur noch 130.000 Personen und 1.541.089 Tonnen Güter.

Nach den üblichen Dementis und hinhaltenden Äußerungen wurde es dann am 29. September 1978 wahr: Nach 113 Jahren Zugehörigkeit zur Georgsmarienhütte mußte die GME für 20 Millionen Mark an die Wittlager Kreisbahn (WKB) verkauft werden. Bei der WKB war der Kreis Osnabrück über eine Beteiligung von 90 % Mitbesitzer, der somit letztendlich Käufer der GME wurde. Den Verkaufserlös nutzten die Klöckner-Werken für notwendige Investitionen im Werk. Mit diesem Geld, weiteren Eigenmitteln und Zuschüssen des Bundes entstand in Georgsmarienhütte das KS-Stahlwerk.

Der Verkauf an die WKB bedeutete auch das Ende des schienengebundenen Personenverkehrs, der offiziell am 1. Oktober 1978 eingestellt wurde. Kurz darauf sollte

Die Georgsmarienhütten-Eisenbahn

auch der Erzzugverkehr enden, denn das neue KS-Stahlwerk wird mit Schrott beschickt und Kohle somit nicht mehr benötigt. Zum letzten „herkömmlichen" Hochofenabstich Ende April 1983 traf daher bereits im Februar 1983 der zunächst letzte Erzzug bei der Hütte ein. Nach der Wiederaufnahme des Hochofenbetriebs ab Juni 1984 fand wieder Erzverkehr statt, bis ab Juli 1994 der Elektroofen in Betrieb ging. Die letzten Erz- als auch Kohlezüge zwischen Hasbergen und Georgsmarienhütte fuhren am 20. Mai 1994, seitdem wird auf der Schiene Schrott transportiert.

Bis zum erneuten Besitzerwechsel der Georgsmarienhütte 1993 ereigneten sich für den Bahnbetrieb aber kaum Änderungen. Die technische Instandhaltung wurde zum Hauptthema und die Bahnübergänge Wulfkotten, Steinbrink und „Auf dem Grudde" besser gesichert. Die Gleisanlagen zum Hüggel hatten mittlerweile ausgedient und wurden bis Ende April 1990 einschließlich des ab dem Bahnhof Patkenhof abzweigenden Zufahrtsgleises abgebaut. Bis Anfang 1992 war dann auch der Rückbau der GME-Gleise im Bereich des Bahnhofs Hasbergen abgeschlossen.

Die Errichtung des Elektroofens machte im Werk den Umbau einiger Gleisanlagen notwendig. Bis 1996 wurden dann auch alle Gleisanlagen im alten südlichen Hochofen- und Erzlagerbereich zurückgebaut.

Zum 1. Juli 1996 wurde dann die Georgsmarienhütten-Eisenbahn durch die Georgsmarienhütte GmbH von den Verkehrsbetrieben Osnabrücker Land (VLO) zurückgekauft. Die personenlose Georgsmarienhütten Eisenbahn und Transport GmbH (GET) wurde gegründet, dessen Geschäftsführer auch, neben einem weiteren Geschäftsführer aus dem kaufmännischen Bereich, der Eisenbahnbetriebsleiter ist.

Am 14. Januar 1997 erhielt die GET die Genehmigung zum Betrieb der Eisenbahn. Seit August 1997 hat die Deutsche Bahn

GME-Lok 4 und ihr Personal (2. September 1953).
Hugo Mittelberg

Mit einem Sonderzug kam im März 1969 die Schnellzuglok 01 1065 der DB auf die Gleise der GME. Bei der Ausfahrt in Richtung Hasbergen mußte eine Diesellok der GME Schiebedienst leisten.
Ludwig Rotthowe

Der letzte Kokszug zur Georgsmarienhütte am 20. Mai 1994. Zuglok war die inzwischen verkaufte Lok 1 der GME, aufgenommen zwischen Augustaschacht und der Station Patkenhof.
Thomas Krick

Der letzte planmäßige Erzzug fuhr ebenfalls am 20. Mai 1994. Die Loks 3, 2 und 1 müssen gemeinsam arbeiten, um die schwere Last über den Scheitelpunkt kurz vor der Station Patkenhof zu bringen.
Thomas Krick

Von den Loks der GET (hier Lok 7) werden die Schrottwagen in die Umschlagshalle gedrückt. Diese Halle besteht bereits seit der Inbetriebnahme des KS-Stahlwerks. Neu ist der automatische Transport mit den für den E-Ofen angepaßten Beschickungsbehältern (16. Februar 2000).
Lothar Hülsmann

AG die Durchführung aller Traktionsleistungen auf der Strecke zwischen Hasbergen und der Georgsmarienhütte per Vertrag übernommen. Die DB AG kann die Strecke von Hasbergen bis zur Trapeztafel am Verschiebebahnhof in Georgsmarienhütte freizügig benutzen. Lokomotiven der GME befahren die Strecke nur zu Wartungszwecken oder anderen außergewöhnlichen Anlässen. Dazu wird die Strecke durch einen Anruf im DB-Bahnhof Hasbergen für die DB AG gesperrt.

Im Eisenbahnbetrieb sind heute noch 40 Mitarbeiter tätig, wobei 11 Mitarbeiter direkt der GET zugeordnet werden.

Jahr	Empfang in t	Versand in t
1956	1.745.247	701.726
1957	1.726.913	709.877
1958	1.364.490	520.018
1959	1.475.784	546.462
1960	1.758.325	618.572
1961	1.571.465	579.389
1962	1.648.456	607.473
1963	1.539.858	480.683
1964	1.854.490	646.111
1965	1.850.569	651.557
1966	1.484.038	479.636
1967	1.564.499	548.522
1968	1.564.879	554.042
1969	1.789.609	624.871
1970	1.727.728	597.479
1971	1.159.373	451.610
1972	1.112.399	420.865
1973	1.220.620	485.971
1974	1.370.943	538.672
1975	1.166.988	455.206
1976	1.113.923	433.149
1977	859.555	351.303

Die Georgsmarienhütten-Eisenbahn

1978	946.308	422.797
1979	1.002.523	429.647
1980	825.686	387.443
1981	744.741	324.708
1982	742.194	258.738
1983	333.101	229.243
1984	614.970	230.322
1985	916.725	238.911
1986	852.346	228.186
1987	870.698	210.648
1988	959.189	242.966
1989	827.789	208.973
1990	731.462	202.926
1991	711.882	176.941
1992	609.117	160.796
1993	566.464	122.634
1994	461.490	141.508
1995	426.465	194.257
1996	375.534	176.679
1997	516.085	205.195
1998	506.464	250.982

Die Transportleistungen der Georgsmarienhütten-Eisenbahn zeigen über lange Jahre eine gewisse Beständigkeit. Ab 1977 ging das Volumen zurück und ist seitdem leicht schwankend. In den Jahren 1983/84 sowie 1994 müssen dabei die bereits erwähnten Umstellungen im Hochofenbetrieb bzw. die Inbetriebnahme des Elektroofens berücksichtigt werden.

Auch die Anzahl der auf der Strecke der GME zwischen Hasbergen und Georgsmarienhütte und zurück beförderten Wagen zeigt etwas von der Transportleistung der GME. An den Zahlen des Jahres 1998 soll dies deutlich werden:

Eingang beladene Wagen:	11.276
Eingang leere Wagen:	4.428
Ausgang beladene Wagen:	4.649
Ausgang leere Wagen:	11.037

Anzumerken wäre noch, daß die heutige GET über keine eigenen geeigneten Wagen für den Schrottverkehr zwischen der Hütte und dem Osnabrücker Hafen verfügt. Hierfür werden Güterwagen des Typs Eamos von DB Cargo bereitgestellt, für die die GET monatlich die stolze Summe von rund 50.000 bis 60.000 Mark pro Wagen aufwendet.

Oben: Die Zugförderleistungen zwischen Hasbergen und der Georgsmarienhütte haben Maschinen von DB Cargo übernommen, wie hier im Bild die 290 065. Nach Anlieferung der mit Schrott beladenen Wagen werden die Fertigprodukte der Hütte abgefahren. Der Gasometer im Hintergrund wurde noch im Februar 2000 gesprengt (2. Februar 2000). Lothar Hülsmann

Rechts: Anfang 2000 war dieser Güterzugfahrplan für die von DB Cargo beförderten Übergabezüge gültig. GET

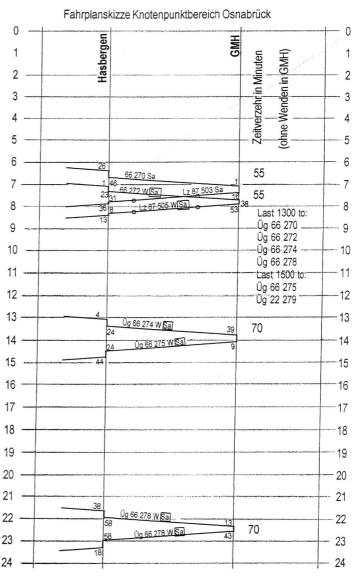

Gleisanlagen und Betrieb

Die eisenbahntechnischen Anlagen
Zum Abtransport des Erzes von den verschiedenen Abbaustellen am Hüggel stellte die GME am 29. März 1864 einen Bauantrag, auf dessen Grundlage die Streckenführung der Hüggelbahn festgelegt wurde. Die Gleisanlagen waren so ausgelegt, daß sie Platz boten für die Anzahl an Wagen, die für die Beschickung von vier Hochöfen notwendig waren. Die Inbetriebnahme erfolgte abschnittsweise zwischen August 1864 und Februar 1866. Die Gleisanlagen schlossen dabei die Punkte Schacht Augusta, Schacht Anna, Tagebau Ib, Schacht Mathilde, Neuer Schacht, Schacht Kielmannsegge, Schacht Ida, Tagebau IIa, Tagebau IIb, Schacht Luise und Tagebau IIIb an.

Auf dem Hüttengelände waren lediglich drei Hauptgleise als Aufstell- bzw. Umfahrgleise vorhanden. 5 Weichen, 2 kleine Drehscheiben, 1 zweiständiger Lokschuppen, ein Stationshaus und eine Wasserstation für die Speisung der Dampflokomotiven vervollständigten die Anlage.

An der Straße Osnabrück – Hagen (der spätere Bahnhof Patkenhof) wurde eine den hannoverschen Normalien entsprechende Wärterbude, wie sie auch an den Weichenstellen an der Strecke vorhanden waren, erbaut. Am Rotenberge errichtete die GME ein mit dem Gebäude in Georgsmarienhütte baugleiches Stationsgebäude.

Die Kilometrierung begann an der letzten Drehscheibe im Bahnhof Georgsmarienhütte. Das Bahnhofsgebäude lag in km 0,5, die Brücke an der Straße Osnabrück – Georgsmarienhütte in km 0,8 und Patkenhof zwischen km 3,1 und 3,5. Die Strecke führte weiter zum Tagebau Ia (km 4,2) und Kielmannsegge (km 6,0). In diesem Abschnitt ist die Streckenführung mindestens dreimal dem Abbaugebiet angepaßt worden. Die Gleise endeten in km 7,4.

Wie bereits im vorangegangenen Kapitel berichtet, erhielt der GMBHV am 28. Dezember 1868 die Genehmigung zum Bau einer Verbindung von der Hüggelbahn zum Bahnhof Hasbergen an der Venlo – Hamburger Eisenbahn. Bei km 3,4 – also kurz vor der Straßenüberquerung bei der Station

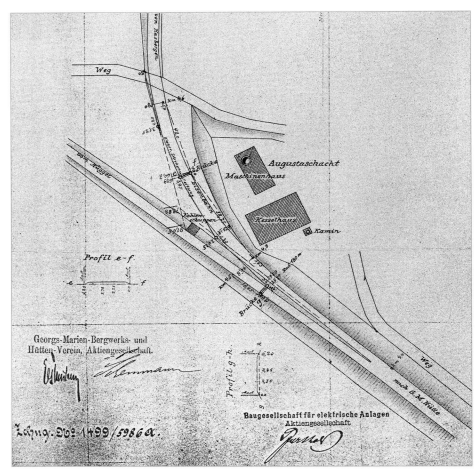

Die Situation am Augustaschacht. Ursprünglich waren die beiden hier verzweigenden Strecken bis zu diesem Punkt niveaugleich, dann wurde die Hüggelbahn aber ab Patkenhof erhöht trassiert. Archiv Klöckner-Werke AG

Patkenhof – sollte die abzweigende Strecke beginnen. Für die neue Strecke zwischen Patkenhof und dem Bahnhof Hasbergen mußten 4,43 km Gleis neu verlegt werden. Die Gleise wurde zunächst bis zum km 4,4 parallel an der zum Hüggel führenden Strecke gebaut, hatten aber dabei ab Patkenhof bereits ein niedrigeres Höhenniveau. Nach der ab Patkenhof von der Hüggelbahn übernommenen Kilometrierung lag der Bahnhof Hasbergen in km 7,83. Die maximale Steigung betrug 1:117 und der kleinste Kurvenradius betrug 180 Meter.

Im Bahnhof Hasbergen entstand für die GME ein recht umfangreiches Gleisnetz. Sowohl die Hauptbahn wie auch die GME erhielten ein eigenes Stationsgebäude. Für die Lokomotiven der GME war eine Wasserstation und eine kleine Drehscheibe vorhanden. Bereits 1870 wurde wegen des egen Wagenaustauschs mit der Staatsbahn die Gleise knapp, so daß die GME-Gleisanlagen erweitert werden mußten. Das gleiche geschah auch in Georgsmarienhütte. Mit der Eröffnung der in Hasbergen abzweigenden Perm-Bahn Richtung Ibbenbüren im Jahre 1886 (siehe Kapitel „Die Perm-Bahn") mußten die Gleisanlagen erneut vergrößert und das heute noch vorhandene Stationsgebäude der GME erbaut werden.

In Georgsmarienhütte wurde ein nördlich um das Werk führendes Gleis neu ver-

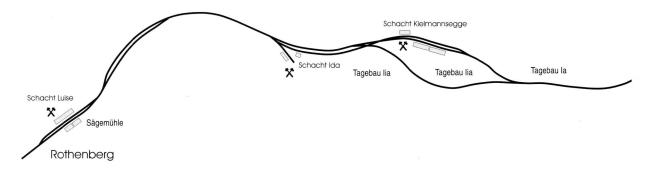

Die Georgsmarienhütten-Eisenbahn

Am Augustaschacht (hinten rechts) treffen die Strecken vom Hüggel und aus Hasbergen zusammen. Gut zu erkennen ist hier der Niveauunterschied. Die Gleise im Vordergrund und die Seilbahnendstation sind nicht mehr vorhanden. Rechts fährt aus Hasbergen kommend der VT 2 mit dem VS 1 in Richtung Hütte (7. März 1971).
Joachim Petersen

1984 endeten die Gleise der Hüggelbahn wenige Meter westlich des ehemaligen Schachts Kielmannsegge.
Lothar Hülsmann

Die Hüggelbahn, wie sie sich um 1906 darstellte. Ab der Station Patkenhof (damals noch Haltestelle Holzhausen) verlief die Strecke nach Hasbergen bis zum Augustaschacht parallel. Zwischen diesen beiden Punkten befand sich ein Wärterhaus. Für die Wagenbeladung waren zwischen dem Annaschacht und dem Schacht Mathilde Rangiergleise mit einem Abzweig zum Annaschacht verlegt. Der Tagebau IIa wurde mit einem nördlichen Gleis zum Schacht Kielmannsegge und einem südlichen Gleis, welches bei der Schreinerei wieder einmündete, umfahren. Ein weiterer Abzweig war bei km 6,4, der zum Schacht Ida führte. Die Strecke endete beim km 7,4 kurz hinter dem Schacht Luise. Dort befand sich eine Sägemühle mit angeschlossenem Holzlager. Das dortige Abbaugebiet am Rothenberg bestand aus mehreren Terrassen, die mit fünf Bremsbergen versehen an die Hüggelbahn angeschlossen waren. Zeitweilig bestand zum Abbaugebiet am Südhüggel von dort aus eine Pferdebahnverbindung, deren Trasse noch heute erkennbar ist. Die gesamten Gleisanlagen in den Abbaugebieten und die Gleise der Hüggelbahn sind bis 1990 demontiert worden. Nur die zum Teil zerklüftete Landschaft erinnert noch an die Abbauzeit.
Malte Werning

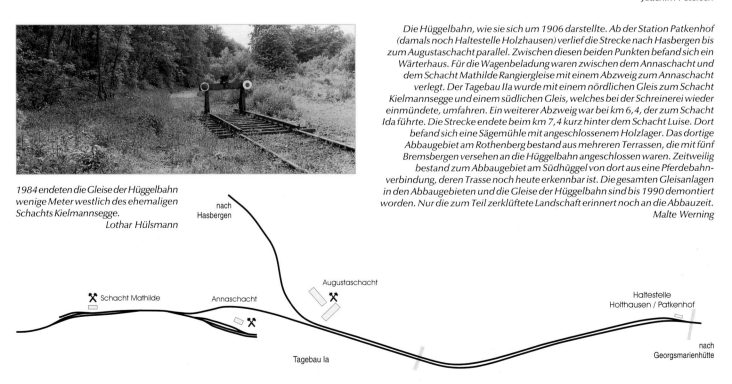

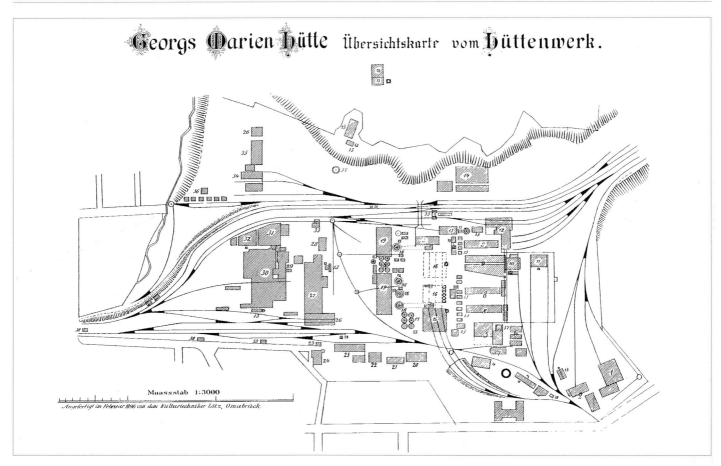
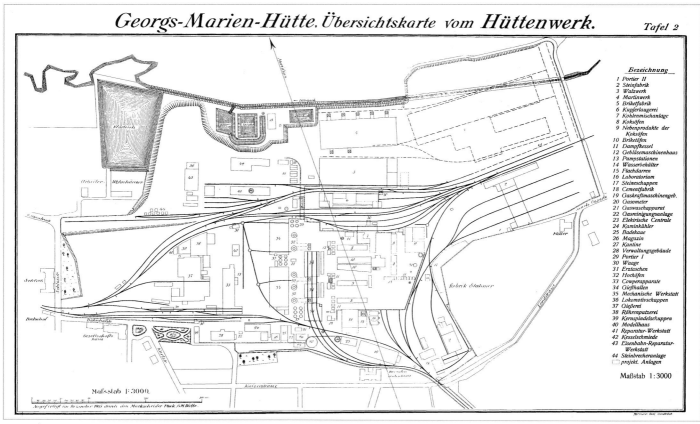

Die Gleisanlagen der Georgsmarienhütte hatten bereits im Jahre 1896 (ganz oben) und 1905 eine beachtliche Ausdehnung. Archiv Klöckner-Werke AG

Die Georgsmarienhütten-Eisenbahn

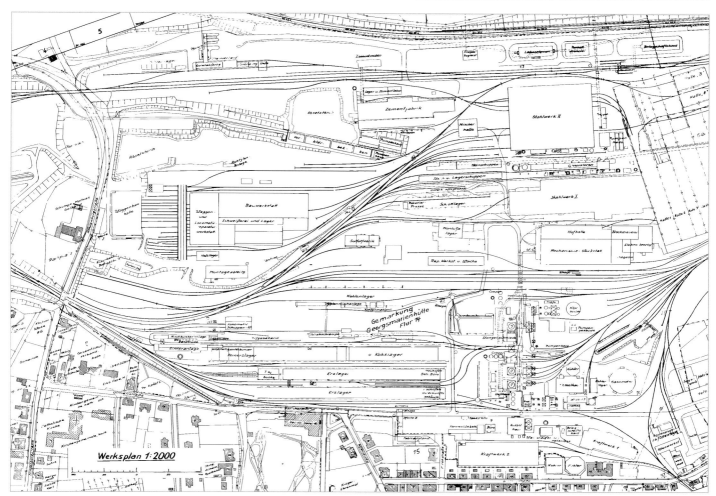

Gleisplan und Gesamtanlage des Stahlwerks bis zum Bau des KS-Stahlwerks. Im unteren Kartenbereich ist das Erz- und Kokslager, die Hochofenanlage, das Kraftwerk 2 und der Gasometer erkennbar. Im mittleren Kartenteil von links beginnend die Waggonbauhalle mit der Wagen- und Lokomotivwerkstatt mit Schiebebühne. Rechts davon das Stahlwerk 1 und die mechanische Werkstatt. Im oberen Kartenteil ist die Zementfabrik sowie das Stahlwerk 2 zu sehen. Rechts unten ist die Gleiszusammenführung erkennbar, die ein Drehen der Lokomotiven ermöglichte. Dazu mußten die Loks in das Ostfeld in Richtung Oesede fahren, und dann zurück bis in das Ausziehgleis rollen. Dieses Gleis führte bis unter die heutige breit ausgebaute Verbindungsstraße von Oesede nach Georgsmarienhütte.
Archiv Klöckner-Werke AG

Die Westseite der Georgsmarienhütte mit dem Stellwerksgebäude und dem Bahnsteig mit (schwach auszumachendem) Stationsgebäude am rechten Bildrand. Die Aufnahme entstand von der Hindenburgstraße aus und datiert aus dem Jahre 1930.
Slg. Beermann

Blick auf das Gleisdreieck (in der Karte rechts unten) mit dem von rechts kommenden Gleis aus Oesede.
Joachim Behrens

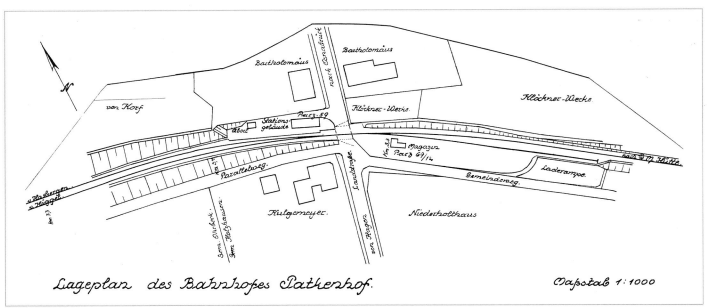

Dieser Lageplan der Station Patkenhof zeigt das erste Stationsgebäude noch als Magazin. Das Ladegleis wurde 1984 entfernt. Archiv Klöckner-Werke AG

Das Stationsgebäude Patkenhof. Archiv Klöckner-Werke AG

Die Westseite des Stationsgebäudes Patkenhof mit dem VS 2 auf der Fahrt nach Hasbergen (19. August 1976). Dieter Riehemann

legt, das östlich der Hütte endete und später bis zum Otto-Schacht weitergeführt wurde. Vom Gleisende vor Oesede abzweigend, wurde eine Gleiskurve südlich um das Werk geführt, die dann noch mit den von Westen kommenden Gleisen verbunden wurde. Damit konnte das Werk vollständig umfahren werden. Diese Verbindung zum Otto-Schacht, 1879 bis 1881 erbaut, verlängerte das Gleisnetz der GME um weitere 3,1 km. Die reine Streckenlänge der GME war damit auf 14,93 km angewachsen. Die am 1. November 1886 in Betrieb genommene Perm-Bahn verlängerte das Gleisnetz auf insgesamt 25,63 km. Wenige Kilometer vor der Staatsbahnstrecke Osnabrück – Rheine endete diese Bahn in km 17,6.

Die anfänglich nach den Normalien der hannoverschen Westbahn erbauten Stationsgebäude wurden bis 1920/21 durch Steinbauten ersetzt. Das Stationsgebäude in Wulfskotten ist nach einer gut gelungenen Renovierung noch heute ein schönes Gebäude an der Strecke, das nun als Gastwirtschaft genutzt wird.

In den Jahren 1893 bis 1895 mußten die Gleisanlagen in Georgsmarienhütte erneut erweitert werden. Im Norden des Werkes entstand eine Reparaturwerkstatt für die Wagen und Lokomotiven. 1909 erhielten die Normalspurlokomotiven einen neuen Lokomotivschuppen. Im gleichen Jahr mußten die gesamten Schienen zwischen der Hütte und Hasbergen ausgewechselt werden, da sie nicht mehr den Anforderungen des Betriebs entsprachen.

Bis 1956 veränderten sich die Gleisanlagen nur noch unwesentlich. Zwischen 1956 und 1958 erbaute man westlich der Straße Osnabrück – Georgsmarienhütte außerhalb

Die Georgsmarienhütten-Eisenbahn

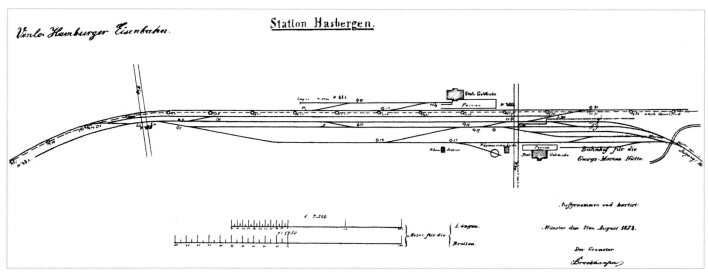

Der erste Gleisplan des Bahnhofs Hasbergen mit dem Anschluß der GME aus dem Jahre 1872. Archiv Klöckner-Werke AG

des Werkes einen modernen Verschiebebahnhof. Eine 160 t-Verbundwaage mit einer Einzeltragfähigkeit von 100 Tonnen, ein modernes Drucktastenstellwerk (1958) und zwei Ablauf-Gleiswaagen gehörten zu den Neuerungen. Am Stellwerk waren 34 Weichen angeschlossen. Eine Einfahrgruppe mit 8 Gleisen, zwei Ablaufgruppen mit je 8 Gleisen und eine Ausfahrgruppe mit zwei Gleisen rundeten die Erweiterung ab. Zu dieser Zeit betrug die reine Streckenlänge der GME aber nur noch 10 km. Das gesamte Gleisnetz hatte sich dagegen auf 64 km vergrößert.

Der Anschluß an die Bundesbahnstrecke Osnabrück – Brackwede (– Bielefeld) in Oesede konnte bald nicht mehr genutzt werden, da die DB der GME ihren Gleisanschluß aufkündigte. Kurz nach der Einstellung des Schienenpersonenverkehrs zum 1. Juni 1984 folgte auch die Gesamtstilllegung dieser Bahnlinie. Seitens der GME ist daraufhin kurz vor der Einfahrweiche in den Bahnhof Oesede das noch liegende Gleis mit einem Prellbock gesichert worden, das bis hierhin noch als Ausziehgleis genutzt werden kann.

Anschluß an das Staatsbahnnetz bestand nun nur noch in Hasbergen, so daß sich die Bahn alleine auf diese Verbindung konzentrieren mußte. Das Gleisnetz reduzierte sich bald weiter durch den Abbau der Gleisanlagen am Erz- und Kohlenlager, so daß innerhalb des Werkes heute noch 29 km Gleise und 133 Weichen in Betrieb sind. Auch im Bahnhof Hasbergen wurden die Gleise bis 1992 bis auf die abzweigende Strecke abgebaut.

Zugverkehr

Mit sechs Zugpaaren hatte 1873 der fahrplanmäßige Personenverkehr bei der GME begonnen. 1887 verzeichnete der Fahrplan

Das Stationsgebäude der GME in Hasbergen, aufgenommen um 1912. Slg. Beermann

Die Formsignale bei der Einfahrt in den GME-Bahnhof Hasbergen gehören schon lange der Vergangenheit an. Hier ist Lok 3 mit einem Personenzug in Richtung Hütte unterwegs. Slg. Nieweg

Ohne große Kraftanstrengung dürfte die 1.000 PS-Lok Nr. 1 den Zug 9 – bestehend aus VT 2 und VS 2 – nach Hasbergen gebracht haben. Die Aufnahme entstand in der Station Patkenhof (24. Juni 1972).
Ludwig Rotthowe

Lok 7 mit einem Leerwagenzug auf dem Weg zum Hüggel, aufgenommen an der Station Patkenhof (9. Oktober 1978).
Joachim Petersen

nur noch vier Zugpaare, 1895 dann fünf. Diese Zahl blieb lange Jahre so. Zuletzt verkehrten acht Personenzugpaare werktäglich, bis der Reisezugverkehr am 30. September 1978 eingestellt wurde. Der erste Güterzugfahrplan nach der Einstellung des Personenverkehrs verzeichnete noch zehn Güterzugpaare zwischen der Hütte und Hasbergen. Gleichzeitig erfolgte die Umstellung auf einen einschichtigen Betrieb.

Im Januar 2000 verkehren auf der Strecke Georgsmarienhütte – Hasbergen planmäßig drei Übergabezüge und ein Zusatzzugpaar zur Bewältigung der durch die enorm gestiegenen Produktionszahlen anfallenden Transportaufgaben. Gehörten früher einmal die Erz- und Kohlenzüge zum Bild der GME, so sind es heute die vom Hafen Osnabrück kommenden Schrottzüge mit dem „Futter" für den Elektroofen. Da die GET keine eigenen Wagen besitzt, die sich für den Schrottverkehr eignen, werden DB-Wagen vom Typ Eaos benutzt. Monatlich wendet die GET einen Betrag von rund

Die Georgsmarienhütten-Eisenbahn

Georgsmarienhütten-Eisenbahn.

Fahrplan vom 1. Mai 1910 ab.

Dieser Aushangfahrplan wurde am 1. Mai 1910 gültig. Er führt auch die in Hasbergen bestehenden Anschlüsse in Richtung Osnabrück und Münster auf. Slg. Ruthemeyer

Georgsmarienhütten-Eisenbahn · 109 Hasbergen-Georgsmarienhütte

a) Richtung Hasbergen — gültig ab 28. Mai 1972

Zug-Nr.	1	3	5	7	9	11	13	15
Georgsmarienhütte ab	4:50	6:30	12:30	A 13:28	14:25	16:45	20:50	22:30
Patkenhof "	4:57	6:37	12:37	13:35	14:32	16:52	20:57	22:37
Augustaschacht "	Züge halten nach Bedarf							
Wulffskotten "	5:03	6:43	12:43	13:41	14:38	16:58	21:03	22:43
Hasbergen an	5:05	6:45	12:45	A 13:43	14:40	17:00	21:05	22:45

b) Richtung Georgsmarienhütte

Zug-Nr.	2	4	6	8	10	12	14	16
Hasbergen ab	5:13	7:24	13:08	A 13:45	15:00	17:20	21:13	22:53
Wulffskotten "	5:16	7:27	13:11		15:03	17:23	21:16	22:56
Augustaschacht "	Züge halten nach Bedarf							
Patkenhof "	5:22	7:33	13:17		15:09	17:29	21:22	23:02
Georgsmarienhütte an	5:28	7:39	13:23	A 13:57	15:15	17:35	21:28	23:08

Alle Züge ohne Beförderung aufgegebener Gepäckstücke und Fahrräder.
Zeichenerklärung: A = Zug verkehrt Mo-Fr, jedoch nicht während der Schulferien.

Für diese auf dem Fahrplan von 1972 eingezeichneten Züge setzte die GME die seit 1966 vorhandenen Altbau-Dieseltriebwagen ein. Slg. Ruthemeyer

Der erste Güterzugfahrplan nach der Einstellung des Schienenpersonenverkehrs bei der GME zum 1. Oktober 1978. Slg. Ruthemeyer

FAHRPLAN der Georgsmarienhütten=Eisenbahn

für den öffentlichen Personen- und Güterverkehr

vom 15. Mai 1935 ab bis auf weiteres.

Im Jahre 1935 waren werktags sieben Zugpaare eingesetzt. Für alle bestanden in Hasbergen Anschluß an die Züge der Deutschen Reichsbahn. Slg. Ruthemeyer

Lok 4 der GME (KHD 57804/1965) steht mit einem DB-Gesellschaftswagen abfahrbereit im Bahnhof Hasbergen (3. September 1985). Kai Drether

Das in den 1950er Jahren erbaute Stellwerk der GME. Lothar Hülsmann

Die Gleis- und Straßenseite des sicher schönsten Bahngebäudes der GME an der Station Wulfskotten. Dieses um 1920 errichtete Gebäude ist heute aufwendig restauriert und beherbergt eine italienische Gaststätte. Archiv Klöckner-Werke AG

50.000 bis 60.000 Mark an Wagenmiete auf. Die DB bringt die morgens, mittags und abends ankommenden Ganzzüge bis zum Rangierbahnhof der GME in Georgsmarienhütte (siehe Fahrplan auf Seite 25). Der ankommende Zug hält an der Trapeztafel und der Lokführer meldet seine Ankunft per Telefon, um dann Einfahrt in das Gelände zu bekommen.

Zu Zeiten der „alten" GME verfügte diese über eine eigene Gleisbaurotte, die weitgehend mit Mitteln der Georgsmarienhütte die bahntechnischen- und Gleisanlagen instand hielt. Die Verschlankung des Eisenbahnbetriebs hat auch hier zum verstärkten Einsatz von Fremdfirmen geführt. Insgesamt muß dem gesamten Gleissystem aber ein sehr guter Zustand bescheinigt werden. Oftmals ist dies gerade bei Werkbahnen eine Schwachstelle. Der Elekto-Lichtbogenofen und die damit verbundene flächenmäßige Reduzierung des Geländes haben umfangreiche Gleisneuverlegungen notwendig werden lassen. Einzelne Gleisabschnitte werden z.T. durch aufgearbeitete Schienen erneuert.

Für die Gleisverbindung zwischen der Georgsmarienhütte und Hasbergen waren fünf Brückenbauten erforderlich. Hinzu kommt die Brücke zum Hüggel, wie sie seit Bau der Brech- und Verladeanlage für die Gleisführung zum Hüggel notwendig wurde. Hier die Straßenunterführung am Augustaschacht mit dem Streckengleis nach Hasbergen (vorne) und der dahinter auf höherem Niveau trassierten Hüggelbahn. Lothar Hülsmann

Die Georgsmarienhütten-Eisenbahn

Bei Sonderfahrten kam es – je nach Anlaß – auch zu recht ungewöhnlichen Szenen auf der GME-Strecke. Oben zieht die Lok 1 der GME einen Sonderzug der Museumseisenbahn Minden am 2. Mai 1986.
Reinhard Rolf

Am 8. April 1990 hatte die Interessengemeinschaft zur Bereisung von Straßenbahn- und Eisenbahnstrecken e.V. (IBSE) zu einer Schienenbusfahrt zur Hütte eingeladen.
Reinhard Rolf

Für Gleisbauarbeiten stand der GME dieser von Krupp-Ardelt im Jahre 1951 mit der Fabriknummer 203314 gebaute Kran zur Verfügung.
Lothar Hülsmann

Im Ausfahrgleis des Rangierbahnhofs wurden mittlerweile Y-Schwellen verlegt.
Lothar Hülsmann

Einer Serie von fünf Maschinen entstammte die Lok 1 der GME. Sie wurde mit der Fabriknummer 227 im Jahre 1865 von der Firma Egestorff in Hannover gebaut.
Slg. Beermann

Die Betriebsmittel

Dampflokomotiven

Es war selbstverständlich, daß die in Hannover-Linden ansässige Firma „Georg Egestorff" den Auftrag zum Bau der ersten Lokomotiven für die GME erhielt. Die Firma Egestorff, aus der später die Firma Hanomag hervorging, wurde damit zum Hauptlieferanten für Dampflokomotiven. Insgesamt 31 Maschinen bezog der GMBHV aus Hannover.

Die ersten beiden Lokomotiven Nr. 1 und 2 waren mit der Fabrik-Nr. 227 und 228 auf der Grundlage eines Vertrages zwischen dem GMBHV und der Firma Egestorff vom 12./17. September 1864 in Hannover gefertigt worden. Sie entstammten einer Serie von fünf baugleichen Maschinen und wurden Anfang Mai 1865 auf den Gleisen der hannoverschen Westbahn bis Osnabrück überführt. Am 12. und 13. Mai 1865 unternahm der Obermaschinenmeister A. Tacke mit beiden Maschinen Probefahrten zwischen Osnabrück und der Haltestelle Wissingen. Nach der Probefahrt, Besichtigung und Wasserdruckprobe bescheinigte Tacke:

„*Beide in ihrer Construction ganz gleiche Locomotiven entsprechen in allen ihren sichtbaren Hauptteilen den im Contracte festgestellten Bedingungen und stimmen in allen Hauptmaßen mit den im Contract und in den zugehörigen Zeichnungen näher angegebenen überein.*"

Diese 26,4 t schweren B-Tenderlokomotiven waren für einen Dampfüberdruck von 6,5 atü ausgelegt. Die Heizfläche betrug 72,55 qm. Von Osnabrück aus wurden die Lokomotiven mehrspännig im Landtransport zur Georgsmarienhütte gebracht.

Die Lok 2 erhielt 1891 einen vom GMBHV mit der Fabriknr. 188 gefertigten neuen Kessel, der bereits 1889 auf Vorrat erstellt worden war. Nach dem Kesseltausch wurde die Lok am 17. Februar 1891 durch den kgl. Baurat Claasen aus Osnabrück abgenommen. Dieser verstärkte Kessel war auch am 12. September 1941 bei einer Revision durch den „Reichsbevollmächtigten" für die Bahnaufsicht noch vorhanden. Erst 1953, bei einer Untersuchung des Kessels

Lok 2 wurde gemeinsam mit Lok 1 beschafft und trägt auf dieser Aufnahme bereits ein Führerhaus. *Slg. Born*

Die Georgsmarienhütten-Eisenbahn

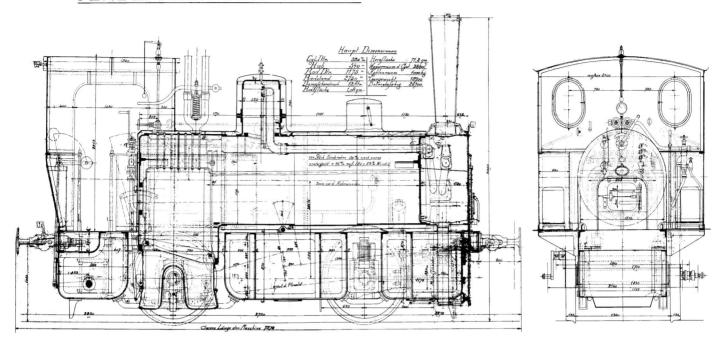

Baugleich waren die Lokomotiven 6 und 7 der GME, die 1893 und 1897 wiederum in Hannover bei Hanomag gefertigt wurden. *Archiv Klöckner-Werke AG*

durch die Deutsche Bundesbahn, ergaben sich an den Stehkesselwänden und an der Feuerbuchsseite Abzehrungen. Alle Heizrohre waren ebenfalls schadhaft. Eine Reparatur wurde für sinnvoll gehalten und die nächste Hauptuntersuchung auf den 10. April 1959 festgesetzt. Ein darüber hinausgehender Betrieb erschien den Verantwortlichen aber als nicht mehr lohnend, so daß die Lok (nunmehr beim Stahlwerk in Osnabrück) im Alter von 95 Jahren ausgemustert wurde.

Bereits 1868 wurde der Ankauf einer weiteren Dampflok notwendig, die Hanomag mit der Fabriknr. 267 lieferte. Für die Aufnahme des Teilbetriebs zwischen der Hütte und Hasbergen bzw. in der ersten Zeit bis Osnabrück, fertigte Hanomag eine weitere Lok (Fabriknr. 405), der eine weitere Maschine (Fabriknr. 905) zur Betriebsaufnahme des öffentlichen Personenverkehrs zwischen der Hütte und Hasbergen folgte. Die Zahlen aus dem Jahre 1875 weisen bereits einen Bestand von zehn Dampflokomotiven aus. Mit der Eröffnung der Perm-Bahn lieferte Hanomag eine weitere Maschine (Lok 6, Fabriknr. 1946).

Für den Ankauf von Eisenbahnbetriebsmitteln hat der GMBHV in den Jahren 1885 bis 1895 die stolze Summe von 773.054,70 Mark ausgegeben. Dazu gehörte auch die 1893 erworbene Dampflok Nr. 7 (Hanomag Fabriknr. 2504). Sie wurde am 29. Mai 1893 in Georgsmarienhütte von einem Kgl. Bau-

Die Lok 1 erhielt nachträglich ein Führerhaus und zusätzliche Wassertanks. Die Aufnahme entstand um 1920. Slg. Beermann

Diese Aufnahme aus den 1950er Jahren zeigt die GME-Lok 7 während ihrer Einsatzzeit im Osnabrücker Stahlwerk. Slg. Born

Diese Hanomag-Werksaufnahme aus dem Jahre 1913 zeigt die 1897 gebaute Lok 8 der GME, die 1944 an das Osnabrücker Stahlwerk abgegeben wurde. Slg. Petersen

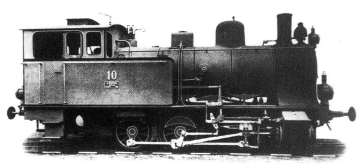
Von der Firma Borsig in Berlin stammt die GME-Lok 10. Sie war bis zum 3. April 1959 im Einsatz. Slg. Petersen

rat der Eisenbahn-Hauptwerkstatt Braunschweig abgenommen und für eine Geschwindigkeit von 45 km/h und einen Dampfüberdruck von 12 atü zugelassen. Die Abnahmeprobefahrt erfolgte zwischen Georgsmarienhütte und Oesede am gleichen Tage. Am 21. November 1929 erhielt die Lok den Kessel der Lok 6 (Hanomag Fabriknr. 1946) eingebaut. Im Jahre 1944 gab die GME die Lok zum Stahlwerk nach Osnabrück ab, wo sie als Nr. 7 bis 1962 im Einsatz war.

Zwischen 1890 und 1900 gab der GMBHV auch die zuerst beschafften Dampflokomotiven 1 bis 3 an das Stahlwerk in Osnabrück ab. Die Bestandszahlen vom 1. Juli 1895 weisen noch sechs normalspurige Dampflokomotiven aus. Die Statistik der in Betrieb befindlichen Eisenbahnen Deutschlands aus dem Jahr 1897/98 verzeichnet für die GME dann sieben normalspurige Dampfloks. In dieser Zahl ist die 1897 gekaufte Lok 8 (Hanomag Fabriknr. 2980) enthalten. Eine Abgabe weiterer normalspuriger Lokomotiven kann danach vor Mitte 1898 nicht erfolgt sein.

Eine Dampflok (Hanomag Fabriknr. 3563) kam 1895/96 hinzu. Sie war die erste dreiachsige Dampflok bei der GME und erhielt die Nr. 9. Die Abnahme erfolgte am 14. September 1900. Auch sie erlebte ihre letzten Einsatzjahre im Osnabrücker Stahlwerk, wohin sie am 1. Juli 1955 nach 55 Jahren bei der GME gelangte. Diese der pr. Bauart T 3 entsprechende Lok war nach einer 1962 notwendigen Reparatur und der Auswechslung von 110 Heizrohren noch bis 1964 im Einsatz.

1904 entschied sich die GME erstmalig für einen anderen Lokhersteller. Die GME-Lok Nr. 10 wurde bei Borsig mit der Fabriknr. 5347 gefertigt und war ebenfalls ein C-Kuppler. Im folgenden Jahr, am 30. Juni 1905, hatte die GME neun normalspurige Dampflokomotiven im Bestand. Die zum Stahlwerk nach Osnabrück abgegebenen Lokomotiven schienen buchmäßig nur verliehen gewesen zu sein.

Die von Borsig mit der Fabriknummer 6799 im Jahre 1908 gebaute Lok 12 war bei der GME bis 1966 im Einsatz. Slg. Petersen

Die Georgsmarienhütten-Eisenbahn

Die Lok 13 der GME im Jahre 1923.
Slg. Beermann

Im Jahre 1906 wurde eine weitere Dampflok (Hanomag Fabriknr. 4776) geliefert. Ihre Abnahme erfolgte am 13. Oktober 1906 in Hannover-Linden. Diese ebenfalls dreiachsige Lok war für eine Geschwindigkeit von 30 km/h zugelassen. Im Jahre 1930 erhielt sie einen von der Georgsmarienhütte mit der Fabriknr. 232 gefertigten neuen Kessel. Gleichzeitig wurde auch die Feuerbuchse erneuert, die von der Firma OKD aus Osnabrück geliefert worden war. Die nach der Reparatur notwendige Probefahrt und Abnahme durch die Reichsbahn erfogte am 21. Februar 1930 zwischen Georgsmarienhütte und Hasbergen. Nach Reparaturen 1933 und 1938 wurde die Lok am 10. Juli 1944 abgestellt, aber in der Zeit bis 1947 erneut repariert. Zum 5. Juni 1959 erfolgte ihre endgültige Abstellung der Lok.

1907 wies die GME einen Dampflokbestand von sieben Maschinen aus. Nun waren die Loks 1 bis 4 auch buchmäßig zum Stahlwerk nach Osnabrück umbeheimatet. Wegen der weiter steigenden Betriebsleistungen mußte 1908 eine stärkere Dampflok gekauft werden. Sie wurde bei Borsig mit der Fabriknr. 6799 gemäß Zeichnung 49/771 gefertigt und war die erste vierachsige Dampflok der GME. Die Lok hatte das beachtliche Dienstgewicht von 60,6 t, Heusinger-Steuerung und eine Länge über Puffer über 10.250 mm. Betriebsbereit führte sie 7,5 cbm Wasser und 3 cbm Kohle mit. Der Raddruck der einzelnen Achsen betrug 7,5 t. Die in der Erstausrüstung vorhandene Dampfbremse mußte durch eine Luftdruckbremse ersetzt werden. Schon 1928 tauschte die GME den Kessel durch ein in Georgsmarienhütte mit der Fabriknr. 230 neu gefertigtes Exemplar aus. Am 11. August 1938 mußte die Lok vor Ablauf der Frist außer Dienst gestellt werden. 249 kupferne Stehbolzen und 146 Siederohre waren zu erneuern. Nach der Reparatur wurde die Lok wegen Kesselschäden am 18. Januar 1939 erneut abgestellt und repariert, wegen weiterer Schäden erneut am 14. Mai 1941. Erst am 10. Juli 1944 konnte sie wieder in Betrieb genommen werde, bis am 22. Juli 1949 eine weitere umfangreiche Reparatur notwendig wurde. Am 22. Juli 1966 wurde die Lok endgültig abgestellt.

Die weiter steigenden Zuglasten führten 1913 zum Ankauf einer fünffachsigen Dampflok (Hanomag Fabriknr. 7119). Diese En2t-Lok war zu ihrer Zeit eine der schwersten Lokomotiven auf den Gleisen einer Privatbahn und für eine Geschwindigkeit von 40 km/h zugelassen. Die Abnahme fand am 23. Januar 1914 in Hannover-Linden statt. Schon 1927 wurde von der GME ein neuer Kessel in Auftrag gegeben, den die Georgsmarienhütte mit von der Firma Mannesmann geliefertem Material und der Fabriknr. 231 fertigte und 1930 einbaute.

Die in Georgsmarienhütte gebaute Lok 13 E (Eigenbau) bekam im Betrieb die Nr. 14. Das Foto zeigt sie mit allen am Bau beteiligten Mitarbeitern. Slg. Beermann

Die Lok 13, fotografiert am 13. April 1963 im Rangierbahnhof der GME. J. Nieweg

Die Lok 14 war ein der Lok 13 nachempfundener Eigenbau der Georgsmarienhütte. Das Foto zeigt die Lok bei Rangierarbeiten im Juli 1964. Ralf Reich

Zwischen 1930 und 1936 wurde er jedoch wieder gegen den ursprünglichen Kessel ausgetauscht. Die Lok blieb bis zum 28. Januar 1966 im Dienst.

Im Jahre 1928 waren zehn Dampflokomotiven im Bestand der GME. Nach dem Übergang des Werkes auf die Klöckner-Werke AG erfolgte für die GME die „Gebrauchtmaschinenzeit", fabrikneue Maschinen wurden nun nicht mehr beschafft. Zuerst wurden 1929 zwei Reichsbahnlokomotiven (ex 91 1545 und 91 1006) erworben. Die 91 1545 wurde nach einer Abnahmeprobefahrt zwischen Georgsmarienhütte und Hasbergen vom Reichsbahnamtmann Plettenberg aus Osnabrück am 6. September 1929 als Lok 2" (zweite Besetzung) in Dienst gestellt. Diese Lok war als preußische T 9.3 „Münster 7356" am 25. August 1911 beim Bahnbetriebswerk Osnabrück erstmals in Dienst gestellt worden und hatte 1926 einen neuen Kessel (1913 von der Union-Gießerei in Königsberg mit der Fabriknr. 2094 gebaut) erhalten. Sie hatte bereits eine bewegte Vergangenheit hinter sich und diente während des Ersten Weltkrieges bei der Kaiserlichen Werft Kiel, kam danach nach Rendsburg und erst 1926 wieder zurück nach Osnabrück. Bei Ihrer Abstellung 1929 bei der Reichsbahn hatte sie eine Laufleistung von 84.877 km erreicht, bevor sie in GME-Dienste trat.

1930 folgten zwei weitere Reichsbahn-Maschinen (ex 91 1607 und 91 357) zur GME. Diese von Hohenzollern (Fabriknr. 2769/2355/2867) und Union (Fabriknr. 1194) gebauten Maschinen waren schon bei der Länderbahn im Einsatz gewesen. Sie bewiesen ihren soliden und technisch ausgereiften Fertigungsstand durch ihren Einsatz bei der GME bis in die 1960er Jahre.

Die ehemalige 91 1607 erhielt bei der GME die Betriebsnr. 1". Sie wurde 1912 gebaut, als „Münster 7370" am 16. Februar 1912 geliefert und am 22. Februar 1912 abgenommen. Der Kaufpreis der 65 km/h

In gutem Zustand zeigt sich die Lok 4" am 25. Juli 1963 dem Fotografen. Ralf Reich

schnellen Lok hatte 72.000 Mark betragen. Der Betriebsvorrat betrug 7 cm Wasser und 2 t Kohle. Das Dienstgewicht war mit 59,9 t angegeben. Als die Lok 1929 bei der GME in Betrieb genommen wurde, hatte sie den von Hohenzollern mit der Fabrik-Nr. 2684 gefertigten Ersatzkessel eingebaut bekommen. Dieser war am 10. Juni 1929 in Leinhausen aus der T 9.3 „Hannover 7286" (Jung Fabriknr. 1743) ausgebaut und in die zur GME verkauften Lok eingebaut worden. Der Kessel diente zuvor bereits vom 21. September 1923 bis zum Jahr 1926 in der Lok „Hannover 7250" (Henschel Fabriknr. 9920). Am 24. März 1933 mußte die Lok wegen Schäden an der Feuerbuchse und an den Siederohren außer Betrieb gesetzt werden. Weitere Reparaturen folgten 1943, 1946, 1947 und 1950. Bis zum 12. Juli 1963 war sie dann noch bei der GME im Einsatz.

Die 91 357 (ex „Berlin 1987") war ebenfalls eine pr. T 3.1 und wurde am 26. Januar 1902 von der Firma Union-Gießerei an die Staatsbahn abgeliefert. Sie bekam bei der GME die Betriebsnr. 4″. Die Probefahrt bei der GME erfolgte am 1. Juli 1930 zwischen Georgsmarienhütte und Hüggel. Sie trug dabei den für die Lok „Altona 7355" mit der Fabrik-Nr. 6144 von Hanomag gefertigten Kessel. Bei der GME mußten 1932 die Heizrohre vorgeschuht und 62 kupferne Stehbolzen erneuert werden. 1936 wurden weitere Stehbolzen ausgewechselt. Im Jahre 1938 mußten dann 208 Siederohre, 533 Stehbolzen und 104 Deckenanker getauscht werden. Kurz vor Ende des Zweiten Weltkrieges, am 3. April 1945, nahm die GME sie wegen eines Siederohrschadens außer Betrieb. Nach Reparatur stand sie an dem 9. Mai 1946 wieder zur Verfügung. Nach 66jähriger Betriebszeit musterte die GME sie am 13. Juli 1968 aus.

Im Jahre 1936 beschritt die Georgsmarienhütte einen neuen Weg und nahm den Eigenbau einer fünfachsigen Lok in Angriff. Aus Ersatzteilen und auf der Grundlage der von Hanomag erbauten Lok 13 und aus dem bereits 1929 von der Hütte gefertigten Ersatzkessel (Nr. 231) entstand die Lok 13 E, später als Lok 14 bezeichnet. Die Probefahrt fand am 14. Juli 1936 zwischen Georgsmarienhütte und Hasbergen statt. Sie verlief ohne Beanstandungen, so daß die Lok am 18. Juli 1936 dem Betrieb übergeben werden konnte. Nach Reparaturen 1951, 1957 und 1961 blieb sie bis zum 24. November 1964 im aktiven Einsatz.

1937 übernahm die GME die DR-Lok 91 319, die zu Länderbahnzeiten als preußische T 9.3 „Erfurt 1987" und ab 1906 als „Erfurt 7260" im Einsatz gewesen war. Drei Jahre später folgte aus Troisdorf die ehemalige T 9.1 „Essen 7257" (Hohenzollern

Der E-Kuppler mit der Nr. 15 bot einen imposanten Anblick (siehe auch das Titelbild dieses Buches). Der Zustand auf dieser Aufnahme zeigt, mit welcher Sorgfalt das Personal die Maschinen gewartet hatte. Archiv Klöckner AG

Am Tage ihrer Anlieferung entstand diese Aufnahme der Lok 15 vor der Werkstatt der GME. Slg. Beermann

Von 1930 bis 1963 war diese Maschine als Lok 1 in zweiter Besetzung bei der GME im Einsatz. Slg. Born

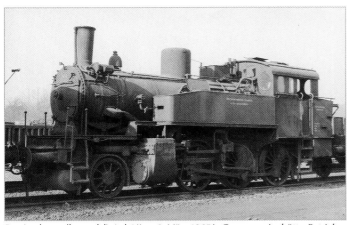
Bereits abgestellt stand die Lok 2" am 3. März 1965 in Georgsmarienhütte. Betriebsbereit würde diese Lok heute sofort einen Käufer finden. Peter Konzelmann

Die Lok 7 bei Rangierarbeiten im Hüttenwerk. Joachim Petersen

Die Lok 5" in grün/schwarzer Reichsbahnfarbgebung am 2. März 1969. Die Lok wurde als Denkmal bei Münster aufgestellt. Ralf Reich

Lok 8, 1948 von Krupp gebaut. Ralf Reich

Fabriknr. 988, Baujahr 1897) zur GME.

Sicherlich unpraktisch für den Betrieb bei der GME waren die beiden Schlepptender-Lokomotiven der Baureihe 55, die 1944 folgten. Es handelte sich dabei um die DR-Maschinen 55 2423 (Hanomag Fabriknr. 6131) und 55 2428 (Schichau Fabriknr. 1922). Beide Maschinen wurden 1911 gebaut und blieben nur bis 1949 bei der GME.

Nach dem Zweiten Weltkrieg erwarb die GME 1948 eine im Jahre 1943 für das Eisenwerk Brinkum gebaute Dampflok (Jung Fabriknr. 9846). Diese kleine zweiachsige Lok war bis 1978 im Bestand der GME und wurde später von der niederländischen Museumseisenbahn Hoorn – Medemblik restauriert.

Noch 1948 kam es nach langer Zeit auch wieder zur Lieferung einer fabrikneuen Dampflok, die bei Krupp unter der Fabriknr. 2415 entstand und später zur Hütte Haspe abgegeben wurde. Im Jahre 1950 erwarb die GME zwei weitere Dampflokomotiven (Krupp Fabriknr. 2313, Henschel Fabriknr. 25221). Die von Henschel gebaute Lok war die dritte fünfachsige Lok der GME. Am 2. Januar 1953 führte die Bahn damit 16 nor-

Die Lok 6", eine ehemalige preußische T 9.1, am 25. September 1959 bei Rangierarbeiten auf dem Werksgelände. J. Nieweg

Von der BASF kam die Lok 9''' im Jahre 1957 zur Georgsmarienhütte. Hergestellt wurde sie 1922 von Henschel. Eberhard Schüler

Hinter der GME-Lok 3''' verbirgt sich die ehemalige DB-Einheitsdampflok 80 016, hier bei der Ausfahrt aus Hasbergen. Peter Konzelmann

Normalspurige Dampflokomotiven der Georgsmarienhütten-Eisenbahn

Nr.	Hersteller	Fabrik-Nr.	Baujahr	Bauart	Betriebszeit	Bemerkungen
1'	Hanomag	227	1865	Bn2t	1865-1915	1915 an Stahlwerk Osnabrück
1''	Hohenzollern	2867	1912	1Cn2t	1930-1963	ex Münster 7370, ex DR 91 1607, + 12.07.1963
2'	Hanomag	228	1865	Bn2t	1865-1891	1891 an Stahlwerk Osnabrück
2''	Hohenzollern	2769	1911	1Cn2t	1929-1963	ex Münster 7356, ex DR 91 1545, + 02.12.1963
3'	Hanomag	267	1868	Bn2t	1868-1890	1890 an Stahlwerk Osnabrück
3''	Hohenzollern	2355	1908	1Cn2t	1929-1962	ex Münster 7332, ex DR 91 1006, +26.01.1962
3'''	Wolf	1230	1927	Ch2t	1962-1965	ex DR/DB 80 016
4'	Hanomag	405	1870	Bn2t	1870-19?	19?? an Stahlwerk Osnabrück
4''	Union	1194	1902	1Cn2t	1930-1968	ex Berlin 1897, ex Köln 7308, ex DR 91 357, + 13.07.1968
5'	Hanomag	905	1873	Bn2t	1873-1930	
5''	Henschel	6128	1902	1Cn2t	1937-1978	ex Erfurt 7260, ex DR 91 319, 30.04.1982 Denkmal Münster
5'''	Union	1939	1912	Dn2t	-1971	ex pr. T 13 Altona 7904, ex BR 92, ex Königsborn
6'	Hanomag	1946	1887	Bn2t	1887-1938	1938 an Stahlwerk Osnabrück
6''	Hohenzollern	988	1897	C1n2t	1940-1960	ex pr. T 9.1 Essen 7257, ex Troisdorf Nr. 3, + 01.05.1960
7'	Hanomag	2504	1893	Bn2t	1893-1944	1944 an Stahlwerk Osnabrück
7''	Schichau	1922	1911	Dh2	1944-1949	ex Essen 5105, ex DR 55 2428
7'''	Krupp	2413	1948	Cn2t	1950-1967	2.1967 an Hütte Haspe (Nr. 2)
8'	Hanomag	2980	1900	Bn2t	1897-1944	1944 an Stahlwerk Osnabrück
8''	Hanomag	6131	1922	Dh2	1944-1949	ex Essen 5072, ex DR 55 2423
8'''	Krupp	2415	1904	Cn2t	1948-?	an Hütte Haspe (Nr. 3)
9'	Hanomag	3563	1906	Cn2t	1900-1955	01.07.1955 an Stahlwerk Osnabrück
9''	Henschel	19380	1908	Cn2t	1957-1964	ex BASF Nr. 74, + 12.05.1964
10	Borsig	5347	1913	Cn2t	1904-1959	+ 03.04.1959
11	Hanomag	4776	1906	Cn2t	1906-1959	+ 05.06.1969
12	Borsig	6799	1908	Dn2t	1913-1966	+ 22.07.1966
13	Hanomag	7119	1913	En2t	1913-1966	+ 28.01.1966
14	GME	2119	1936	En2t	1936-1964	ex 13E (Eigenbau). + 24.11.1964, 1971 noch am Piesberg abgestellt
15	Henschel	25221	1950	Eh2t	1950-1965	+ 1965
16	Jung	9846	1943	Bh2t	1948-1978	ex Eisenwerk Brinken, heute Museums-Eisenbahn Hoorn-Medemblik (Niederlande)

Lok 16 entstand erst 1943 bei Jung, hier auf einem Foto von 1969. Zusammen mit der Lok 5'' blieb sie bis 1978 bei der GME. Ralf Reich

malspurige Dampflokomotiven in ihrem Bestand.

Im Jahre 1957 wurde eine gebrauchte Dampflok (Henschel Fabriknr. 19380) von den BASF erworben. Sie wurde am 6. November 1922 durch den „Pfälzischen Revisions-Verein" abgenommen und am 6. Dezember 1922 bei der BASF in Betrieb gesetzt. Das Dienstgewicht betrug 45,15 t. Die Abnahme der Lok bei der GME, verbunden mit einer Probefahrt zwischen Georgsmarienhütte und Hasbergen, erfolgte am 16. Mai 1957 durch einen Vertreter des DB-Maschinenamtes in Osnabrück. Nach nur siebenjähriger Betriebszeit bei der GME wurde sie am 12. Mai 1964 außer Betrieb gesetzt.

Bis 1971 war dann noch eine von der Zeche Königsborn stammende Dampflok (Union Fabriknr. 1939) bei der GME im Einsatz.

Als letzter Dampflokkauf wurde 1962 die DB-Lokomotive 80 016 (Wolf Fabriknr. 1230) erworben. Diese dreiachsige Einheitslok aus dem Jahre 1927 blieb bis 1965 im Einsatz. Bei der GME trug sie die Betriebs-Nr. 3'''. Sie wurde am 24. Februar 1928 nach einer Probefahrt zwischen Erfurt und Gotha an die DR ausgeliefert und zuerst in Breslau Hbf stationiert. Aufenthalte in den Ausbesserungswerken Bremen-Sebaldsbrück (1934) und Lingen (1935) zeigen, daß die Lok den Weg in den Westen Deutschlands angetreten hatte. Das Kriegsende erlebte sie in Wesermünde-Lehe. Bis zum 27. November 1946 blieb sie in Bremen Hbf, um dann in den Süden zum Bw Schweinfurt abzuwandern. Dort wurde sie ab dem 3. Dezember 1946 im Bestand geführt. Stationierungen beim Bw Pressing-Rothenkirchen, Gemünden (Main) und wieder Schweinfurt folgten. Während dieser Zeit wurde die Lok vom AW Weiden-Obf. unterhalten.

Die letzte im Betriebsbuch eingetragene Untersuchung endete am 28. Februar 1963

Anfang 1970 mußte sich die GME zwei Dampflokomotiven der Baureihe 082 bei der DB ausleihen. Am 12. Februar 1970 war daher diese Aufnahme der 082 024 bei Patkenhof möglich. Joachim Petersen

Die Georgsmarienhütten-Eisenbahn

Von 1958 bis 1960 war diese von KHD gebaute 1600 PS starke Vorführ-Drehgestellok bei der GME im Probeeinsatz (11. Juli 1958).   A. Pahling

in Weiden. Die Lok war bis zu ihrer Ausmusterung 1965 bei der GME eingesetzt. Im Jahre 1970 kamen dann noch zwei Leihlokomotiven der DB-Baureihe 082 (DB-Maschinen 082 024 und 082 036) bei der GME zum Einsatz.

Diesellokomotiven

Die ersten beiden Diesellokomotiven waren 1952 bzw. 1954 fast „unbemerkt" zur Georgsmarienhütte gekommen, denn noch war der Eisenbahnbetrieb nahezu vollständig in der Hand der Dampftraktion. Die 1952 gebaute KHD-Lok (Fabriknr. 55041) gelangte als erste zur GME und erhielt die Betriebsnr. 21, ihre zwei Jahre später folgende und baugleiche Schwester die Betriebsnr. 22 (Fabrik-Nr. 55872). Da diese beiden Maschinen fast nur im Werk eingesetzt wurden, änderte sich das äußere Erscheinungsbild der GME zunächst nicht.

Lok 21 bei ihrem ihrer seltenen „Ausflüge" auf die Strecke (Patkenhof, 26. Juni 1971).   Joachim Petersen

Nach Versuchsfahrten mit einer 1600-PS-Vorführlokomotive der Firma KHD von 1958 bis 1960 auf den Strecken der GME, begann diese 1965 auch im Streckendienst allmählich mit der Umstellung auf Dieseltraktion. Neben der 1000-PS-Lokomotive (KHD Fabriknr. 57801) mit der Betriebsnr. 1 wurden im gleichen Jahr sieben weitere 530 PS starke dreiachsige Diesellokomotiven (KHD Fabriknr. 57802-57808) als Loks 2 bis 8 angeschafft. Damit konnte die GME nahezu alle wesentlichen Zugleistungen verdieseln.

Für die Diesellok 1 wurde eine Zuglast von 1100 t festgelegt. Bei Nachschub oder gemeinsamer Traktion mit einer weiteren Maschine der schwächeren Serie (Nr. 2 bis 8) durfte die Zuglast auf 1450 Tonnen erhöht werden.

1971 wurde die bei der Hütte in Haspe

GME-Lok 22 wurde wie ihre baugleiche Schwester mit der Nr. 21 fast nur im Werksgelände eingesetzt und wird heute von den Osnabrücker Dampflokfreunden gepflegt (Hüttenwerk, 29. Juni 1965).   Ralf Reich

Diesellokomotiven der Georgsmarienhütten-Eisenbahn

Nr.	Hersteller	Fabrik-Nr.	Baujahr	Bauart	Betriebszeit	Bemerkungen
1	KHD	57801	1965	B'B'	1965-1998	1.000 PS, verkauft 1998 an die Karsdorfer Eisenbahn Januar 1998, dort als KEG 211 in alter Farbgebung im Bauzugeinsatz. Spätestens nach der nächsten Hauptuntersuchung wird die Lok umgenummert in KEG 1111
2	KHD	57802	1965	C	1965-	530 PS
3	KHD	57803	1965	C	1965-1998	530 PS, verkauft im Januar 1998 an die Karsdorfer Eisenbahn, bis kurz vor Fristablauf mit der Bezeichnung KEG 011 im Bauzugdienst tätig gewesen. In Februar 2000 abgestellt in Karsdorf. Nächste Hauptuntersuchung im 2. Quartal. Die Lok erhält dann die Bezeichnung KEG 0511.
4	KHD	57804	1965	C	1965-1994	530 PS, verkauft an die Firma Reuschling 1994/95
5	KHD	57805	1965	C	1965-	530 PS
6	KHD	57806	1965	C	1965-	530 PS, seit Mai 1999 abgestellt im Werk
7	KHD	57807	1965	C	1965-	530 PS
8	KHD	57808	1965	C	1965-	530 PS
9	KHD	56874	1958	C	1971-1987	530 PS, ex Hasper Hütte, verschrottet 1987
10	KHD	56276	1959	C	1981-1995	530 PS, ex Hasper Hütte, Funkfernsteuerung, 1994/95 verkauft an die Firma Reuschling
11	KHD	57452	1962	C	1981-1989	530 PS, ex Hasper Hütte, Funkfernsteuerung, 1989 verkauft an die Osnabrücker Dampflokfreunde, dort abgestellt
21	KHD	55041	1952	B	1952-	107 PS
22	KHD	55872	1954	B	1954-1995	107 PS, 1997 verkauft an die Osnabrücker Dampflokfreunde, soll im Jahre 2000 wieder betriebsbereit sein
23	Jung	14132	1972	B	1972-	230 PS
24	Jung	14239	1976	B	1976-	230 PS
25	Jung	14240	1976	B	1976-	230 PS

Für den rauhen Hochofenbetrieb wurden die baugleichen Loks 23 bis 25 von Jung konstruiert. Für den Blockgußtransport zwischen der Gießhalle und der Tiefofenhalle kommen die Loks auch in Doppeltraktion zum Einsatz, so am 4. April 1991 die Loks 25 und 24. Burkhard Beyer

Die Georgsmarienhütten-Eisenbahn

Obwohl Lok 9 Stammlok vor den Personenzügen war, konnten auch die übrigen GME-Loks in diesen Diensten beobachtet werden. Im Jahre 1976 entstand diese Aufnahme, auf der Lok 4 einen Steuerwagen als Personenzug 6 am Königshof in Holzhausen zieht.
Achim Switing

freigewordene dreiachsige Stangendiesellok (KHD Fabriknr. 56874) von der GME als Lok 9 übernommen, die später hauptsächlich im Personenzugdienst Verwendung fand. Außerdem gelangten 1972 (Jung Fabriknr. 14132) und 1976 (Jung Fabriknr. 14239, 14240) insgesamt drei weitere Diesellokomotiven zur GME, bezeichnet als Loks 23 bis 25, die speziell für den rauhen Hochofenbetrieb konstruiert wurden. Ihrem Einsatzgebiet entsprechend, folgte die Numerierung den bereits langjährig hier verwendeten Loks 21 und 22. Der Neubau des KS-Stahlwerks brachte 1981 zwei weitere in Haspe freigewordene und der Nr. 9 entsprechende Diesellokomotiven (KHD Fabriknr. 56276 und 57452) nach Georgsmarienhütte, die nun aber mit Funkfernsteuerung ausgerüstet waren und die Betriebsnummern 10 und 11 erhielten.

Der Beschluß, die Zugförderung zwischen Hasbergen und der Hütte ab 1997 durch Diesellokomotiven der DB AG abwickeln zu lassen, machte die im Streckendienst eingesetzte Lok 1 überflüssig. Da die innerbetrieblichen Transportaufgaben durch die reine Schrottverarbeitung ebenfalls geringer wurden, waren nun auch die Maschinen 3, 4, 9, 10, 11 und 22 entbehrlich. Ob die abgestellte Lok 6 wieder instandgesetzt wird, ist derzeit noch nicht entschieden.

Der GME stehen damit noch vier der 530 PS starken Diesellokomotiven, eine 107 PS und drei 230 PS starke Maschinen zur Verfügung. Im Bereich des Elektroofens wird der Verschiebeverkehr mittlerweile durch sogenannte „TeleTrac" der Firma Windhoff erledigt. Diese Förderfahrzeuge werden ferngesteuert und benötigen kein eigenes Lokpersonal.

Im Lokschuppen der GME: Links die Streckenlok 1, dahinter Lok 4 und rechts Lok 2 (4. April 1991).
Burkhard Beyer

Die mit neuer Maschinenanlage ausgerüsteten Loks 5, 7 und 8 sind an den fehlenden Luftfiltern (hier bei Lok 5) seitlich an der Maschine zu erkennen (April 1995).
Thomas Krick

Lok 8 rangierte am 4. April 1991 einige Güterwagen vor dem teildemontierten Hochofen im Hüttenwerk. *Burkhard Beyer*

Zwischen Patkenhof und Augustaschacht: Lok 9 mit Personenzug 5 (1977). *Achim Switing*

Die Georgsmarienhütten-Eisenbahn

Die Stangenlok 10 entsprach weitgehend der Nr. 9. Optische Unterscheidungsmerkmale waren u.a. die anderen Loklaternen und Zierstreifen. Lothar Hülsmann

Als diese Aufnahme am 31. August 1981 neben dem Stellwerk der GME entstand, war Lok 11 (hier zusammen mit Lok 3) gerade erst aus Haspe eingetroffen. Reinhard Rolf

Im Jahre 1958 wurde Lok 9 von KHD gebaut und kam 1971 zur GME. Sie war jahrelang Stammlok für die antriebslosen Triebwagengarnituren (9. April 1973). Gerd Wolff

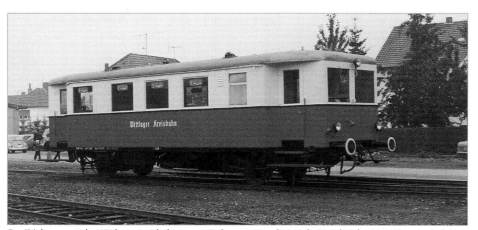

Der Triebwagen 3 der Wittlager Kreisbahn trug zwischen 1947 und 1949 die Nr. 1 bei der GME. Vom zweijährigen Einsatz in Georgsmarienhütte sind leider keine Aufnahmen bekannt (Bf Preußisch Oldendorf, 24. September 1978). Lothar Hülsmann

Triebwagengarnitur mit VT 1 und VS 1 auf dem Weg nach Hasbergen (2. März 1969). Ralf Reich

Triebwagen

Für den Personenverkehr auf der GME ist erstmals in den Jahren 1947 bis 1949 ein Triebwagen im Einsatz gewesen. Es handelte sich dabei um den ehemaligen DR-VT 135 060. Vom Einsatz dieses Fahrzeugs ist nur überliefert, daß er meist nicht betriebsbereit war und daraufhin lokbespannte Personenzüge eingelegt werden mußten. Der Triebwagen wurde 1949 an die Wittlager Kreisbahn verkauft. Die WKB hatte scheinbar ein besseres „Gefühl" für diesen Wagen, denn er ist dort mit gutem Erfolg eingesetzt worden, denn er wird dort auch im Sommer 2000 noch bei Sonderfahrten zwischen Holzhausen und Bohmte auf der Strecke der WKB eingesetzt.

Der eigentliche Triewageneinsatz bei der GME beginnt im Herbst 1966, als die beiden ehemaligen Bundesbahn-Triebwagen VT 36 509 und VT 36 519 mit je einem Steuerwagen der Reihe VS 145 den Personenverkehr übernahmen. Der VT 1" der GME gehörte zu einer Serie, die mit dem Gattungszeichen BciVT und den Nummern VT 137 241-270 von der Deutschen Reichsbahn bei der Düsseldorfer Waggonfabrik in Auftrag gegeben worden waren. Letztlich wurde er aber von der Dessauer Waggonfabrik mit der Fabriknr. 11870 auf der Grundlage des Vertrages 53.206-61.135 vom 10. Januar 1936 gefertigt. Die Auslieferung erfolgte am 30. April 1938 und die Abnahme am 24. Mai 1938 durch das RAW Dessau. Die Genehmigungsurkunde wurde am 25. Juni 1938 durch die RBD Dresden ausgestellt. Der VT 1" war der vorletzte der bestellten Triebwagen und lief zunächst mit der DR-Bezeichnung VT 137 269. Nach dem Zweiten Weltkrieg änderte sich seine Nummer bei der DB in VT 36 509. Der Triebwagen erhielt einen MAN-Motor (Fabriknr. 530620) vom Typ W6V22/30 mit einer leistung von 360 PS und ein Voith-Getriebe (Fabriknr. 192), die elektrische Ausrüstung lieferte BBC Mannheim. Er erreichte eine zulässige Höchstgeschwindigkeit von 90 km/h, war über Puffer 22.350 mm lang und 2968 mm breit. Im Fahrgastraum standen 8 Sitzplätze in der 2. Klasse und 57 Sitzplätze in der 3. Klasse zur Verfügung.

Bereits im Juli 1938 baute das Bw Chemnitz Hbf – Triebwagengruppe Flöha – das Getriebe aus und ließ Garantiearbeiten durchführen. Noch bis Mai 1940 war der Triebwagen bei der RBD Dresden im Einsatz, danach kam er zur RBD Nürnberg. Am 13. November 1941 mußte der Triebwagen wegen Kriegsschäden abgestellt werden. Das Dach, die rechte Seite, der Tank und der Kühler waren beschädigt. Am 7. Januar 1942 waren die Reparaturen abgeschlossen.

Wurde der Wagen zuletzt im RAW Nürn-

Die Georgsmarienhütten-Eisenbahn

Eine Triebwagengarnitur steht am 13. Januar 1970 abfahrbereit im Bahnhof Hasbergen am Empfangsgebäude der GME. Die Garnitur führt VS 1 an.   Joachim Petersen

berg unterhalten, so änderte sich das Unterhaltungswerk bei der Bundesbahn in das Aw Opladen. Am 26. April 1966 musterte ihn die DB beim Bw Wuppertal-Steinbeck aus. Während seiner Betriebszeit hat der Triebwagen eine Laufleistung von 1.789.473 km erreicht. Nach einer zehnjährigen Betriebszeit bei der GME wurde er am 15. März 1976 außer Dienst gestellt. Schäden am Fahrgestell machten einen Weiterbetrieb unmöglich.

Der VT 2 hingegen war zwei Jahre jünger und gehörte zu einer Serie von zwanzig Triebwagen, die von der Dessauer Waggonfabrik 1940 und 1941 ausgeliefert worden war, die sich in einigen Details von der Serie des VT 1" unterschied. Vorgesehen waren Einsätze bei den RBD Nürnberg und Regensburg, doch kamen die Wagen direkt zur Wehrmacht.

Gemeinsam mit dem Triebwagen VT 1" war der VS 1 eingesetzt, bei dem es sich um den Steuerwagen VS 145 351 der DB handelte. Der Steuerwagen war gleichzeitig mit dem Triebwagen erworben worden, um einen Wendezugbetrieb zwischen Georgsmarienhütte und Hasbergen durchführen zu können. Die Gattungszeichen lautete ABPost4i. Der Wagen hatte ein Eigengewicht von 25,4 t und war 22.320 mm lang. Es waren 69 Sitzplätze vorhanden. Aufgrund größerer Schäden wurde er schon am 24. März 1973 abgestellt.

Etwas länger im Einsatz stand dagegen noch der VS 2, hinter dem sich der VS 145 405 der DB verbarg. Dieser Wagen hatte ebenfalls eine interessante Vergangenheit, wurde er doch ursprünglich bereits 1933 als ein reiner Beiwagen ohne Steuerabteil

Triebwagen und Steuerwagen der Georgsmarienhütten-Eisenbahn

Nr.	Hersteller	Fabrik-Nr.	Baujahr	Bauart	Betriebszeit	Bemerkungen
VT 1'	Tw-Bau Berlin		1935	CvT-34c	1947-1949	ex DR VT 135 060, an WKB, dort T 3 (betriebsfähig)
VT 1"	Dessau	11870	1938	BC4vt	1966-1976	ex DR VT 137 267, ex DB VT 36 509, + 15.3.1976
VT 2	Dessau		1941	BC4vt	1966-1979	ex DR VT 137 456, ex DB VT 36 519, verkauft an die Museumseisenbahn Paderborn, dann Verein z. Erhaltung u. Förderung des Schienenverkehrs e.V., Bocholt
VS 1	Lindner		1940	ABPost4i	1966-1973	lt. Betriebsbuch von Dessau gebaut. Ex DB VS 145 351, zur Aufarbeitung an die Osnabrücker Dampflokfreunde gegangen. Da diese nicht mehr möglich war, sind die Wagenteile zurück an die GME zur Verschrottung überführt worden. Die Drehgestelle und ein Kopfteil sind bei den Dampflokfreunden verblieben.
VS 2	Wumag / Uerdingen		1933	B4	1966-1979	ex DB VS 145 405 ex VB 147 034, verkauft an Verein z. Erhaltung u. Förderung des Schienenverkehrs e.V., Bocholt

Im Februar 1986 wurde der VT 2 zur Museumseisenbahn nach Paderborn überführt und auf dem Weg bei der TWE in Lengerich abgestellt. Reinhard Rolf

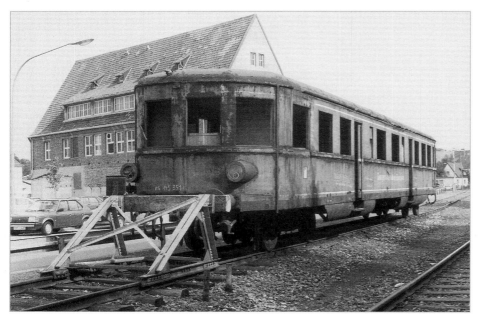

Im August 1987 hatten die Osnabrücker Dampflokfreunde ihre heutige „Heimat" am Piesberg noch nicht bezogen, und so mußte der GME-VS 1 bei der Hafenbahn Osnabrück abgestellt werden. Leider konnte der Wagen nicht erhalten bleiben, lediglich ein Kopfstück mit Drehgestell entging der endgültigen Zerlegung. Reinhard Rolf

(VB 147 034) gebaut, und erst 1951 bei der DB zu einem Steuerwagen umgebaut. Der Grund hierfür waren die starken Einschränkungen im Betriebsalltag, weshalb bereits die Reichsbahn bis 1936 nur insgesamt 76 solcher Fahrzeuge bauen ließ.

Nach diversen Motorschäden war ein Betrieb der Triebwagengarnituren aus eigener Kraft nicht mehr möglich, weshalb die von der Hütte Haspe übernommene Diesellok 9 als Zug- bzw. Schublok mit den Wagen Verwendung fand. Zwischen Zug- und Lokführer bestand mit Handsprechfunkgeräten eine Sprechverbindung. Nach der Einstellung des Personenverkehrs wurden die Fahrzeuge auf dem Gelände der Hütte abgestellt, wo sie 1983 in mittlerweile sehr schlechtem Erhaltungszustand noch immer standen. Später gab es verschiedentlich Bemühungen mit nur beschränktem Erfolg, die Fahrzeuge museal zu erhalten. Als letzte Altbau-VT, die Ende der 1970er Jahre noch im Einsatz standen, stellten sie mittlerweile echte Raritäten dar. Leider ist keines der Fahrzeuge bis heute in einen ansehnlichen Zustand zurückversetzt worden.

Schmalspurfahrzeuge

Für das im Werk eingerichtete Schmalspurnetz mit 830 mm Spurweite erwarb der GMBHV im Jahre 1875 fünf Dampflokomotiven. Die wie die normalspurigen Lokomotiven ebenfalls von Hanomag gelieferten Maschinen waren mit den Fabriknr. 1304 bis 1309 gefertigt worden. 1884 kam eine weitere von Hanomag (Fabriknr. 1202) gefertigte Schmalspurlok hinzu, der 1886 und 1893 je noch eine weitere Maschine (Hanomag Fabriknr. 1945, 2607) folgte. Der Kaufpreis der zuletzt genannten Maschine betrug 8.300 Mark. Da zur gleichen Zeit auf der 750mm-spurigen Schleppbahn am Schafberg (siehe Kapitel „Die Perm-Bahn") drei Lokomotiven des GMBHV in Betrieb waren, der GMBHV aber insgesamt acht Schmalspurlokomotiven erworben hatte, dürfte die in der Literatur ausgesprochene Vermutung richtig sein, nach der zwei Lokomotiven nach einer Umspurung auf 600 mm bei der Wallücke-Bahn im Einsatz waren. Die nächste Schmalspurdampflok (Hanomag Fabriknr. 3754) erwarb der GMBHV 1901.

Die offiziellen Bestandszahlen des Jahres 1905 weisen vier Schmalspurlokomotiven aus. Im Jahre 1907 kamen nochmals zwei Maschinen (Hanomag Fabriknr. 4941, 4942) zur Georgsmarienhütte hinzu. Als letzte von dem GMBHV beschaffte Schmalspurdampflok kam 1921 eine für die Spurweite von 600 mm gebaute Lok (Hanomag Fabriknr. 9276) zur Hütte. Über die Umspurung und den Einsatz sind keine verläßlichen Angaben zu finden. Im Jahre 1929 erfolgte (nun durch die Klöckner-Werke AG) der Ankauf einer weiteren Schmalspurdampflok (Hanomag Fabriknr. 10664). Diese Lokomotiven unterstanden allesamt nicht der Bahnaufsicht und gehörten nicht zum Bestand der GME. Sie wurden zwar vom Technischen Überwachungsverein (TÜV) überprüft, wurden aber als bewegliche Landdampfkessel geführt. Für den TÜV war aber praktisch nur die Kesselprüfung wichtig und nicht die Tatsache, in welcher Lok der jeweilige Kessel gerade eingebaut war. Entsprechend schwierig gestaltet es sich daher, etwas Klarheit in die Lokgeschichte zu bringen. Die Lokliste mit den Fußnoten enthält alle bei den Klöckner-Werken auffindbaren Daten.

Für die in Georgsmarienhütte im Einsatz befindlichen Schmalspurdampfloks sind insgesamt acht Kessel in Georgsmarienhütte gefertigt worden. Den Anfang machte der Kessel mit der Fabriknr. 245 aus dem Jahre 1919. Die letzten beiden Kessel (Fabriknr. 251, 252) wurden im Jahr 1961 gebaut. Der Kessel 245 war in den Lokomotiven 7 (1919), 2 (1957) und 5 (1961) eingebaut. Der Kessel 246, 1921 gefertigt, war speziell für die Lok 4 vorgesehen, in der er auch wegen der abweichenden Abmessungen bis in die sechziger Jahre verblieb. Die Abweichungen bei diesem Kessel gegenüber allen anderen Kesseln läßt bei der Lok 4 den Schluß zu, daß es sich bei der Lok 4 um die 1894 von Hanomag mit der Fabriknr. 2607 handelt. Um 1900 sind von Hanomag die

Schmalspurbetriebsmittel der Georgsmarienhütte

Schmalspurige Dampflokomotiven

Hersteller	Fabrik-Nr.	Baujahr	Bemerkungen
Hanomag	1202	1884	Baujahr laut Lieferliste, eventuell aber 1874, eventuell Einsatz am Schafberg
Hanomag	1304	1875	Geliefert mit 750mm Spurweite, eventuell Einsatz am Schafberg
Hanomag	1305	1875	Geliefert mit 750mm Spurweite. 1896 beim Stahlwerk Osnabrück umgespurt auf 600mm und zur Wallücke-Bahn abgegeben
Hanomag	1308	1875	Geliefert mit 750mm Spurweite. 1899 beim Stahlwerk Osnabrück umgespurt auf 600mm und zur Wallücke-Bahn abgegeben
Hanomag	1309	1875	Geliefert mit 750mm Spurweite. 1899 beim Stahlwerk Osnabrück umgespurt auf 600mm und zur Wallücke-Bahn abgegeben
Hanomag [1]	1945	1887	1919 von der GME umgebaut und als GME 245 bezeichnet. Als Lokdenkmal (Lok 9) in Georgsmarienhütte vor dem Heimatmuseum aufgestellt.
Hanomag [2]	2607	1894	1927 von der GME umgebaut und als GME-Nr. 246 bezeichnet
Hanomag [3]	3754	1901	1929 von der GME umgebaut und als GME-Nr. 248 bezeichnet
Hanomag [4]	4941	1907	Verbleib nicht bekannt. Schrotthändler?
Hanomag [5]	4942	1907	Spielplatzlok Hankenberge. Jetzt Museum in Ostercappeln-Hitzhausen
Hanomag	9276	1921	Laut Lieferliste mit einer Spurweite von 600mm geliefert.
Hanomag [6]	10664	1929	1972 an einen Schrotthändler nach Vechta verkauft. Von dort nach Hanomag als Denkmal.
GME [7]	247	1927	Ex Hanomag Nr.? Im Fahrzeugmuseum Marxzell mit der Lok-Nr. 8 hinterstellt.
GME [8]	249	1938	Ex Hanomag Nr.? Als Denkmal in Emmertal mit der Bezeichnung Lok 1 aufgestellt.
?	?	?	Bei Herrn K.A. Neve in Zeeland (NL) ist eine Lok mit der Nummer 10 vorhanden.

Alle Schmalspurlokomotiven entsprachen der Bauart Bn2t. Eine gesicherte Angabe der Betriebsnummer sowie der Betriebszeiten war nicht möglich.

Anmerkungen:

[1] Der Kessel der GME-Nr. 245 wurde am 29.1.1919 abgenommen und in die zu diesem Zeitpunkt mit der Betriebs-Nr. 7 versehene Lok eingebaut.

[2] Der Kessel wurde 1921 für eine damals mit der Betriebs-Nr. 4 versehene Lok gebaut. Die Abnahme erfolgte aber erst am 23.1.1923.

[3] Die Lok erhielt 1929 den für die Lok 9 gebauten Kessel GME-Nr. 248. Im Jahre 1942 erhielt die Lok den 1941 mit der GME-Nr. 250 gebauten Kessel, der ebenfalls für die Lok 9 gefertigt worden war.

[4] Am 8.8.1960 wurde der Kessel 4941 aus der zu dem Zeitpunkt mit der Betriebs-Nr. 5 versehenen Lok ausgebaut und verschrottet. Die Lok erhielt 1961 den Kessel GME-Nr. 252.

[5] Hanomag Fabrik-Nr. 4942 mit Originalkessel aus dem Jahre 1907. Bei der Anlieferung bekam die Lok die Betriebs-Nr. 6.

[6] Die Abnahme der Lok erfolgte am 1.11.1929. Beim Kauf trug sie die Betriebs-Nr. 3a.

[7] Der Kessel GME-Nr. 247 wurde für die damals mit der Betriebs-Nr. 8 versehenen Lok gebaut und am 23.12.1927 abgenommen. 1960 wurde der Kessel in Lok 6 eingebaut, heute erhalten in Marxzell.

[8] Der Kessel GME-Nr. 249 wurde 1938 gebaut und in die damals mit der Betriebs-Nr. 1 versehenen Lok eingebaut.

Lokomotivabmessungen geringfügig geändert worden und die Fabriknummern 4941 und 4942 waren die ersten Maschinen mit den neuen Abmessungen bei der Georgsmarienhütte. Der für die Lok 8 im Jahre 1927 gefertigte Kessel (Fabriknr. 247) wurde 1960 in die Lok 6 eingebaut, der Kessel mit der Fabriknr. 248 folgte am 23. Mai 1962 in die Lok 7. Im Oktober 1938 erfolgte die Abnahme des Kessels mit der Fabriknr. 249. Am 12. Januar 1962 wurde dieser Kessel in die Lok 1 eingebaut. Es ist nicht klar, ob es sich bei der Lok 1 um einen Umbau einer von Hanomag gefertigten Lok oder um einen weitgehenden Neubau durch die Georgsmarienhütte handelt. Die Lokomotivfertigung war 1931 bei Hanomag eingestellt worden. Es kann angenommen werden, daß Ersatzteile von Hanomag und Teile eigener Fertigung einen Hanomag-Nachbau entstehen ließen. Im Jahre 1941 wurde dann der Kessel mit der Fabriknr. 250 fer-

Lok 2 faßt mit einem hinter der Lok befindlichen Schlauch Wasser. Oppermann

Schmalspurlok 8 bei Rangierarbeiten im Werk. Links im Hintergrund ist Lok 9 erkennbar (16. Mai 1969). Ludwig Rotthowe

Lok 6 mit einem Schlackenwagen im Hochofenbereich (1969).
E. Schüler

Die Georgsmarienhütten-Eisenbahn

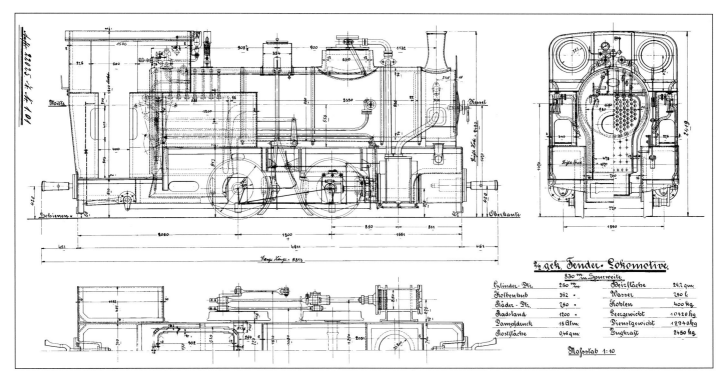

Zeichnung der 830 mm-Schmalspurlok der Georgsmarienhütte — Archiv Klöckner-Werke AG

Diese stangengekuppelte Deutz-Lok (55 PS, Fabriknr. 59394, Baujahr 1956) war jahrelang als „HO 2" am Hochofen eingesetzt (Januar 1991). — Reinhard Rolf

Auch im Jahre 2000 noch aktiv: Schmalspurlok in der Zurichterei (10. Februar 2000). — Lothar Hülsmann

Links im Bild die inzwischen verschrottete ZU 0, rechts die in der Vergüterei eingesetzte ZU 2 (Schöma 3331/1971) mit 25 PS Leistung (24. Juli 1990). — R. Rolf

Die baugleichen Loks ZU 1 und ZU 2 sind abgestellt im Werk noch vorhanden. — Lothar Hülsmann

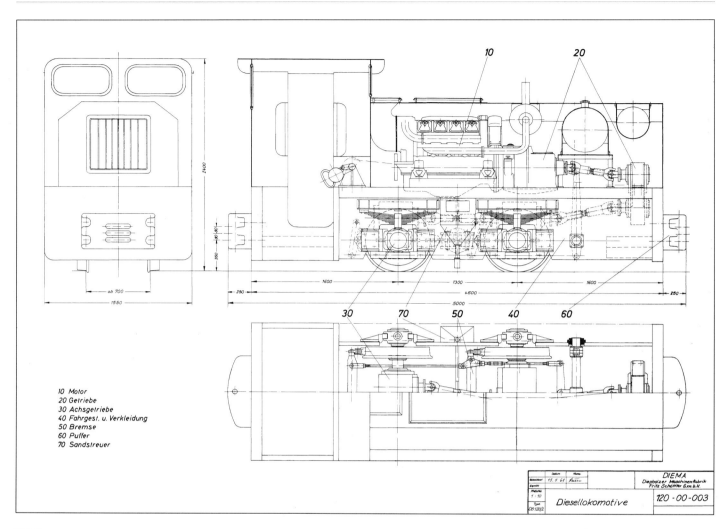

10 Motor
20 Getriebe
30 Achsgetriebe
40 Fahrgest. u. Verkleidung
50 Bremse
60 Puffer
70 Sandstreuer

Im Hochofenbereich setzte die Hütte jahrelang diese 1968 gebaute Diema-Lokomotive (Fabriknr. 3013) ein. Oben eine Zeichnung der Lok, unten am 4. April 1991 im Arbeitseinsatz in der Hütte.

Archiv Diema, Burkhard Beyer

Im Bestand des „Museums für feldspurige Industriebahnen" in Ostercappeln-Hitzhausen befindet sich seit 1992 diese KHD-Lok (Fabriknr. 55324, Baujahr 1952), die mit einer Spurweite von 680 mm für den Kalksteinbruch Holperdorp der Georgsmarienhütte geliefert wurde. Nach dem Ende des Abbaus gelangte die Lok in den Hochofenbereich und wurde auf 830 mm umgespurt. Lothar Hülsmann

Im gleichen Museum ist heute auch die Lok 8 der Georgsmarienhütte zu finden, die uns bereits auf Seite 54 begegnete. Das auf Privatinitiative gegründete Museum begann 1986 mit einer Kipplore als erstes Ausstellungsstück. Heute kann der Feldbahninteressierte Loks und Wagen unterschiedlichster Art kennenlernen. Lothar Hülsmann

tiggestellt und in die Lok 9 eingebaut. Der Bedarf an Schmalspurlokomotiven ging in den 1960er Jahren von acht einsatzbereiten und einer Reservelok auf einen Bestand von sechs Maschinen zurück. Um die Einsatzbereitschaft zu gewährleisten, waren 1961 nochmals zwei Kessel in Georgsmarienhütte gefertigt worden. Sie hatten die Fabriknr. 251 und 252 und wurden in die Lok 2 und 5 eingebaut.

Die Bestandszahlen am 8. August 1960:

Lok	Kessel-Nr.
1	249
2	251
3	10664
4	246
5	4941
6	247
7	248
8	4942
9	250
Reserve	245

Die Bestandszahlen am 20. März 1968:

Lok	Kessel-Nr.
1	249
3	252
4	245
5	10664
6	247
7	248

Die Lok 1 war seit dem 1. November 1967 abgestellt. Für die Lok 3, 6 und 7 war eine Druckprobe und Untersuchung vorgesehen, da sie auch weiter in Betrieb bleiben sollten. Die Lok 4 war bereits verschrottet und nur der Kessel stand noch zur Verfügung. Lok 5 war zu der Zeit in der Hauptuntersuchung.

Von den Schmalspurlokomotiven haben als Denkmal folgende Maschinen die Zeit überdauert:
- Lok 1 im Besitz eines Privatmannes in Emmertal.
- Lok 3 als Denkmal bei Hanomag.
- Die Lok 8 hat nach einer langen Standzeit als Spielplatzlok in Hankenberge im Museum für Industriebahnen in Ostercappeln-Hitzhausen einen neuen Platz gefunden.
- Lok 9 vor dem Heimatmuseum in Georgsmarienhütte.

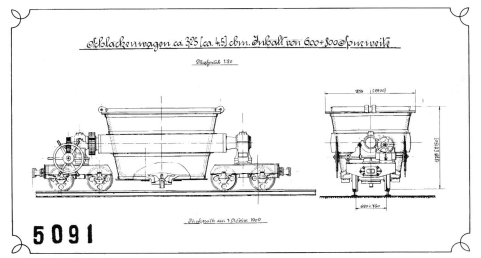

Schmalspurschlackenwagen der Georgsmarienhütte, wie er auch auf Seite 56 zu sehen ist. Ein Exemplar entging der Verschrottung und steht heute vor dem Heimatmuseum „Villa Stahmer" in Georgsmarienhütte.

Wagen

Die Aktenlage im Werk läßt heute keinen Schluß mehr auf die Herkunft der ersten Güter- und Personenwagen zu. Zu Beginn ihrer Aktivitäten auf der Schiene hatte die Georgsmarienhütte aber auch noch keine Möglichkeit, die Wagen selber zu fertigen.

Die zum Erztransport eingesetzten Wagen hatten eine Länge von bis zu 6,5 Meter. Der Erstwagenbestand der GME betrug ungefähr 100 Exemplare. 1868 hat der GMBHV für 43.000 Taler 80 neue sogenannte Doppelwagen für den Erz- und Kohlentransport angeschafft. Der Wagenbestand um 1870 wurde mit „mehrere Hundert" angegeben. Speziell für den Übergang auf die Hauptbahn waren ebenfalls Wagen angeschafft worden.

Die ersten verläßlichen Bestandszahlen liegen aus dem Jahre 1875 vor. Es waren vorhanden:

8	Personenwagen
2	Gepäckwagen
356	Güterwagen
1	Spezialwagen

Im Jahre 1881 erwarb der GMBHV einen weiteren Gepäckwagen. Zum 1. Juli 1895 sehen die Bestandszahlen der GME wie folgt aus:

4	Personenwagen
6	gedeckte Güter- u. Gepäckwagen
190	offene Güterwagen (ohne Werkswagen)
98	eiserne Schlackenwagen (Schmalspur)

Im Geschäftsjahr 1895/96 erwarb der GMBHV einen neuen Personenwagen zum Preis von 5.680 Mark. Zehn Jahre später sahen die Bestandszahlen zum 30. Juni 1905 folgendermaßen aus:

6	Personenwagen
7	gedeckte Güter- u. Gepäckwagen
197	offene Güterwagen (ohne Werkswagen)
106	eiserne Schlackenwagen (Schmalspur)

Im Jahre 1906 wurden zwei der älteren Personenwagen ausgemustert, so daß der Bestand auf vier Stück zurückging.

Der erste in den Wagenpark der Staatsbahn eingestellte Güterwagen der GME war der Wagen 401. Ein entsprechender Vertrag datiert vom 20. Februar 1911. Mit der Direktion Münster der Staatsbahn schloß der GMBHV daraufhin 1921 einen Vertrag über die Einstellung von 101 Güterwagen in den Wagenpark der DR. Hierunter befanden sich 67 Kübelwagen, 14 Selbstentladewagen, 13 O-Wagen, 5 Schienenwagen, 1 G-Wagen und 1 Langholzwagenpaar. Die Kübel- und Selbstentladewagen wurden in Georgsmarienhütte unterhalten, bei den anderen Fahrzeugen übernahm die DR diese Aufgabe. Die Wagen 639 bis 645 gehörten zum Stahlwerk Osnabrück, wurden aber als Wagen der GME mit eingestellt. Am 3. November 1921 folgte noch ein Blockwagen der GME, der die Nummer 600 140 bekam.

Am 5. Dezember 1921 wurde ein weiterer Vertrag mit der DR über die Einstellung von Kesselwagen zur Beförderung von Teer und Teerölen abgeschlossen. Die Wagen hatten bei der GME die Nummern 505 000 bis 502 007 getragen. Die Bezeichnung bei der DR lautete 502 019P bis 502 024P. Das Anschriftenfeld trug den Aufdruck „Spezialwagen, Heimatbahnhof Georgsmarien-Hütte".

Im Jahre 1928 waren 6 Personenwagen, 3 Packwagen und 329 Güterwagen im Bestand der GME. Die nachfolgende Übersicht zeigt die GME-Betriebsmittel zum 1. Juli 1935:

-	Personenwagen (nicht angegeben)
6	gedeckte Güter- u. Gepäckwagen
78	offene Güterwagen mit 15 t Ladegewicht
9	offene Güterwagen mit 20 t Ladegewicht
97	Kübelwagen mit 1t Ladegewicht
109	Kübelwagen im DR-Wagenpark eingestellt (davon 97 mit 15t und 12 mit 39t Ladegewicht)
307	Wagen im Werkseinsatz
49	Wagen im Werks-und Reichsbahneinsatz
8	Kesselwagen (Stahlwerk Osnabrück)
1	Blocktransportwagen (Stahlwerk Osnabrück)

Am 14. Februar 1939 schloß die GME mit der DR einen weiteren Vertrag über die Einstellung der 1920 bzw. 1928 erbauten Kübelwagen „Nürnberg 26810", „26844" und „26889". Bereits im Januar 1940 wurden diese drei Wagen bei einem Unfall bei Brock-Ostbevern zerstört. Im Jahre 1949 wurde (zusammen mit dem bereits erwähnten Triebwagen) ein Personenwagen, der bei der GME die Bezeichnung 532 geführt hatte, an die Wittlager Kreisbahn verkauft, dort aber bereits 1951 ausgemustert.

Am 2. Januar 1953 hatte die GME folgenden Betriebsmittelbestand:

8	Personenwagen
2	Gepäckwagen
353	Güterwagen
143	Spezialwagen

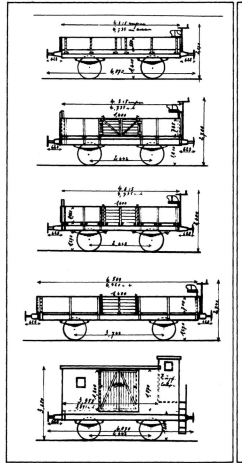
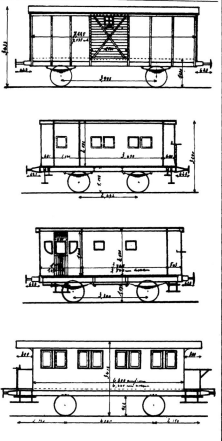

Dem Antrag auf Betriebsgenehmigung war diese Wagenzeichnung im Jahre 1872 beigefügt. Es ist die älteste Darstellung der bei der GME im Einsatz gewesenen Fahrzeuge. Archiv Klöckner-Werke AG

Die Georgsmarienhütten-Eisenbahn

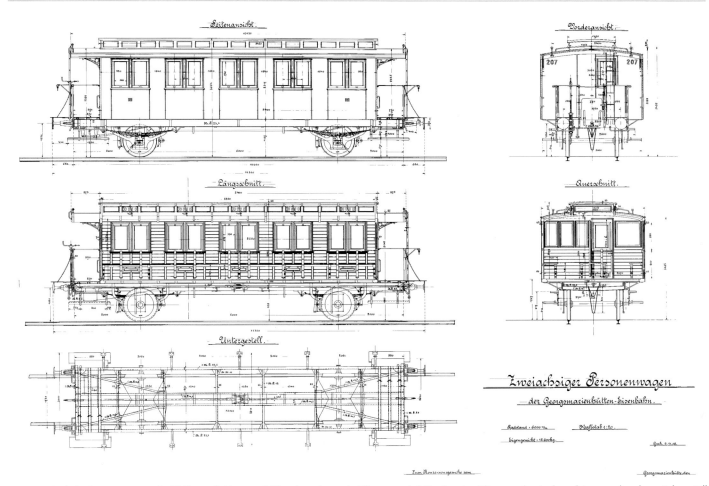

Dieser zweiachsige Personenwagen der GME trug die Nummer 207 und wurde von der Waggonwerkstatt entweder völlig neu gebaut oder auf einem vorhandenen Fahrgestell neu aufgebaut.

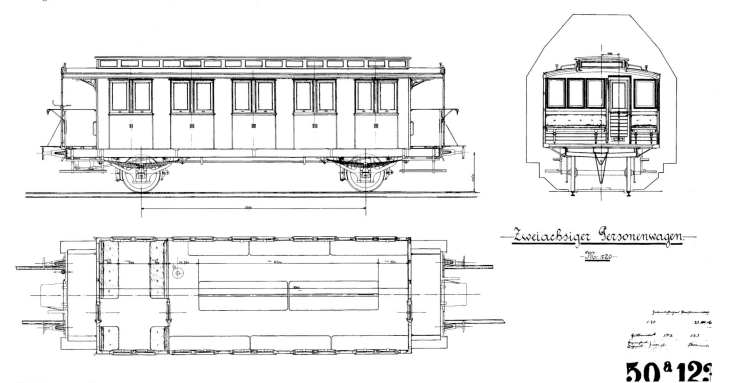

Ein weiterer Wagen aus der Produktion der Wagenwerkstatt. Eine Betriebsnummer ist leider nicht bekannt.

Am 10. August 1952 steht ein Personenzug in Hasbergen abgestellt. Die in der Anfangszeit der Bahn vorhandenen Dachaufbauten sind hier bereits entfernt.
Hans-Jürgen Sievers

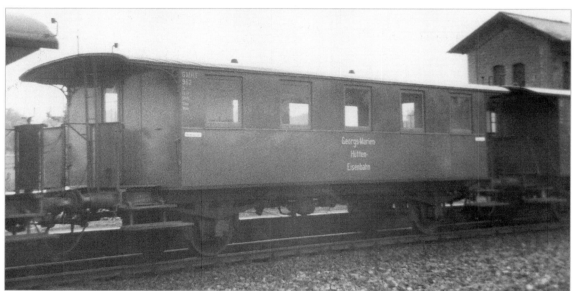

Der Wagen 962 der GME hatte 50 Sitzplätze.
Joachim Petersen

Wagen 960 wurde 1922 von der Wagenwerkstatt der Hütte gebaut.
Joachim Petersen

Der Gerätewagen 902 trug früher die Nummer 488 und besitzt eine umfangreiche Ausrüstung zur Behebung von verschiedenen Schäden und Entgleisungen.
Lothar Hülsmann

Wagen 802 in seiner ursprünglichen Ausrüstung mit aufgesetzter Gießpfanne (9. März 1959). Interessant ist ein Vergleich mit dem Foto auf Seite 63!
Hugo Mittelberg

Mit dem Bau solcher Wagen begann die Hütte ungefähr 1895. Einer von ihnen, Wagen 339, war am 12. Februar 1982 noch am Hüggel abgestellt.
Lothar Hülsmann

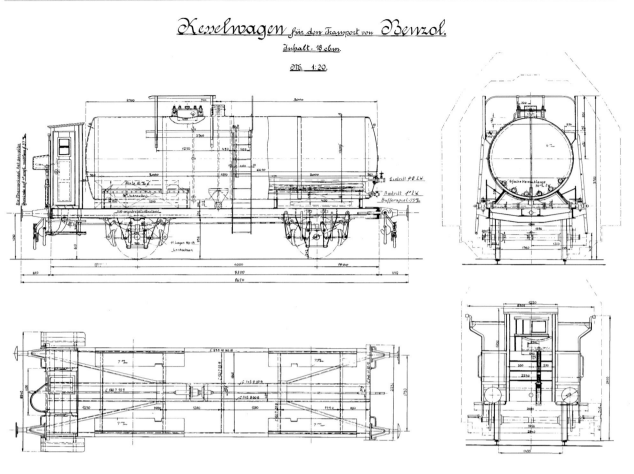

Kesselwagen für den Transport von Benzol wurden von der Georgsmarienhütte in großen Stückzahlen für den freien Verkauf angeboten, liefen aber natürlich auch bei der GME. Archiv Klöckner-Werke AG

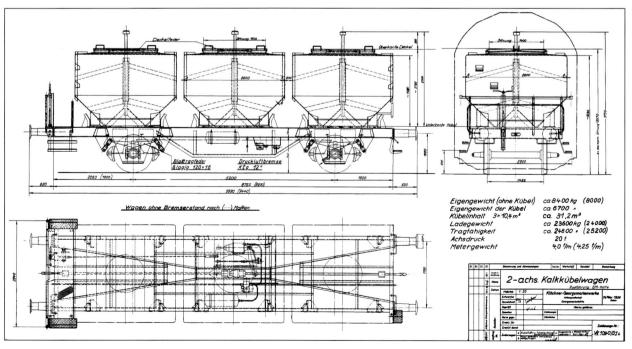

Diese Kübelwagen sind eine Eigenentwicklung der Georgsmarienhütte aus den 1950er Jahren. Als Heimatbahnhof wird stets Georgsmarienhütte angegeben. Archiv Klöckner-Werke AG

1921 bei der DR eingestellten GME-Wagen

Art	t	GME-Nr.	DR-Nr. (Münster)
Kübelwagen	15t	801-811	72706-7215
Kübelwagen	15t	936	72602
Kübelwagen	15t	939-943	72603-72607
Kübelwagen	15t	954-956	72608-72610
Kübelwagen	15t	901-935	
Kübelwagen	15t	937-938	72611,72657
Kübelwagen	15t	944-953	
Selbstentladewagen	40t	501-514	72716-72729
Schienenwagen	31t	421	72730
Schienenwagen	15t	422	72758
Schienenwagen	35t	423-425	72731-72733
G-Wagen	15t	234	9291
Langholzpaar	10t	221-222	72569, 72660
G-Wagen	15t	634-636	72661-72662
G-Wagen	15t	633	72663
G-Wagen	15t	635	72664
G-Wagen	15t	638	72665
G-Wagen	20t	639-645	72666-72672
G-Wagen	20t	701	72673

Wagenbestandsliste der GME ca. 1895

Wagenart	Wagen-Nr.	Länge ü. Puffer	Radstand
Erzwagen	ohne	6.050 mm	2.668 mm
Erzwagen	85	6.040 mm	2.650 mm
O-Wagen	84	6.300 mm	2.740 mm
Schemelwagen	156, 179	6.100 mm	2.668 mm
O-Wagen	57	6.480 mm	2.642 mm
O-Wagen	66	5.800 mm	2.642 mm
O-Wagen	198, 200, 209	11.380 mm	6.000 mm
Personenwagen	97, 98, 197	7.300 mm	2.300 mm
Gedeckter Wagen	210, 211	9.580 mm	4.500 mm
Gedeckter Wagen	204	9.740 mm	5.000 mm
Erzwagen	82	5.950 mm	2.642 mm
Gedeckter Wagen	196	6.830 mm	2.668 mm
Gedeckter Wagen	199, 201	8.480 mm	3.995 mm
Personenwagen	99	7.180 mm	2.642 mm
Personenwagen	205, 206	9.600 mm	4.500 mm

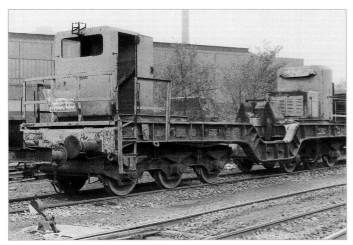

Wagen 802 wurde von der Fa. BAMAG gebaut. Durch den Einbau eines Diema-Antriebsaggregats entstand ein selbstfahrender Pfannenwagen. Die Länge über Puffer betrug 13,8 m, Eigengewicht 41,5 t, Zuladung 35,5 t. *Lothar Hülsmann*

Wegen ihrer Verformungen, verursacht durch große Temparaturunterschiede beim Abschrecken der heißen Schlacke, bekamen solche Wagen (hier 421) den Spitznamen „Bananenwagen". *Lothar Hülsmann*

Einer der Kalkkübelwagen (siehe Zeichnung) im Bahnhof Hasbergen. *Lothar Hülsmann*

Kesselwagen 585 der GME war am 12. Februar 1982 am Hüggel abgestellt. *Lothar Hülsmann*

Wagenbestand der Georgsmarienhütte 1980

Offene Wagen zweiachsig, 20 Tonnen Tragfähigkeit (69 Stück): 1, 2, 3, 4, 6, 7, 8, 10, 11, 13, 15, 16, 21, 22, 23, 24, 28, 29, 31, 32, 33, 45, 58, 59, 63, 67, 68, 69, 80, 81, 82, 83, 84, 85, 86, 88, 89, 92, 94, 96, 101, 103, 106, 107, 151, 152, 155, 163, 171, 172, 175, 178, 179, 180, 184, 186, 189, 1022, 1062, 1203, 1211, 1214, 1223, 1227, 1228, 1232, 1233, 1236, 1254

Offene Wagen vierachsig, 50 Tonnen Tragfähigkeit (30 Stück): 401, 402, 403, 404, 405, 406, 407, 408, 409, 410, 411, 412, 413, 414, 415, 416, 417, 418, 420, 421, 422, 423, 424, 425, 426, 431, 432, 433, 434, 435

Gichtenstaubwagen zweiachsig, 20 Tonnen Tragfähigkeit (10 Stück): 127, 129, 130, 131, 132, 135, 138, 141, 142, 143

Sinterwagen zweiachsig, 20 Tonnen Tragfähigkeit (13 Stück): 260, 306, 310, 311, 316, 317, 820, 1006, 1011, 1014, 1017, 1028, 1061

Güterwagen zweiachsig, 20 Tonnen Tragfähigkeit (3 Stück): 482, 486, 488

Walzenwagen zweiachsig, 20 Tonnen Tragfähigkeit (2 Stück): 503, 510

Blocktransportwagen zweiachsig, 20 Tonnen Gesamtgewicht (24 Stück): 511, 512, 513, 514, 515, 516, 517, 518, 519, 520, 521, 522, 523, 526, 527, 529, 531, 532, 534, 535, 540, 541, 543, 549

Flachwagen vierachsig, 50 Tonnen Gesamtgewicht (41 Stück): 566, 567, 571, 961, 962, 963, 964, 965, 966, 968, 969, 970, 971, 972, 973, 974, 975, 976, 977, 978, 979, 980, 981, 982, 983, 984, 985, 987, 989, 991, 992, 993, 994, 995, 996, 997, 1406, 1407, 1410, 1417, 1423

Kesselwagen zweiachsig, 20 Tonnen Gesamtgewicht (2 Stück): 579, 585

Flußeisenwagen sechsachsig, 52 Tonnen Gesamtgewicht (7 Stück): 801, 804, 805, 806, 807, 808, 9891

Kübelwagen zweiachsig, 50 Tonnen Gesamtgewicht (50 Stück): 209, 211, 214, 220, 223, 227, 232, 234, 236, 240, 267, 288, 296, 331, 332, 333, 334, 335, 337, 340, 343, 344, 350, 351, 352, 354, 356, 357, 361, 365, 366, 368, 369, 373, 376, 378, 380, 810, 819, 822, 823, 826, 827, 829, 830, 838, 869, 870, 877

Werkswagen: 252 Stück   **Kalk- und Dolomitwagen: 15 Stück**

Wagenbestand der Georgsmarienhütte 1998

Wegen einer erfolgten Umnummerung sind die Wagen nicht mit denen von 1980 vergleichbar!

Hüttenwagen zweiachsig 20 Tonnen Gesamtgewicht
Betriebsgebundene Wagen = 11, Allgemeine Wagen = 41, Gesamt = 52 Stück
Betriebsnummern: 201, 203-253

Walzschlackewagen 20 Tonnen Gesamtgewicht
Betriebsgebundene Wagen = 3, Allgemeine Wagen = 1, Gesamt = 4 Stück
Betriebsnummern: 301-304

Hüttenwagen vierachsig 50 Tonnen Gesamtgewicht
Betriebsgebundene Wagen = 25, Allgemeine Wagen = 0, Gesamt = 25 Stück
Betriebsnummern: 401 - 405, 407, 409 - 416, 418, 421 - 430

Blocktransportwagen 50 Tonnen Gesamtgewicht
Betriebsgebundene Wagen = 8, Allgemeine Wagen = 0, Gesamt = 8
Betriebsnummern: 511 - 514, 516, 520, 527, 531

Flachwagen 50 Tonnen Gesamtgewicht
Betriebsgebundene Wagen = 34, Allgemeine Wagen = 0, Gesamt = 34
Betriebsnummern: 601 -626, 631 - 634, 662, 693, 697, 698

Diverse Wagen
Betriebsgebundene Wagen = 9, Allgemeine Wagen = 2, Gesamt = 11
901 - 903 (20 t Gesamtgewicht), 904 (120 t Gesamtgewicht), 911 - 915 (52 t Gesamtgewicht), 931 - 932 (80 t Gesamtgewicht)

Blick in die Lokomotivwerkstatt der Georgsmarienhütte im Jahre 1930. Im Vordergrund ist die Lok 13 der GME zu erkennen. Archiv Klöckner-Werke AG

Ab 1956 setzte die GME geschlossenen Behälterwagen ein, die anstelle der sonst üblichen Klappdeckelwagen der DB verwendet wurden. Die Behälter konnten vom Wagen abgehoben und direkt in die Siemens-Martin-Öfen verfüllt werden. Die rund 100 Wagen wurden nach einem festen Fahrplan zur Versorgung der Hütte mit Rohstoffen eingesetzt.

Der Waggonbau

Während es beim Stahlwerk in Osnabrück eine auch für Fremdfirmen produzierende Wagenfabrik für eiserne Transportwagen für Feld-, Klein- und Grubenbahnen gab, deren Anfänge ebenfalls in Georgsmarienhütte lag, gab es in Georgsmarienhütte die sogenannte Waggonwerkstatt. Gegründet, um den Wagenbedarf der Hütte zu produzieren, nahm man um die Jahrhundertwende auch die Fertigung für Fremdfirmen auf. Die Werkstatt erwirtschaftete dabei in den Jahren vor 1914 einen durchschnittlichen Gewinn von 250 bis 300 Mark je Wagen. Der Umbau der Hochofen- und Begichtungsanlage machte dann aber einen Neubau der Bauwerkstätten (Kesselschmiede, Eisenkonstruktions-, Waggon- und Lokomotivwerkstatt) notwendig. Mit Schreiben vom 7. März 1917 an den Vorstand des GMBHV unterbreitete die Direktion der Hütte einen detaillierten Vorschlag für den Neubau dieser Werkstätten in Georgsmarienhütte. Als Gründe für diesen Standort – und nicht beim Stahlwerk in Osnabrück, das sich auch beworben hatte – wurde angegeben, daß die Hütte über eine Kesselschmiede, eine Eisenkonstruktionswerkstatt und über eingearbeitete Meister, Vorarbeiter und Arbeiter verfügte. Angeführt wurde auch, daß man *„zum Beispiel jetzt während des Krieges ca. 50 % Kriegsgefangene im Waggonbau beschäftigte"*. Auch das Wohnungsproblem für darüber hinaus zu beschäftigende Arbeiter sei in Georgsmarienhütte leichter zu lösen. Hinzu kam, daß *„die hiesigen Löhne voraussichtlich stets hinter den Osnabrücker Löhnen zurückbleiben werden"*, und so die Herstellungskosten geringer ausfallen würden.

Den Planungen war eine jährliche Herstellung von 1000 Wagen zugrunde gelegt worden. Man rechnete mit einem Gewinn von 300.000 bis 500.000 Mark je Jahr, so daß sich die erwarteten Bau- und Anlagekosten von 750.000 Mark schnell amortisiert hätten. Zu der Aufzählung weiterer für den Standort Georgsmarienhütte zählender Gründe gehörte auch das Vorhandensein einer eigenen Sägemühle auf dem Hüggel und vor allen Dingen die Nutzungsmöglichkeit der Strecke der GME für Probefahrten der hergestellten Fahrzeuge. Der Vorstand des GMBHV konnte sich diesen Argumenten nicht verschließen und die moderne Lokomotiv- und Waggonwerkstatt entstand. Während der Betriebszeit der Waggonwerkstatt wurden für die Reichsbahn, für Privat- und Industriebahnen und dann auch für die Bundesbahn sehr unterschiedliche Wagen gebaut. Oftmals gelang es der Georgsmarienhütter Werkstatt, durch ihre höhere Flexibilität gegenüber großen Wagenwerkstätten besondere Aufträge zu erhalten. Vor dem Zweiten Weltkrieg (1932) war es der Hütte gelungen, aus der UdSSR einen Großauftrag zu erhalten. Ein kompletter Schwerlastzug wurde gebaut, der dann aber nicht mehr zur Auslieferung kam. Die Wagen mit ihren amerikanischen Drehgestellen werden in Georgsmarienhütte immer noch im Werksverkehr eingesetzt, sie hatten den Beinamen „Russenwagen". Von dieser hochspezialisierten Werkstatt wurden aber auch unscheinbare Gruben- und Feldbahnloren gefertigt. Die Selbstentladewagen des Piesbergs und der Kohlenzeche in Ibbenbüren entstanden ebenfalls in Georgsmarienhütte.

Der in den Nachkriegsjahren angestiegene Bedarf an Eisenbahnfahrzeugen erforderte für den Waggonbau eine Erweiterung

Auch die Berginspektion Ibbenbüren war Kunde bei der Waggonwerkstatt der Georgsmarienhütte. Deren Lok Nr. 1 (Hanomag 10569/ Baujahr 1928) wurde hier gewartet. Die Aufnahme zeigt die Lokomotive bei ihrer Abnahme.
Archiv Klöckner-Werke AG

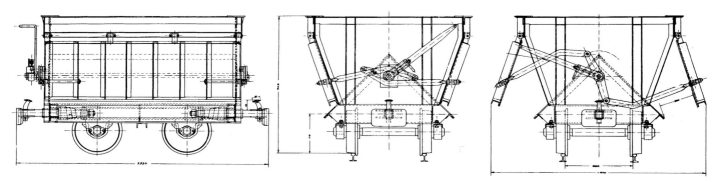

Für den Erztransport in Holperdop war dieser seinerzeit hochmoderne Selbstentladewagen entwickelt worden. Auch er fand Abnehmer auf dem freien Markt.
Archiv Klöckner-Werke AG

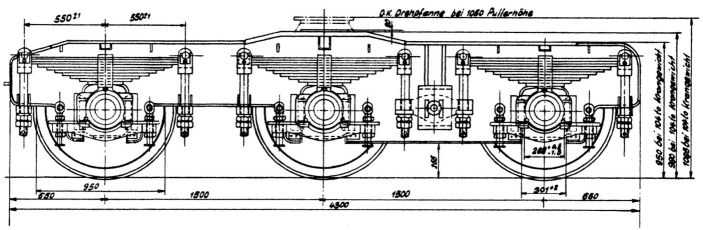

Ein Großteil der bei der Deutschen Bundesbahn bzw. der heutigen Deutschen Bahn AG eingesetzten Kranwagen fuhren auf Fahrgestellen aus der Produktion der Georgsmarienhütte.
Archiv Klöckner-Werke AG

der Fertigungsfläche. Gleichzeitig reichte der vorhandene Platz für die zugehörige Kesselschmiede und Eisenkonstruktionswerkstatt, dem späteren Behälter- und Apparatebau, nicht mehr aus. Durch die Reparatur kriegsbeschädigter Brücken und Hallenkonstruktionen und durch den Neubau von Anlagen waren zu der Zeit mehr als 700 Arbeiter und Angestellte im Waggonbau beschäftigt.

Der Waggonbau mit der Lokomotivwerkstatt war im westlichen Hallenteil untergebracht und über eine vorhandene Schiebebühne erreichbar. Auf der gegenüberliegenden Seite wurde Ende der 1940er Jahre mit dem Bau der sogenannten „Quakenbrücker Halle" der Waggonbau erweitert. Diese Halle hatte bis zu diesem Zeitpunkt auf dem damals in Quakenbrück befindlichen Militärflugplatz gestanden.

Nach dem Zweiten Weltkrieg sind in Georgsmarienhütte Drehgestelle von Eisenbahngeschützen zu Nutzfahrzeugen umgebaut und damit einer friedlichen Verwendung zugeführt worden. Die Palette der Produktion reichte von dreiachsigen Drehgestellen für Kranwagen der DB über Kesselwagen für verschiedene Inhalte bis zu mo-

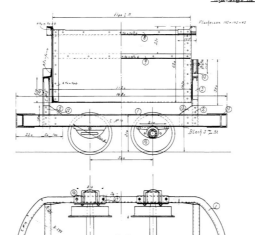
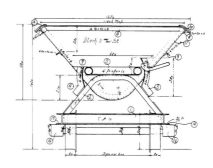

Auch Feldbahnen gehörten zum Fertigungsprogramm der Georgsmarienhütte. Archiv Klöckner-Werke AG

Dieser Wagen wurde am Hüggel eingesetzt und auch in größeren Stückzahlen an andere Firmen verkauft. Slg. Klapper

Der Wagen 571 der Georgsmarienhütte erhielt Drehgestelle, die ursprünglich für Eisenbahngeschütze gebaut wurden. Slg. Klapper

Für die Preussag in Ibbenbüren wurde dieser Wagen mit der Nr. 15 gebaut (Oktober 1955). Slg. Klapper

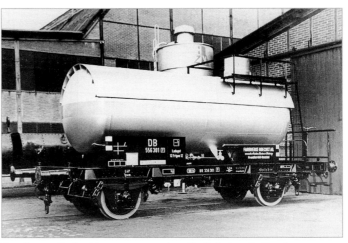

Kesselwagen für den Frigentransport, gebaut für die Farbwerke Hoechst. Slg. Klapper

Von der Hütte Bremen gelangte 1982 diese Henschel-Lokomotive vom Typ DZ 130 (Baujahr 1949) zum Waggonbau, die 1993 abgestellt wurde. Die Lok diente auch zum Verschub im Behälter- und Apparatebau. Hier rangiert sie einen ungefähr 7 Meter durchmessenden Behälter. Slg. Krick

dernsten hydraulischen Kipp- und Selbstentladewagen. Die gefertigten Stückzahlen gingen dann aber zu Ende der Produktionszeit kontinuierlich zurück. Die Zeit der Massenproduktion endete Mitte der 1970er Jahre.

In der Lokomotivwerkstatt der Georgsmarienhütte entstanden auch Kessel für die Lokomotiven der GME und für die Schmalspurlokomotiven auf Vorrat. Fast alle Verschleißteile an den Maschinen (Radsätze, Kolbenstangen, Kreuzgelenke etc.) konnten in Georgsmarienhütte produziert werden. Höhepunkt für die Lokomotivwerkstatt dürfte der Neubau der Lok 13 E, der späteren Lok 14 der GME, gewesen sein. Sie entstand 1935/36 nach den Plänen der von Hanomag gebauten Lok 13 aus dem Jahre 1913 als Nachbau. Die Inbetriebnahme der Lok im Juli 1936 wurde für das Personal der Lokwerkstatt zu einem großen Ereignis.

Neben den Lokomotiven der GME wurden viele fremde Lokomotiven in der Lokwerkstatt untersucht, hauptuntersucht, gewartet und repariert. Auf der Strecke zwischen Georgsmarienhütte und Hasbergen waren diese Maschinen dann regelmäßig bei Abnahme- und Probefahrten zu sehen.

Als die Lok 15 der GME 1971 Fristablauf hatte und zur Hauptuntersuchung in die Waggonwerkstatt kam, wurde sie für die anstehenden Arbeiten demontiert. Die inzwischen in Betrieb genommenen KHD-Dieselloks ließen eine Wiederaufarbeitung wenig sinnvoll erscheinen. Die Teile der Lok wurden auf Wagen der GME verladen und konserviert abgestellt. Den Überlegungen, während der Ölkrise 1973 die Lok wieder in Betrieb zu nehmen, standen dann aber doch die hohen Kosten entgegen. Für die Georgsmarienhütte war die Zeit der Dampflokreparaturen endgültig vorbei.

Für die Unterhaltung der Diesellokomotiven wurde 1971 im Bereich der mechanischen Werkstatt eine Lokomotivwerkstatt errichtet, die auch heute noch besteht. In den 1970er und 1980er Jahren kam der Waggonbau mit Ausnahme der Fertigung von Spezialwagen für die Hüttentechnik fast vollständig zum Erliegen. Für die Hütte Bremen wurden noch Schlackenpfannenwagen und Roheisenmischerwagen gefertigt. Für die Georgsmarienhütte wurden die Schrottmuldenwagen für das KS-Stahlwerk und Knüppeltransportwagen für die Stranggußanlage gebaut.

Die Ausbesserung der werkseigenen Wagen wird seit den 1970er Jahren im Bereich des Lokschuppens und der mechanischen Werkstatt durchgeführt. Die Wiederinbetriebnahme der alten Hochofenanlage 1984 machte eine Überholung aller auf den DB-Strecken verkehrenden Kalkkübelwagen notwendig, die im Waggonbau durchgeführt wurde.

Ein Auftrag für den Bau der sogenannten Scrubbing-Wagen für den Einsatz im Eurotunnel ließ wieder einmal deutlich werden, welches Potential im Konstruktions- und Fertigungsbereich im Waggonbau vorhanden war oder auch heute noch ist. Diese Wagen dienen zur Abgasreinigung im Tunnel, wenn bei Störfällen Diesellokomotiven eingesetzt werden müssen.

Einen regelrechten Boom erlebte der Waggonbau zu Anfang der 1990er Jahre mit der Ausbesserung von Kesselwagen für die unterschiedlichsten Inhaltsstoffe. Die Werkstatt mit der Montageabteilung hatte durch den Bau von Großbehältern und im Schwerapparatebau einen entsprechen-

Die Georgsmarienhütten-Eisenbahn

Erfahrungsschatz aufgebaut, um diese Arbeiten an den Druckbehältern der Kesselwagen durchführen zu können. Strenge TÜV-Auflagen für den Kesselwagenneubau führten dazu, daß die Wagenvermietungsgesellschaften auch ältere Kesselwagen aufwendig sanieren ließen. Die Georgsmarienhütte hatte dabei im Revisionsraster (Nr. 156) den Status eines privaten Ausbesserungswerkes (PAW).

Als letzte „Großtat" im Waggonbau ist die Konstruktion und Fertigstellung von fünf Zubringerwagen mit 100 Tonnen fassenden Beschickungskörben zu sehen. Diese Wagen werden für die Schrottzufuhr zum E-Ofen in Georgsmarienhütte eingesetzt.

Nach der Übernahme des Behälter- und Apparatebaus mit dem angegliederten Waggonbau durch die Holding Georgsmarienhütte GmbH im Jahre 1998 nennt sich dieser Fertigungsbereich nun IAG Industrie-Anlagen-Bau Georgsmarienhütte GmbH.

Das Fertigungsspektrum umfaßt heute Apparate (Kolonnen, Reaktoren, Wärmetauscher etc.), Sonderkonstruktionen (Hochöfen, Winderhitzer, Stranggießanlagen, RE-Mischerwagen, Schrottmulden etc.), Drehkomponenten, drucklose Behälter, Oberflächentechnik und Serviceleistungen beim Neu- und Umbau.

Für den Einsatz im Eurotunnel zwischen Frankreich und England fertigte die Georgsmarienhütte solche Spezialwagen (bezeichnet als „Scrabbing-Wagen")
Slg. Krick

Ein ehemaliges Schienenreinigungsgerät vom Typ Diema DVD 40 (Baujahr 1983) wurde zu einem Rangiergerät umgebaut und befindet sich heute in täglichem Einsatz.
Thomas Krick

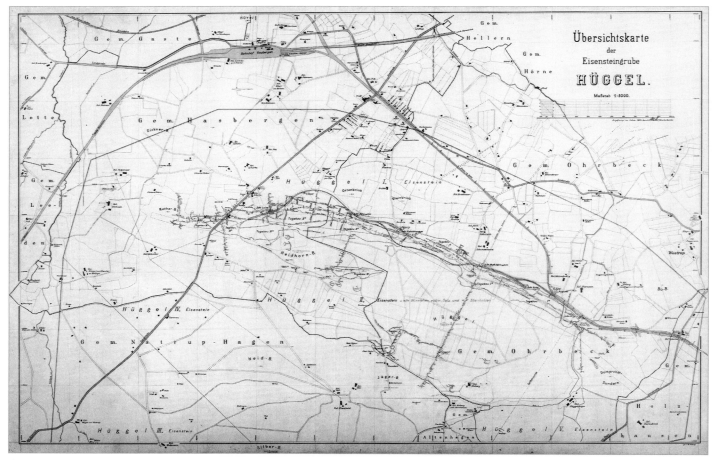

Übersichtszeichnung vom Hüggel und seiner Abbaugebiete. Oben im Bild der Bahnhof Hasbergen an der Staatsbahnstrecke Ruhrgebiet – Münster – Osnabrück („Venlo-Hamburger Eisenbahn") mit der zur Georgsmarienhütte abzweigenden GME-Strecke. In Bildmitte die Hüggelbahn, die kurz vor der dick eingezeichneten Landstraße Lengerich – Osnabrück endet.
Archiv Klöckner-Werke AG

Erz-, Kohlen- und Kalksteinabbau im Gebiet der Hütte

Erzabbau am Hüggel

Sagen und Legenden, so vom „Schmied im Hüggel" und von dort wohnenden Zwergen, aber auch alte Dokumente verdeutlichen, daß der Hüggel zu den ältesten „Industriegebieten" im Osnabrücker Land zählt. Der Erzabbau wurde nach 1838 für die Eisenhütte in Beckerode wieder aufgenommen. Für den Standort der Georgsmarienhütte war das im Hüggel vorhandene Eisenerz und die Kohlenvorräte bei Kloster Oesede ausschlaggebend gewesen. Durch die am Hüttengelände vorbeiführende Düte war auch die Wasserversorgung gesichert. Im Jahre 1856 erwarb der GMBHV die Bergwerksberechtigung des Eisensteinfeldes „Hüggel I" von dem Hüttenbesitzer Meyer aus Beckerode. Das Gebiet hatte eine Größe von 4.815.500 Quadratmetern. Noch vor Aufnahme des Hochofenbetriebs wurde sofort mit dem Erzabbau begonnen.

Eine direkte Straßenverbindung zwischen Hüggel und der Hütte war zu diesem Zeitpunkt nicht vorhanden. Das Erz mußte mit Pferdefuhrwerken zur Hütte gefahren werden. Da die Erzanfuhr dadurch nur bei gutem Wetter erfolgen konnte, war es zwingend notwendig, immer einen größeren Erzvorrat vorzuhalten. 1857 wurden täglich bis zu 150 Fuder Eisenerz vom Hüggel zur Hütte gefahren. Nach der Inbetriebnahme des ersten Hochofens im Juni 1858 wurde die kontinuierliche Belieferung immer wichtiger. Im Jahre 1860/61 baute man dann eine Straße zu den Abbaugebieten am Hüggel. Da sich die einheimischen Bauern noch immer weigerten, Hand- und Spanndienste zu leisten, waren Fuhrleute teilweise aus dem Harz angeworben worden.

Die Erzlagerstätten im Abbaugebiet „Hüggel I" hatten eine Mächtigkeit von 12 bis 32 Metern. Bei dem sogenannten Zuschlagkalk lag der Eisengehalt zwischen 3 und 14%. Im Jahre 1865 erwarb der GMBHV das Abbaugebiet „Hüggel II" mit einer Größe von 3.721.000 Quadratmetern. Das Gelände schloß sich westlich an das Abbaugebiet Hüggel I an. Insgesamt erreichte das Abbaugebiet damit eine Längsausdehnung von 3,3 Kilometer. Nach der Inbetriebnahme der Eisenbahnverbindung von Georgs-

Erz-, Kohle- und Kalksteinabbau im Gebiet der Hütte

Der Luisenschacht am Endpunkt der zum Hüggel führenden Strecke der GME im Jahre 1893. Die Aufnahme zeigt auch den in den Güterzügen mitgeführten Personenwagen. Archiv Klöckner-Werke AG

marienhütte bis zur Herminengrube 1865 wurde bis zur Fertigstellung der Gesamtstrecke 1866 das gesamte Erz dort verladen. Die nun wesentlich einfacher gewordene Erzversorgung brachte der Hütte eine große Kostenersparnis, den angeworbenen Fuhrleuten aber die Arbeitslosigkeit. Auch wenn es die Begriffe „Sozialplan" und „sozialverträglich" noch nicht gab, die Hütte hat allen Fuhrleuten Arbeit innerhalb der Hütte angeboten. Die Erzförderung betrug im Jahre 1867 bereits 160.722.000 kg oder ca. 3.200 Wagenladungen mit der Hüggelbahn.

Zur Erleichterung der Abbauarbeiten begann man 1868 mit dem Bau des Mathildenstollens als eine alle Abbaustellen verbindende Sohle. Der Stollen hatte eine Länge von 600 Metern unter der Oberfläche des Hüggels. Die Erzförderung stieg 1872 auf 222.769.385 kg. Im Jahre 1873 waren alleine im Abbaugebiet Hüggel I 650 Menschen beschäftigt. Mit 8 Pferden erfolgte auf einem Schmalspurgleisnetz der Abtransport des Erzes zur Verladestelle an der Hüggelbahn. Unterirdisch waren vier weitere Pferde eingesetzt.

In einer Entfernung von 650 Meter östlich des Mathildenstollens wurde zwischen 1874 und 1877 der Augustaschacht abgeteuft. Die Schachtsohle lag 20 Meter unter der des Mathildenstollens. Der Schacht diente nur der Wasserhaltung. Zu diesem Zweck war eine 300-PS-Pumpe mit einer Förderleistung von 6 cbm je Minute eingebaut. Vier Röhrendampfkessel mit einer Heizfläche von je 173 qm waren für die Dampfpumpe installiert.

Im Jahre 1895 erstellte man einen vom Mathildenschacht ausgehenden Querschlag als direkte unterirdische Förderstrecke, auf der Pferde zum Ziehen der Transportwagen eingesetzt wurden. Als Förderpunkte waren der Annaschacht mit dem östlich und westlich vom Schacht gelegenen Tagebauflächen, der Mathildenschacht mit seinem Tagebau, der Herminentagebau und der Kielmanseggeschacht eingerichtet. Der Abtransport der Erze erfolgte ausschließlich mit der Hüggelbahn.

Die unterschiedlichen Förderleistungen der Schächte spiegeln sich in der Leistung der jeweils installierten Fördermaschinen wider. Im Annaschacht waren es 16 PS. Der Mathildenschacht war mit 30 PS ausgerüstet, und der Schacht Kielmansegge hatte 60 PS zur Verfügung. Die Gesamtförderleistung wurde ständig ausgeweitet und führte zur Eröffnung weiterer Abbaugebiete, so zum Beispiel Hüggel IIIc, das westlich der Straße Osnabrück – Lengerich lag. Zum Abbaugebiet IV (am Heidhornberg) und V (am Jägerberg) bestand zeitweise eine Pferdebahnverbindung vom Luisenschacht aus.

Im Jahre 1910 wurde der Luisenschacht weitere 50 Meter tiefer abgeteuft. Ein auf die Dauer nicht zu bewältigender Wasserzufluß war die Folge. Die Erzförderung am Anna- und Mathildenschacht mußte 1912 bzw. 1915 eingestellt werden. Im Februar 1916 installierte man am Hüggel Anlagen zum Sprengen mit flüssiger Luft, die sich so gut bewährten, daß sie 1917 durch größere Anlagen ersetzt wurden. Die kleineren Anlagen wurde zum Schafberg gebracht und dort wieder eingesetzt.

Die auf unterschiedlichen Trassen liegenden Abbaustellen waren durch sogenannte Bremsberge miteinander verbunden. Im Abbaugebiet II und III waren fünf solcher mit Seilwinden betriebenen Schrägaufzüge in Betrieb. Nachdem die Seilwinden ursprünglich mit Dampfkraft betrieben worden waren, erfolgte um 1900 die Umstellung auf Elektroantrieb. Die Stromversorgung erfolgte durch ein extra verlegtes Starkstromkabel von der Hütte aus.

Auf dem umfangreichen Schmalspurgleisnetz im Hüggel kamen ab 1910, nach den guten Erfolgen, die man am Schafberg damit erzielt hatte, Benzollokomotiven der Firma Deutz zum Einsatz. Unter Tage blieben aber auch weiter die Pferde im Dienst.

Im Jahre 1927/28 begann der Abbau von Kalkstein am Südhüggel im Gebiet des heutigen Silbersees. Das gewonnene Material wurde als basischer Zuschlag benötigt. Zur Abfuhr der Kalksteine errichtete man eine Seilbahn zur Nordseite des Hüggels, wo dann die Verladung auf die Hüggelbahn erfolgte. Im Abbaugebiet kamen DEMAG-Schaufelbagger mit Elektroantrieb zum Einsatz. Am Silbersee wurde der Abbau nach Eröffnung des Abbaugebietes Holperdorp im Jahre 1937 wieder eingestellt.

Tagebau „Südhüggel" um 1928. Heute ist dort der Silbersee. Erkennbar ist die Seilbahn zur Hüggelnordseite.
Slg. Beermann

Die Brechanlage am Hüggel um 1930. Sie war gleichzeitig Endstation der Seilbahn vom Holperberg.
Slg. Beermann

Im Gesamtgebiet mußte der Tiefbau 1940 wegen Erschöpfung der Lagerstätten eingestellt werden. Der Tagebau endete 1964 bzw. 1966. In gut einhundert Jahren sind damit am Hüggel ca. 10 Millionen Tonnen Erz gefördert worden. Auf durchschnittlich 20 Tonnen fassende Eisenbahnwagen verladen, ergibt das eine Zuglänge von ca. 5.370 km. Wenn man die Materialtransporte von und zum Hüggel sowie die Schlackenabfuhr von der Hütte in die aufgegebenen Abbaugebiete hinzurechnet, dann hat die GME eine wahrlich beachtliche Transportleistung auf der Hüggelbahn erreicht.

Am Hüggel lagern noch immer ca. 3 Millionen Tonnen schwach eisenhaltige Zuschlagstoffe. Mit einem Abbau ist aber in der Zukunft nicht mehr zu rechnen. Die Spuren der Bergbauvergangenheit hat die Natur am Hüggel noch nicht verwischen können. Die Landschaft trägt noch die Narben der Vergangenheit.

Kohlenabbau bei Oesede

Der Kohlenabbau des GMBHV bei Oesede begann 1856 mit dem Ankauf der Bergrechte für das Feld „Glückauf". Es folgte 1857 das Feld „Dörenberg" und 1858 das Feld „Hilterberg". Die Gesamtgröße der Felder betrug 48.220.000 Quadratmeter. Im September 1858 begannen die Abbauarbeiten am Glückaufschacht durch den GMBHV. Rund 300 Arbeiter fanden hier eine Beschäftigung. Auch für diesen Schacht war eine normalspurige Eisenbahnverbindung zur Hütte vorgesehen. Einige Zeit wurde diese Bahnbauabsicht vorrangig betrieben, unterblieb dann aber letztlich doch.

Die Wasserhaltungsmaßnahmen erwiesen sich als äußerst schwierig. Im März 1858 wurden die ersten Kohlenflöze angegraben. Bereits zu diesem Zeitpunkt mußte eine 100-PS-Pumpe für die Wasserhaltung eingesetzt werden. Bis Ende 1858 konnte der Kohlenabbau auf 1.500 bis 1.600 Doppel-Himten (1 Himten = 21,15 Liter) gesteigert werden, wobei die Kohlen mit Pferdewagen zur Hütte abgefahren wurden. Die Wasserhaltung beim Glückaufschacht wurde immer schwieriger, und hinzu kam, daß die Preise bei den fiskalischen Gruben bei Oesede und Kloster Oesede den Bezug billigerer Kohle ermöglichten. Im Jahre 1866 wurde daher der eigene Kohlenbergbau bei Oesede eingestellt.

Die Tiefbauanlagen Georgschacht, Oeseder Tiefbau und Ottoschacht waren ebenfalls 1858 abgeteuft worden. Im Jahre 1866 wurden die Anlagen vom preußischen Staat übernommen. Bereit 1867 hatte der Ottoschacht eine Tiefe von 130 Meter erreicht. Eine Verbindung mit dem Tiefbauschacht Oesede erstellte man daraufhin im folgenden Jahr. Wasserhaltungsschwierigkeiten beim Tiefbauschacht Oesede führten zu einer Verlagerung zum Ottoschacht. Hier wurde auch eine zentrale Kohlenwäsche errichtet.

Hauptabnehmer der am Ottoschacht geförderten Kohle war neben der Saline in Rothenfelde die Georgsmarienhütte. Um den Kohlentransport zur Hütte zu erleichtern, beantragte der GMBHV eine normalspurige Bahnverbindung von der Hütte zum Schacht. Im Jahre 1879 billigte das Preußische Abgeordnetenhaus den Bau der fiskalischen Grubenbahn. Anfang 1880 begann die Planung, und am 1. November 1881 konnte die 3,1 km lange Strecke in Betrieb genommen werden. Die Bau- und Unterhaltungskosten wurden vom Bergbau getragen. Die Georgsmarienhütten-Eisenbahn stellte gegen Gebühr Lokomotiven und Wagen. Für Kohlentransporte durch das Gelände der Hütte hindurch in Richtung Hasbergen erhob die Hütte Frachtgebühren. Mit der Aufnahme des Eisenbahnbetriebs auf der Strecke Osnabrück – Brackwede (Bielefeld) am 15. August 1886 übernahm die Staatsbahn die fiskalische Grubenbahn, die zwischen Oesede und Kloster

Erz-, Kohle- und Kalksteinabbau im Gebiet der Hütte

Blick vom Westerberger Berg in Richtung Beckerode (um 1938). *Slg. Beermann*

Tonnen im Geschäftsjahr 1874/75 auf 29.632,9 Tonnen im Geschäftsjahr 1895/96 angestiegen. Während 1874 noch 48 Arbeiter mit der Kohlenförderung beschäftigt waren, betrug die Zahl im Jahre 1895 bereits 213. Starke Wassereinbrüche und günstigere Kohlenbezugsmöglichkeiten von der nun zum GMBHV gehörenden Zeche Werne (siehe Kapitel „Die Kohlenzeche Werne") beendeten die Kohlenförderung der Zeche am Hilterberg zum 31. März 1903.

Da der GMBHV die am Hilterberg geförderte Kohle von Wellendorf aus ebenfalls über die Gleise der Staatsbahn bis Oesede und von hier aus bis in das Werk hinein führte, war der Gleisanschluß in Oesede für den GMBHV enorm wichtig geworden. Am 23. April 1891 wurde er von der Hütte für einen Preis von 23.500 Mark erworben. Nach der Einstellung der Kohlenförderung am Hilterberg wurde der Gleisanschluß für Transporte in Richtung Bielefeld – Detmold genutzt.

Die Kalkseilbahn

Einen weiteren Versuch, im Großraum der Georgsmarienhütte Kohlen zu fördern, unternahm der GMBHV im Jahre 1900/01 mit Tiefbohrungen am Südhüggel. Die Bohrungen wurden bis auf eine Tiefe von 675 Meter gebracht. Die Kosten dieser Arbeiten beliefen sich auf 57.982 Mark. Kohle konnte in unterschiedlichen Flözstärken, zum Beispiel in 0,5, 1,5 und 0,4 Meter Mächtigkeit nachgewiesen werden. Zu einem Abbau ist es aber nicht gekommen.

Oesede die gleiche Trassenführung hatte. Schwierigkeiten mit der Wasserhaltung und der Druck der billigeren Kohle aus Westfalen führte 1889 zur völligen Fördereinstellung am Ottoschacht.

Kohlenabbau am Hilterberg

Der GMBHV hatte für das Gebiet am Hilterberg südwestlich des späteren Bahnhofs Wellendorf an der 1886 eröffneten Strecke Osnabrück – Brackwede ebenfalls die Schürfrechte erworben. Hauptgrund war die Unabhängigkeit von den westfälischen Kohlengruben und der Köln-Mindener-Eisenbahn. Man begann 1872/73 mit dem Bau des Karlstollens, der bereits Mitte 1874 fertiggestellt worden war. Seine Länge betrug ca. 1.100 Meter. Der Abbau begann mit einer durchschnittlichen Förderleistung von 9.000 Tonnen jährlich. Die Qualität der dort geförderten Kohle erwieß sich als sehr gut. Im Jahre 1885/86 wurde 920 Meter östlich des Stollenmundes ein Tiefbauschacht angelegt. Von diesem Schacht aus errichtete der GMBHV seine erste Seilbahn mit einer Länge von 1.630 Metern bis zur nahegelegen neuen Bahnstation Wellendorf. Sie war in einer einfachen Art errichtet worden, so daß die Baukosten nur 92.540,10 Mark betrugen.

Am 20. Juli 1893 wurde ein zweiter Tiefbauschacht in Betrieb genommen. Der Schacht war am Kreuzungspunkt zwischen dem Grundstollen und dem Karlstollen angelegt worden. Dieser Schacht war notwendig geworden, um den Kohlenbedarf des Stahlwerks in Osnabrück fördern zu können. Die Gesamtförderung war von 5.934

Um Kalkstein aus der unmittelbaren Umgebung der Hütte beziehen zu könen, wurde von den Klöckner-Werken 1936/37 eine Seilbahn zum Westerbecker Berg bei Lienen im Regierungsbezirk Münster errichtet. Die Seilbahn führte in gerader Linie vom Abbaugebiet zur Endstation an der Hüggelbahn. Die Anlage wurde nach dem Bleichertschen System der Bleichert-Transportanlagen GmbH aus Leipzig errichtet und im Februar 1937 in Betrieb genommen. Die Gesamtlänge der Seilbahn betrug 6,3 km. Die größte Entfernung zwischen zwei Stützen betrug 346 Meter. Die Seilbahnwagen bestanden aus Stahlblech, dem schmiedeeisernen Gehänge und dem vierrädrigen Laufwerk. Mit der Seilbahn sollten 50 Tonnen Kalkstein und 12,5 Tonnen Mergel befördert werden, wobei die Transportleistung später auf 125 Tonnen stündlich gesteigert wurde. Die angehängten Seilbahnwagen hatten eine Nutzlast von 1.200 kg, so daß stündlich zwischen 52 und 104 Wagen zu befördern waren.

Der Anfangswagenabstand betrug entsprechend der Planung 69 Sekunden. Er verringerte sich zu Zeiten der größten Transportleistung auf 34 bis 35 Sekunden. Die Abstände zwischen den Wagen lagen dabei anfänglich bei 173 Meter und wurden später auf 86 bis 87 Meter verringert. Die Zugseilgeschwindigkeit betrug 2,5 Meter in der Sekunde.

Die Seilbahnanlage wurde im Jahre 1970 demontiert. An der Beladestation am Westerbecker Berg sind die Hochbauten noch vorhanden. Die Zwischenladestation am Hüggel wird ebenfalls privat genutzt.

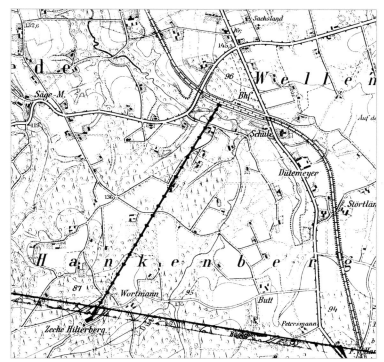

Die Seilbahn am Hilterberg, die zum Bahnhof Wellendorf an der Strecke Osnabrück – Brackwede führte. Archiv Klöckner-Werke AG

Diesellok 8 des Stahlwerks Osnabrück vor imposanter Industriekulisse. Östlich der Werkhallen befand sich ein großes Freigelände mit umfangreichen Gleisanlagen, Abstellflächen, Schlacke- und Schrottplätzen, das fast bis zur Schellenbergbrücke reichte. Lothar Hülsmann

Das Stahlwerk Osnabrück

Entwicklung

Nachdem der Verwaltungsrat des GMBHV es abgelehnt hatte, der Georgsmarienhütte ein eigenes Bessemer-Stahlwerk anzugliedern, unternahm der Direktor der Hütte, Wintzer, und das Mitglied des Verwaltungsrates, Obergerichtsanwalt Dr. Müller, 1867 einen weiteren Versuch, ein derartiges Unternehmen zu gründen. Ein geeignetes Grundstück konnte Dr. Müller in Osnabrück zwischen der Hase und der hannoverschen Westbahn ausfindig machen und per Vertrag für eine spätere Bebauung sichern. Durch den Direktor Wintzer wurden die notwendigen Bebauungspläne erstellt. Potentielle Geldgeber fanden sich unter den Aktionären des GMBHV in Hamburg. Am 10. Juni 1867 schloß Dr. Müller mit Joh. Cesar Godeffroy aus Hamburg einen Vertrag, in dem Godeffroy sich verpflichtete, bis zum 31. Juli 1867 das Grundstück käuflich zu erwerben und das Kapital für die geplante Produktionsstätte bereitzustellen. Es war vorgesehen, daß Direktor Wintzer die technische Leitung und Dr. Müller die Verwaltung übernahm.

Am 27. Juli 1867 wurde der Geländekauf getätigt. Die Fläche war 34 Morgen und 90 Quadratruthen groß. Der Kaufpreis betrug 37.689 Taler und 28 Groschen. Die Standortwahl war als ideal anzusehen. Zum Güterbahnhof an der hannoverschen Westbahnstrecke Löhne – Rheine – Emden konnte ein Gleisanschluß eingerichtet werden. Da sich der Bau der Venlo-Hamburger Eisenbahn bereits abzeichnete, war auch ein Anschluß an diese das Rheinland mit der See verbindenden Bahnlinie in Aussicht gestellt. Die gründliche Planung übernahm dann im Januar 1869 Direktor Gresser.

Es sollte errichtet werden *„die Bessemerhütte mit drei Convertern, das Kesselhaus mit zwölf Kesseln, das Hammerwerk, das Bandagenwalzwerk, die Achsenfabrik, die Eisengießerei und die mechanische Werkstatt"*. Zur Wasserversorgung wurde die Hase herangezogen, die das geplante Betriebsgelände in ganzer Länge durchfloß. Als Eröffnungstermin für das Stahlwerk war das 2. Quartal 1870 bestimmt worden. Das technische Wissen zur Bessemer-Stahlerzeugung sollen sich Direktor Gresser und Ingenieur Schlemann während einer Besichtigungsreise zur Bessemer-Stahlhütte in Sheffield angeeignet haben, wie zeitgenössische

Dokumente berichten. Die Gesamtkosten für das neue Werk waren einschließlich der Gleisverbindung zur Staatsbahn auf 513.000 Taler veranschlagt worden.

Bei den Gründungsarbeiten für das schwere Fundament des Hammerwerkes bereitete der sandige Untergrund des Haseschwemmlandbereiches große Schwierigkeiten. Noch größere Probleme ergaben sich aber durch den gravierenden Mangel an geeigneten Arbeitskräften. Nur nach Zahlung von 50 bis 90 % (!) höheren Löhnen gegenüber der Vorplanung, und nachdem eine größere Anzahl von Wohnungen in der Nähe des Schützenhauses neben dem Werk erbaut worden waren, konnte dieser Engpaß überwunden werden.

Am 2. Februar 1870 wurde nochmals eine Anleihe aufgenommen. Die Summe von 250.000 Talern sollte zur Errichtung eines Schienenwalzwerkes dienen. Als erste Betriebsstätte hatte die mechanische Werkstatt bereits 1869 die Arbeit aufgenommen und wurde mit dem Aufbau des Gesamtwerkes betraut.

Alle anderen Bauvorhaben wurden durch den Ausbruch des deutsch-französischen Krieges verzögert. Der Gleisanschluß zur Staatsbahn bestand ab Januar 1870 und konnte zur Anfuhr der Baumaterialien benutzt werden. Im November 1870 wurde das Bessemer-Stahlwerk fertiggestellt, kurz darauf folgte im Februar 1871 das Hammerwerk und im März des gleichen Jahres die Achsenfabrik und das Bandagenwalzwerk. Den Abschluß machte im August 1871 das Schienenwalzwerk.

Aus den geplanten 513.000 Talern Erstellungskosten waren rund 1.242.000 Taler geworden. Im November 1871 mußte der Aufsichtsrat für weitere 400.000 Taler Aktien ausgeben. Da diese Summe noch nicht ausreichend war, erfolgte eine Kreditaufnahme über weitere 600.000 Taler.

Schon 1872 wurde deutlich, daß die Kapazität der Schienenproduktion zu gering war. Die Produktionsanlagen wurden umgehend erweitert. Bereits das Geschäftsjahr 1872/73 erbrachte einen Bruttogewinn von 1.400.000 Taler, so daß alle Verbindlichkeiten zurückgezahlt werden konnten und für die Aktionäre noch eine Dividende von 10 % zur Auszahlung kam. Dies war eine Situation, die durch den Wiener Börsenkrach 1873 nun für einige Jahre nicht wieder eintrat.

Der erste Gleisanschluß des Stahlwerks führte am westlichen Gelände über eine einfache Holzbrücke über die Hase zu den Staatsbahngleisen. Die Einfahrweiche befand sich in km 132,3 unterhalb der heutigen Brücke der Strecke Hamburg – Münster – Ruhrgebiet. Die nördlich und südlich der Weiche angelegten Aufstellgleise dien-

Oben:
Die Westseite des Stahlwerks auf einer Aufnahme aus dem Jahre 1896.
Archiv Klöckner-Werke AG

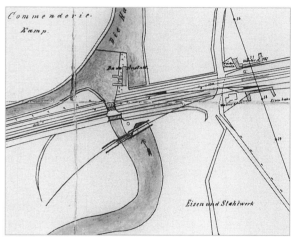

Rechts:
Direkt hinter dem Hasekanal mündete der Gleisanschluß des Stahlwerks in die Staatsbahn ein. Beim Zusammenfluß zwischen Hase und Hasekanal befand sich eine öffentliche Badeanstalt.
Archiv Klöckner-Werke AG

ten der Übergabe der Wagen an die Staatsbahn bzw. der Abstellung der für das Werk bestimmten Wagen. Die Strecke Osnabrück – Löhne war zu dieser Zeit noch eingleisig. Die Wagenübergabe erfolgte mit Lokomotiven der Staatsbahn.

Nach der Fertigstellung der Hamburg-Venloer Eisenbahn im Jahre 1872 erhielt das Stahlwerk im Herbst 1873 einen Anschluß zum damals sogenannten „Köln-Mindener Bahnhof", dem späteren „Bremer Bahnhof" am Klushügel. Im Bereich der Bessemer- und Hamburger Straße kreuzten sich beide Gleisverbindungen. Dort war ein Schrankenwärter für die Sicherheit des Verkehrs zuständig. Nachdem es 1873 im Kreuzungsbereich zu einem Unfall kam, wurde ein erhöhtes Wärterhaus aufgebaut.

Durch die Inbetriebnahme eines Puddelwerkes 1875 vergrößerte sich das Stahlwerk erneut. In den acht errichteten Öfen wurde das Eisen für die eisernen Langschwellen gewonnen. Diese Anlage war aber nach wenigen Jahren überholt, da nun Langschwellen nur noch aus Flußeisen gefertigt wurden, das man im sogenannten Thomasverfahren gewann.

Im Juni 1882 hatte der GMBHV bis auf 2 Prozent (67 Stück) alle Aktien des Stahlwerks erworben. Praktisch war damit eine Vereinigung der beiden Gesellschaften erfolgt, die dann auch auf dem Papier stattfand: Die Fusion beider Gesellschaften wurde beschlossen und die Gesellschaft „Eisen- und Stahlwerk zu Osnabrück" am 30. Juni 1885 gelöscht.

Die Fertigungsstätten des Stahlwerks wurden daraufhin kontinuierlich erweitert. Eine Räderschmiede, eine Radsatzfabrik, aber auch eine Waggonfabrik und eine Werkstatt zur Herstellung von Feld- und Waldbahnartikeln ergänzten die Werkausstattungen in den Jahren 1885 bis 1891. Von besonderer Wichtigkeit war auch die 1882 eröffnete Weichenfabrik. Die Gleisanlagen im Werk wuchsen mit den ständi-

Nach 1901 diente dieser Elektrowagen als Zubringer für das Preßwerk. Die Tragfähigkeit wurde zwar mit „nur" 50 Tonnen angegeben, aber offenbar machten auch 65 Tonnen dem Wagen nichts aus. *Archiv Klöckner-Werke AG*

gen Erweiterungen ständig mit. Für den innerbetrieblichen Transport, aber auch für Kundenpräsentationen und Vorführungen, entstand im Werk ein umfangreiches Schmalspurnetz mit 750 mm Spurweite.

Ein im November 1889 mit der Staatsbahn abgeschlossener Vertrag über die Zustellung der Wagen zum Stahlwerk mußte nach der Errichtung des Zentralbahnhofs im Kreuzungspunkt der Bahnlinien Hannover – Rheine und Hamburg – Ruhrgebiet („Hamburg-Venloer Bahn") 1894 revidiert werden. Der Gleisanschluß zum Stahlwerk wurde in östlicher Richtung verlegt. Im Werksgelände waren 1895 immerhin bereits 7.542 Meter Normalspurgleise verlegt, die mit 40 Weichen und einer Drehscheibe verbunden waren. Die Gleislänge der beiden Gleise des Staatsbahnanschlusses auf dem Grundbesitz des Stahlwerks betrug 1.235 Meter. Zwischen den einzelnen Betriebsstätten waren 3.070 Meter Schmalspurgleise verlegt, die durch 16 Weichen, 2 Drehscheiben und 40 Wendeplatten miteinander verbunden waren.

Im Übergabeverkehr von und zur Staatsbahn waren im Geschäftsjahr 1893/94 folgende Leistungen erbracht worden:

Eingang:
5.049 Doppelwagen mit 50.490 Tonnen Roheisen, 7.449 Doppelwagen mit 77.583 Tonnen Kohlen und 2.103 Doppelwagen mit 20.744 Tonnen als „Sonstiges" bezeichneten Inhalts.

Ausgang:
25.888 Tonnen Oberbaumaterial, 14.144 Tonnen Stahlfabrikate, 1.553 Tonnen feuerfeste Steine und 8.470 Tonnen Sonstiges. Der gesamte Warenausgang war auf 4.294 Doppelwagen verladen gewesen.

Im Jahre 1901 wurde das neue Preßwerk fertiggestellt. Die dafür errichtete Halle hatte eine Länge von 56 Metern und eine Breite von 17 Metern. Seitenschiffe vergrößerten die Grundfläche noch. Zur Beförderung der schweren Eisenblöcke vom Stahlwerk zum Preßwerk war ein Transportwagen mit 50 Tonnen Tragfähigkeit angeschafft worden. Dieser selbstfahrende Wagen wurde durch einen Gleichstrommotor angetrieben. Die Stromzufuhr erfolgte durch zwei parallel verlegte Oberleitungen. Es läßt sich heute nicht mehr ermitteln, wer dieses elektrisch betriebene Fahrzeug erbaut hat und wie lange es in Betrieb war.

Das Stahlwerk war inzwischen zu einem Großproduzenten für Eisenbahnartikel der unterschiedlichsten Art geworden. Die Lieferzahlen zwischen 1894/95 und 1904/05 machen dies deutlich:

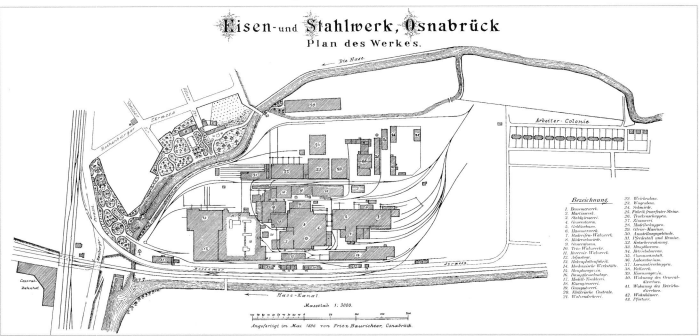

Der Gleisplan des Stahlwerks im Jahre 1896. Im südlichen Gleisbereich entlang der Bessemer Straße gab es einen einständigen Lokschuppen (37). Noch eingezeichnet ist hier das „Gleismuseum" (29) im nördlichen Werksteil vor seiner Abgabe nach Berlin. *Archiv Klöckner-Werke AG*

Jahr	Feldbahnw.	Weichen	Wagen
1894/95	144	1.024	347
1895/96	196	1.132	593
1896/97	178	1.438	472
1897/98	124	1.775	682
1898/99	89	2.207	742
1899/1900	88	1.839	485
1900/01	62	1.509	293
1901/02	114	1.091	280
1902/03	111	971	443
1903/04	66	1.159	672

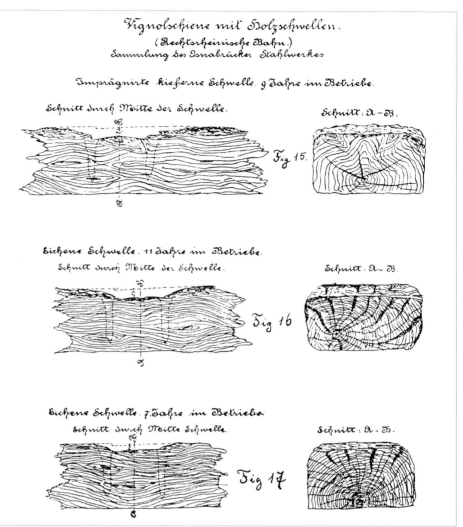

Hinzu kamen monatlich bis zu 300 Radsätze, Schienen und große Mengen an weiteren Gleisbaumaterialien (Kleineisen). In der Waggonwerkstatt fertigte man neben Wagen für den innerbetrieblichen Bedarf auch Wagen für Klein-, Militär-, Feld- und Grubenbahnen.

Die Schaffung des neuen Güterbahnhofs im Fledder südlich des Stahlwerks und die Erstellung der Gleiskurve durch den Stadtteil Schinkel als Verbindung zwischen dem oberen und unteren Zentralbahnhof machte für das Stahlwerk erneut die Verlegung des Gleisanschlusses zwischen km 131,7 und 132,2 notwendig. Bei den 1916 begonnenen Arbeiten war im besonderen Maße darauf geachtet worden, zu keiner Zeit den Gleisanschluß zum Stahlwerk zu unterbrechen, da für die Heeresverwaltung im Werk „kriegswichtige Arbeiten" durchgeführt wurden. Der Anschluß wurde erst am 27. September 1919 landespolizeilich abgenommen.

Mit dem GMBHV und im Besonderem mit dem Stahlwerk Osnabrück ist der Name August Haarmann untrennbar verbunden. Schon 1867 hatte er als Fabrikationschef

Auch die Abnutzung von Schwellen im täglichen Einsatz wurde im Osnabrücker Gleismuseum dokumentiert. Diese Zeichnung entstammt dem Manuskript von A. Haarmann für die geschichtliche Betrachtung über die Entwicklung der Gleissysteme.
Archiv Klöckner Werke AG

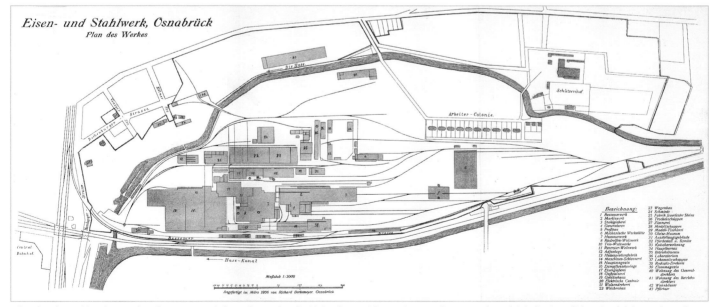

Gleisplan des Stahlwerks Osnabrück von 1906. Mittlerweile wurden die Gleisanlagen Richtung Osten verlängert, während sich die eigentlichen Produktionsanlagen kaum in ihrer Lage veränderten.

Im Zweiten Weltkrieg war das Stahlwerk eines der Hauptangriffsziele der Alliierten. Bei einem Bombenangriff wurde Lok 6 aus dem Gleis gehoben.
Archiv Klöckner Werke AG

Die Berliner Verkehrsgesellschaft erhielt an der Schönhauser Allee 1959 eine neue Weichenanlage, die im Werk bereits vorab probeweise aufgebaut wurde.
Archiv Klöckner Werke AG

auf dem Hüttenwerk „Neuschottland" in Königssteele einteilige Hartwichschienen walzen lassen. Haarmann hatte seine bis in die heutige Zeit unvergessene Karriere als Bäckerlehrling begonnen. Zum Zeitpunkt seiner Berufung zum Direktor des Stahlwerks in Osnabrück 1872 arbeitete er auf der Henrichshütte in Hattingen. In praktisch ununterbrochener Reihenfolge konnte er bei seiner Tätigkeit in Osnabrück Patente für Oberbaumaterialien anmelden, und so dem Stahlwerk in Osnabrück zu einer führenden Rolle bei der Oberbaumaterialienfertigung verhelfen.

Beispiele seien angeführt: 1877 das Patent für den Langschwellenoberbau, 1879 das Patent für den eisernen Querschwellenoberbau, 1881 das Patent für die Befestigung der Querschwellen mit schrägen Hakenplatten (nach dem noch heute gefertigt wird) und 1882 das Patent für die zweiteilige Schiene. Gerade von dieser Schiene versprach sich Haarmann größere Aufträge für das Stahlwerk. Umfangreiche Versuche mit dieser Schiene waren im Werk und auf der Strecke der GME angestellt worden. Im Jahre 1884 führte Haarmann vor 60 geladenen Gästen aus aller Welt dieses neue Schienensystem vor, gleichzeitig zeigte er erstmals seine Schienensammlung. Diese Sammlung wurde weiter ausgebaut und erregte auf einer Ausstellung in Chicago 1893 erhebliches Aufsehen. Aus allen Ländern der Welt waren sämtlich Arten des Oberbaus vertreten. Die Vorgeschichte des eisernen Gleisbaus wurde durch einen im

Untrennbar mit der Geschichte des Stahlwerks und des GMBHV verbunden: August Haarmann.
Archiv Klöckner-Werke AG

Dievenmoor bei Osnabrück ausgegrabenen Bohlenweg dokumentiert. Aber auch Gleisstücke der ersten Eisenbahn zwischen Stockton und Darlington sowie zwischen Nürnberg und Fürth waren vertreten.

Diese auf der Welt vermutlich einzigartige Gleissammlung wurde dem preußischen Staat übereignet. Mit Schreiben vom 16. Dezember 1908 bedankte sich Haarmann bei dem Kgl. Preuß. Staatsminister für öffentliche Arbeiten Breitenbach für „die wohlwollende Fürsorge, die Ew. Excellenz der zweckentsprechenden Unterbringung der Gleissammlung (Anm. d. Verf: in Berlin) angedeihen lassen". Ein eigenes Museumsgebäude war in Planung, doch die Wirren der folgenden Zeit haben es rasch in Vergessenheit geraten lassen. Erst die Übernahme der S-Bahn durch den Berliner Senat 1984 brachte das Sammlung wieder an die Öffentlichkeit, sie ist heute Bestandteil des Verkehrs- und Baumuseums in Berlin.

Viele Eisenbahnverwaltungen im In- und Ausland, Klein- und Privatbahnen und bald auch Straßenbahnen wurden Kunden beim Stahlwerk Osnabrück und trugen auf den Schienen den Namen der Stadt in alle Welt. Im Jahre 1885 trat Haarmann mit einer geschichtlichen Betrachtung zur Entwicklung des Eisenbahnoberbaus an die Öffentlichkeit, ein zur damaligen Zeit vielbeachtetes Werk. Weitere Buchveröffentlichungen und Beiträge in Fachzeitschriften folgten. Ehrungen waren die unvermeidliche Folge dieser enormen Schaffenskraft. Haarmann wurde 1889 Präsident der Handelskammer, 1892 Senator der Stadt Osnabrück, und 1893 wurde ihm der Titel Kommerzienrat verliehen. Haarmann verstarb 1913, wenige Tage vor seinem 75. Geburtstag. Von seinen vier Söhnen und zwei Töchtern übernahm der älteste Sohn Allan Haarmann die Nachfolge, die er bis zum 1. Oktober 1937

Das Stahlwerk Osnabrück

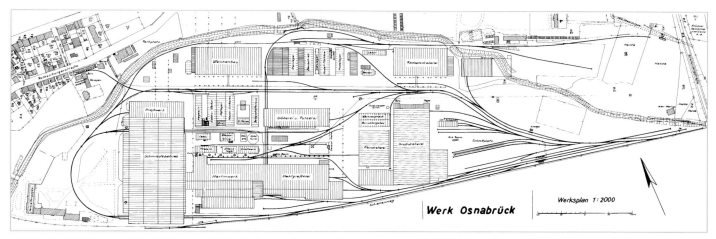

Dieser Plan des Stahlwerks zeigt in etwa den Stand kurz vor der Aufgabe der Stahlfertigung. Die Gebäude der Verwaltung sind links zu sehen, die Klein- und Großdreherei sowie die Radsatzdreherei noch vorhanden. Die Fertigungsbereiche im Mittelfeld sind alle abgerissen worden. Archiv Klöckner-Werke AG

inne hatte.

Ein im Jahr 1906 erschienenes Gleis-Album zeigt auf, welchen technischen Höchststand die Schienenfertigung im Stahlwerk Osnabrück bereits erlangt hatte. Neben 26 verschiedenen Eisenbahn- und Kleinbahnschienen waren noch zwanzig verschiedene Straßenbahnschienen im Programm.

Für die preußische Staatsbahn wurden Stumpfstoßschienen der Arten 6, 8, 10 und 15 gefertigt. Die entsprechenden Gewichte waren 33,4; 41; 31,16; und 45,05 kg/m. Zum Vergleich: Die von der DB AG verlegten Schienen vom Typ UIC 60 waren dem Schienentyp 15 gar nicht so unähnlich. Die Schienenkopfbreite betrug damals 72 mm, heute sind es 74,3 mm. Die Fußbreite ist von 110 mm auf 150 mm angewachsen und die Höhe wurde von 144 auf 172 mm verändert. Zum Fertigungsprogramm gehörten auch Radlenker für Weichen, Querschwellen, Hakenplatten, Hakennägel, Schwellenschrauben und sonstige Befestigungsmaterialien. Für Straßenbahnschienen wurde das gesamte Befestigungsprogramm ebenfalls angeboten.

Ab 1925 begann in Osnabrück die Produktion von Rippenplatten für die Schienenbefestigung. Mit dieser Entwicklung war das Stahlwerk in Osnabrück erneut im Wettbewerb ein Stück voraus gewesen. Aber vermutlich ausgelöst durch den Rücktritt des Geheimrates August Haarmann am 1. Juli 1911, konnte man in der Entwicklung des Stahlwerks auch eine gewisse Stagnation zu erkennen. Der Abschluß eines Vertrages zur Bildung einer Interessengemeinschaft zur gegenseitigen Förderung auf die Dauer von fünfzig Jahren zwischen dem GMBHV und dem zur Firma Klöckner & Co. gehörenden Lothringer Hütten- und Bergwerksverein brachte dem Stahlwerk keine Vorteile. Der Fusionsvertrag vom 9. Februar 1923 ließ aus dem GMBHV die Klöckner Werke AG werden.

Im Juni 1923 begann man in Georgsmarienhütte mit der Schienenfertigung, die dann nach und nach von Osnabrück komplett dorthin verlagert wurde. Die Waggonbau-Werkstatt, die als Ausgleich dafür nach Osnabrück kommen sollte, verblieb in Georgsmarienhütte. Trotz dieser Ausdünnung der traditionellen Produktion betrug der Ein- und Ausgang an Güterwagen im Jahre 1925 noch 15.000 Stück. Ab 1928 übernahm die Georgsmarienhütte dann die gesamte Schienenproduktion.

Das Stahlwerk in Osnabrück war Anfang der dreißiger Jahre auf einem technisch völlig veralterten Niveau angelangt. Durch Investitionen in Höhe von 60 Millionen Mark zwischen 1933 und 1943 konnte das Werk modernisiert werden. Im Frühsommer des Jahres 1940 kam Peter Klöckner das letzte Mal zum Stahlwerk nach Osnabrück, um sich von dem Fortgang der Arbeiten zu überzeugen. Am 5. Oktober 1940 verstarb er fast siebenundsiebzigjährig.

Der Zweite Weltkrieg brachte eine Umstellung der Produktion auf nun wichtig gewordene Rüstungsaufträge. Im Jahre 1942 hatte das Stahlwerk in Ilsenburg (Harz) einen sogenannten „Verlagerungsbetrieb" eröffnet. Die Anlagen dort sind nach dem Krieg komplett in der DDR verblieben.

Im Juli 1940 hatten die ersten Luftangriffe das Stahlwerk, das neben den Eisenbahnanlagen eines der Hauptangriffsziele in Osnabrück war, getroffen. Am 13. Mai 1944 erfolgte der größte Angriff auf das Stahlwerk, der praktisch alle Bereiche in Mitleidenschaft zog. Insgesamt haben 1.073 schwere Sprengbomben, 72 Blindgänger, 288 Brandkanister und über 100.000 Stabbrandbomben das Werk getroffen. Am 4. April 1945 erfolgte gegen 17.30 Uhr die Übergabe des Werkes an eine Militärab-

Ein Beispiel für die Bearbeitungsmöglichkeiten der heutigen Firma MAGNUM Metallbearbeitung GmbH ist dieser schwere Rührbehälter aus Eisen mit einem Durchmesser von 5,4 Metern. Das Gesamtgewicht des Schwertransports betrug 170 Tonnen. Die Aufnahme zeigt den Rührbehälter auf der Karusseldrehbank. Lothar Hülsmann

Die Lokwerkstatt war spartanisch eingerichtet, ihre Mitarbeiter brachten aber dennoch regelmäßig hochwertige Qualitätsarbeit zustande. Slg. Kramer

Die Lokomotivwerkstatt. Slg. Kramer

teilung unter Führung eines britischen und eines amerikanischen Offiziers. Nach der Überwindung der Kriegsschäden lief die Produktion praktisch nahtlos wieder an. Im Jahre 1951 beschäftigte das Stahlwerk bereits wieder 2.693 Arbeitnehmer.

Für den Außenstehenden mit am Interessantesten war die Fertigung übergroßer Teile im Stahlwerk. Waren es erst große geschmiedete Kurbelwellen und Schiffssteven gewesen, begann man hier mit dem Aufkommen der Atomkraftwerke in die Reaktorgehäusefertigung einzusteigen. Diese Reaktorteile oder Reaktorkessel wurden aufgrund ihrer Abmessungen mit spektakulären Sondertransporten zum Teil zum Hafen Osnabrück gebracht, um dann auf Kanalschiffen zu den jeweiligen Standorten oder zumindest in deren Nähe gebracht zu werden. Noch 1970 ging man von einer gleichbleibenden Auftragslage in diesem Fertigungsbereich aus, und die Stadt reagierte mit einem Ausbau für Schwerlastverladung im Hafen. Wie sich aus heutiger Sicht zeigt, war das eine Fehleinschätzung.

Zwischen 1970 und 1982 wurden jährlich durchschnittlich 8.000 Güterwagen von der Deutschen Bundesbahn übernommen. Einzeln betrachtet war es aber eine ständig sinkende Zahl von 11.500 Wagen im Geschäftsjahr 1970 bis hin zu 5.792 Stück im Jahr 1982. Die Wagen wurden von der DB in Zügen mit maximal 100 Achsen zugestellt. 1985 erreichten täglich im Schnitt noch 18 Wagen das Werk. Zur gleichen Zeit lag die Zahl der Beschäftigten bei der Verkehrsabteilung (Eisenbahn) im Stahlwerk noch bei 60 Mitarbeitern. Die wenig personalintensiven Diesellokomotiven mit Funkfernsteuerung hatten neben weiteren Automationen zu diesem geringen Personalbestand beigetragen. Kurz darauf wurden aus den Klöckner-Werken in Osnabrück die Schmiedewerke Krupp-Klöckner. Der Weichenbau und weitere Fertigungsbereiche wurden in das Ruhrgebiet verlagert und somit eine lange Tradition in der Fertigung von Eisenbahn- und Oberbaumaterialien unterbrochen.

Das Stahlwerk Osnabrück hat unter den Schwierigkeiten der Klöckner-Werke AG und durch die folgende Umstrukturierung von allen in diesem Buch besprochenen Abteilungen des ehemaligen Georgs-Marien-Hütten- und Bergwerksvereins am meisten Substanz verloren. Heute befinden sich auf den Resten des ehemaligen Stahlwerksgeländes (der westliche und der östliche Bereich wurde verkauft und das Gelände saniert) die beiden zur Georgsmarienhütte Holding GmbH gehörenden Firmen Wärmebehandlung Osnabrück GmbH und MAGNUM Metallbearbeitung GmbH. Die Beschäftigtenzahlen (ca. 230 bei MAGNUM und ca. 30 bei der Wärmebehandlung) sind in keiner Weise mehr mit der Vergangenheit vergleichbar. Die Firma MAGNUM GmbH hat neben der Bearbeitung der über die Holding hereinkommenden Aufträge auch auf dem freien Markt die Suche nach Fremdbearbeitung zur Auslastung der Maschinen aufgenommen. Spitzendrehmaschinen bis max. 200 Tonnen Stückgewicht, bei einer Länge bis zu 23 Metern und einem Durchmesser bis 3 Meter, Karusseldrehmaschinen bis max. 300 Tonnen Stückgewicht bei einem max. Durchmesser von 10 Metern und Bohr- und Fräswerke bis max. 300 Tonnen stehen für diese Fremdarbeiten zur Verfügung. Eine Spezialität aus der Vergangenheit war die Bearbeitung von Freiform-Schmiedestücken mit einem Gewicht zwischen 10 kg und 40 Tonnen. Aufträge für diesen Bereich, für den dann auch die oben beschriebenen Maschinen genutzt werden, gehören auch heute noch zum Fertigungsprogramm. Die Firma Wärmebehandlung erhält überwiegend von der Georgsmarienhütte vorbearbeitete Teile zur Weiterbearbeitung. Der Transport dieser Teile erfolgt im Regelfall per Bahn. Täglich werden heute noch zwei bis drei Güterwagen von der DB zugestellt und abgeholt.

Eine eigene Eisenbahnabteilung ist nicht mehr vorhanden. Die Abteilung Betriebsinstandhaltung ist heute für die Reste der gleis- und eisenbahntechnischen Anlagen zuständig.

Betriebsmittel

Die anfängliche Unabhängigkeit des Stahlwerks in Osnabrück vom GMBHV läßt es erklärlich erscheinen, daß ausgerechnet aus Bayern die erste normalspurige Dampflok für das Stahlwerk gekauft wurde. Der GMBHV hat, wie bereits erwähnt, in der Hauptsache seinen Lokomotivbedarf bei Hanomag gedeckt. Die erste Lok des Stahlwerks war 1879 mit der Fabriknr. 786 im Werk Sendling von der Firma Krauss & Cie. nach Zeichnung XXXVa (35a) gefertigt worden. Um 1910 erhielt die Lok einen von Henschel mit der Fabriknr. 4052 gebauten Kessel. Nach einer 55 Jahre dauernden Betriebszeit im Stahlwerk übernahm 1934 der Piesberg die Lok.

Die Fusion des Stahlwerks mit dem GMBHV brachte Osnabrücker Werk in die Situation, zum Abnehmer für in Georgsmarienhütte „zu alt" gewordene Lokomotiven zu werden. Sicherlich waren die Anforderungen an eine Dampflok in Georgsmarienhütte wesentlich höher, und im Werksrangierdienst in Osnabrück waren diese Maschinen immer noch ausreichend. Im Jahre 1890 machten die beiden 1865 bzw. 1868 von Hanomag mit der Fabriknr. 227 und 267 gebauten Maschinen den Anfang. Während die Fabriknr. 267 am 5. November 1908 zum Piesberg weitergegeben wurde, erlebte die Lokomotive mit der Fabriknr. 227 ihr 50jähriges Jubiläum im Stahlwerk. In den zwanziger Jahren erfolgte dann die Ausmusterung und Verschrottung dieser Maschine.

Am 4. November 1893 wurde dem Stahlwerk die Genehmigung erteilt, eine am 11. Januar 1890 in Kassel durch den dortigen Eisenbahn-Maschineninspektor abgenommene Dampflok im Stahlwerk zu betreiben. Die Lok war von der Firma Henschel & Sohn mit der Fabriknr. 2857 erbaut worden. Bis zur Ausmusterung und Verschrottung 1963 gehörte sie 73 Jahre als Stammlok zum Stahlwerk. Die B-Tenderlok mit einem Zylinderdurchmesser von 260 mm und einem Kolbenhub von 420 mm war für einen Dampfüberdruck von 12 atü ausgelegt. Der Raddurchmesser betrug 850 mm, die zulässige Höchstgeschwindigkeit betrug 25 km/h. Sie erhielt beim Stahlwerk die Betriebsnr. 5. Im Jahre 1922 mußte die kupferne Feuerbüchse erneuert werden. Die Rohrwand erhielt Flicken und alle 96 Heizrohre wurden erneuert. Für diese Arbeiten war die Lok am 17. August 1922 außer Betrieb gesetzt worden und stand erst am 17. Oktober 1923 wieder zur Verfügung. Im Jahre 1939 erhielt sie einen von der Firma Henschel & Sohn gefertigten neuen Kessel, der mit der gleichen Fabriknr. 2857 erstellt worden war.

Einen Altersrekord stellte die 1891 von der Georgsmarienhütte zum Stahlwerk abgegebene Lok mit der Hanomag-Fabriknr. 228 auf. Die Lok war 1865 zur Georgsmarienhütte gekommen und dort später neben der dortigen Betriebsnr. 2 mit dem Namen „Metz" versehen worden. Vor 1915 hat die Lok einen vom GMBHV mit der Fabriknr. 188 gefertigten neuen Kessel erhalten. Erst nach 94 Jahren Einsatzzeit erfolgte 1959 die Abstellung und Verschrottung.

Als nächster Lokzugang kam 1894 die von Hanomag 1870 mit der Fabriknr. 405 gefertigte Lok 4 der GME zum Stahlwerk nach Osnabrück. Über die genaue Betriebs-

Lok 2 stammt aus dem Jahre 1865 und erhielt erst nachträglich ein Führerhaus. Sie war von 1891 bis 1959 im Stahlwerk im Einsatz.
Slg. Birkemeyer

Die „Eisenbahner" des Stahlwerks Mitte der 1950er Jahre vor der Lok 5. Sie war 73 Jahre lang die Stammlok im Stahlwerk und entsprechend häufig auf Fotografien verewigt.
Slg. Birkemeyer

Lok 5 auf einer Aufnahme aus den 1940er Jahren im Werksgelände. Die Maschine wurde 1963 verschrottet.
Archiv Klöckner-Werke AG

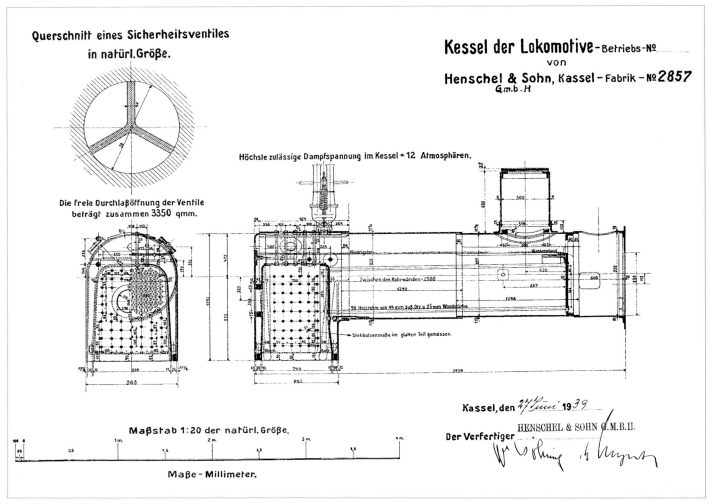

Der für die Lok 5 von Henschel & Sohn im Jahre 1939 in Kassel neu angefertigte Kessel. Archiv Klöckner-Werke AG

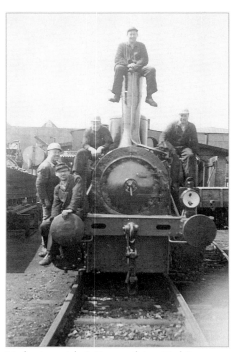

Nach getaner Arbeit: Gruppenfoto mit Lok 6.
Slg. Kramer

zeit dieser Lok im Stahlwerk haben sich keine Angaben finden lassen.

Fabrikneu erhielt das Stahlwerk 1906 eine im gleichen Jahr von Hanomag mit der Fabriknr. 4549 gefertigte Lok. In der Hanomag-Fabrikliste steht dieser Lok irrtümlich als „GME 10" aufgeführt. Die Hanomag-Lok ist nicht zur Georgsmarienhütte gekommen, wo die Betriebsnr. 10 auch bereits durch eine von Borsig gebaute Lok besetzt war. Die Lok bekam im Stahlwerk die Betriebsnr. 6. Sie war für eine Geschwindigkeit von 30 km/h und einen Dampfüberdruck von 12 atü zugelassen. Die Abnahme und Probefahrt fand am 19. Oktober 1906 auf dem Anschlußgleis des Stahlwerks statt und wurde durch den Regierungs- und Baurat Gerlach von der Kgl. Eisenbahn-Direktion Münster durchgeführt. Am 14. Oktober 1938 mußte die Lok dann wegen eines Kesselschadens außer Betrieb gesetzt werden. Nach der notwendigen Reparatur konnte sie im Dezember 1938 wieder in Betrieb genommen werden, mußte aber 1939 erneut abgestellt werden und konnte erst nach größeren Reparaturen am 14. Oktober 1941

wieder in Betrieb genommen werden. Im Februar 1943 bekam sie eine neue kupferne Feuerbuchse, die vom Osnabrücker Kupfer- und Drahtwerk (heute Firma „kabelmetall") geliefert wurde. Im Juni 1963 ergab die Fristuntersuchung eine weitere Betriebsfähigkeit bis zum 4. Juni 1966. Als letzte Dampflok des Stahlwerks wurde sie 1966 außer Betrieb gesetzt, ausgemustert und verschrottet.

Das durch die Rüstungsproduktion bedingte erhöhte Wagenaufkommen im Jahre 1917 führte zur Umstationierung der Lok „Piesberg 4" als Leihlok zum Stahlwerk. Sie verblieb bis zum Kriegsende im Werk.

Als weiterer Lokzugang kam 1922 die im gleichen Jahr von Hanomag mit der Fabriknr. 9548 gefertigte dreiachsige Lok zum Stahlwerk. Sie erwies sich aber für den Betrieb im Stahlwerk mit den dort verlegten engen Gleisradien als ungeeignet. Sie wurde 1925 an den Piesberg abgegeben.

Von der GME übernahm das Stahlwerk 1938 die dortige Lok 6, die Hanomag 1897 mit der Fabriknr. 1897 gefertigt hatte. Es ließ sich nicht klären, welche Betriebsnummer die Lok im Stahlwerk bekam.

Kriegsbedingte Schäden an den im Stahlwerk beheimateten Lokomotiven führten 1944 zur gleichzeitigen Umbeheimatung der GME-Lokomotiven 7 und 8 zum Stahlwerk nach Osnabrück. Diese Maschinen waren von Hanomag 1893 bzw. 1897 mit den Fabriknr. 2504 und 2980 gebaut worden. Nach Ende des Krieges verblieben die beiden Maschinen in Osnabrück. Die Lok 8 wurde in den 1950er Jahren ausgemustert, Lok 7 folgte dann 1962. Als letzte Dampflok kam am 1. Juli 1955 die Lok 9 der GME zum Stahlwerk. Hierbei handelte es sich um die 1900 mit der Fabriknr. 3563 von Hanomag nach Zeichnung M III 4e(1) gefertigten Lok der vielbeschriebenen Baureihe T 3. Sie wurde im Jahre 1964 ausgemustert und verschrottet.

Insgesamt zwölf verschiedene Dampflokomotiven haben sich damit als beim Stahlwerk in Osnabrück beheimatet nachweisen lassen. Völlig unklar ist hingegen die Stationierungsgeschichte der beim Stahlwerk eingesetzt gewesenen Schmalspurlokomotiven. Es haben sich im Archiv der Klöckner-Werke AG keine Angaben darüber finden lassen. Sicher ist eigentlich nur, daß 1895 zwei Lokomotiven, die am Schafberg bei Ibbenbüren nicht mehr benötigt wurden, im Stahlwerk Osnabrück eingesetzt wurden. Es ließ sich auch nicht mehr ermitteln, wann der Schmalspurbetrieb im Werksgelände eingestellt worden ist.

Den Anfang der Diesellokstationierung im Stahlwerk machte die von Klöckner-Humboldt-Deutz (KHD) im Jahre 1938 mit der Fabriknr. 23072 gefertigte Maschine. Vermutlich wurde die Lok auch in diesem Jahr im Stahlwerk in Betrieb genommen. Bei Kriegsende 1945 standen folgende normalspurigen Diesellokomotiven im Stahlwerk:

• KHD-Fabriknr. 23072, Baujahr 1938, Typ A4M220
• KHD-Fabriknr. 33046, Baujahr 1940, Typ A4M220 mit Holzgasgenerator
• KHD-Fabriknr. 33153, Baujahr 1940, Typ OMZ122

Diese Maschinen standen auch am 17. Mai 1947 noch im ausgebrannten Zustand im Stahlwerk. Die nur 40 PS starke Lok vom Typ OMZ122 war eine umgespurte Schmalspurlok. Während die Schäden an der Holzgaslok wohl zu groß gewesen sein dürften (jedenfalls ließ sich kein Hinweis über eine erneute Verwendung finden), sind die beiden anderen Maschinen erneut aufgearbeitet und in Betrieb genommen worden. Die KHD-Lok 23072 bekam die Betriebsnr. 1 und die KHD-Lok 33153 erhielt die Betriebsnr. 2.

Bei der Betriebsmittelüberprüfung durch den Landesbevollmächtigten für die Bahn-

Hauptuntersucht zeigt sich Lok 7 vor dem Lokschuppen des Stahlwerks Anfang der 1950er Jahre. Die Lok war von 1944 bis zur Verschrottung 1962 beim Stahlwerk. Slg. Birkemeyer

Lok 9 der GME kam 1955 zum Stahlwerk und wurde dort mit der gleichen Nummer noch bis 1964 eingesetzt. Slg. Born

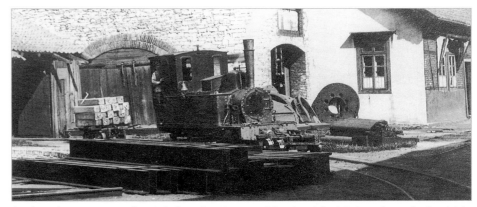
Aus dem Jahre 1895 stammt diese Aufnahme einer Hanomag-Schmalspurlok mit 750 mm Spurweite. Baugleiche Loks fand man auch am Schafberg und während des Baus der Wallückebahn. Archiv Klöckner-Werke AG

Vor der großen Werkhalle verschwindet der kleine Lokschuppen fast: Kleine Lokparade mit (von links) Lok 6, 1, 7 und 3 (12. November 1977).
Dieter Riehemann

Heute wird diese allrad-Minilok im Werk eingesetzt, die im Februar 2000 mit dem achtachsigen Wagen 512 aufgenommen wurde. Der Wagen wird immer dann verwendet, wenn lange Wellen (z.B. Schiffswellen) gedreht werden müssen.
Lothar Hülsmann

aufsicht bei der Bundesbahndirektion Münster im Mai 1962 stellte man fest, daß die beiden Diesellokomotiven ohne Betriebsgenehmigung und ohne Abnahmeuntersuchung im Einsatz waren. Am 10. Oktober 1962 erteilte die DB nach einer entsprechenden Abnahme die Betriebsgenehmigung, wodurch sich erklärt, daß diese beiden Diesellokomotiven auch erst ab 1962 im Bestand geführt werden. Die Lok 2 ist in den 1960er Jahren ausgemustert worden.

Im Jahre 1961 wurde eine von KHD mit der Fabriknr. 57198 im gleichen Jahr gefertigte Diesellok als Nr. 3 in Betrieb genommen. Ob auch die Nr. 4 im Werk belegt wurde, ist dagegen nicht sicher. Auf jeden Fall wurde 1964 die Nr. 5 an eine von der Firma BP erworbene Krupp-Diesellok vergeben, die 1935 mit der Fabriknr. 1467 gefertigt worden war. Die Maschine war von der Firma „OLEX" beschafft worden und nach dem Krieg beim BP-Tanklager Hamburg-Köhlbrand eingesetzt. Der weitere Weg der Lok führte über das Tanklager Köln-Niehl (1961) und Stuttgart (1962) nach Osnabrück, wo sie am 8. Mai 1964 die Betriebsgenehmigung zum Einsatz im Stahlwerk bekam. Im Jahre 1971 erfolgte ihre Abstellung und am 8. November 1972 wurde sie zur Verschrottung freigegeben.

In den Jahre 1966 bzw. 1968 kamen drei moderne Großdiesellokomotiven vom Typ

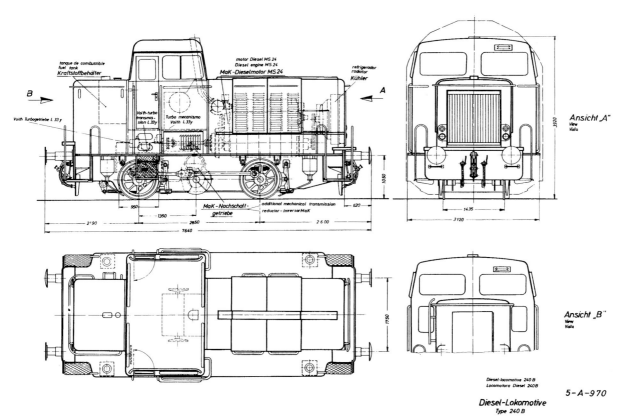

Schnittzeichnung der beim Osnabrücker Stahlwerk eingesetzten Diesellok der MaK-Type 240 B. Werkzeichnung MaK

Das Stahlwerk Osnabrück

Die von Krupp im Jahre 1935 gebaute Lok 5 des Stahlwerks wurde noch im Aufnahmejahr 1972 verschrottet.   Slg. Ballmann

Lok 1 wurde 1938 von KHD gebaut und erst 1982 verschrottet. Die Aufnahme entstand ebenfalls 1972 bei einer Fahrzeugparade.   Slg. Ballmann

220B, die von MaK mit den Fabriknr. 220087, 220088 und 220089 gebaut worden waren, zum Stahlwerk. Als letzte Lok erwarb man 1973 eine fabrikneue Diesellok vom Typ BN der französischen Firma Moyse (Fabriknr. 1264).

Den Wagenbestandszahlen ist nie so große Aufmerksamkeit geschenkt worden, wie es bei Lokomotiven schon auf Grund der gesetzlichen Vorschriften üblich war. Den jeweiligen betrieblichen Erfordernissen angepaßt wurden Wagen in der eigenen Werkstatt gebaut oder verändert oder auch aus Georgsmarienhütte bezogen. Dabei sind alte und älteste Teile immer wieder mitverwandt worden. Noch 1985 waren Drehgestelle aus der Länderbahnzeit und von einem nicht zur Auslieferung gelangten Auftrag für die UdSSR aus den dreißiger Jahren im Einsatz. Die Bestandslisten aus dem Jahre 1980 machen diese Vielzahl deutlich.

Noch 1985 standen dem Stahlwerk 151 Wagen für den innerbetrieblichen Transport zur Verfügung, die aneinandergereiht immerhin die stattliche Länge von 1.438 Metern hatten. Diese Zahl zeigt auch, daß die Gleislänge auch den ruhenden Verkehr aufnehmen muß, wobei alle Fertigungsbereiche erreichbar bleiben müssen.

Die durch den rauhen Betrieb im Hüttenwerk anfallenden Reparaturen an den Wagen sind in einer eigenen Werkstatt erledigt worden. Für den innerbetrieblichen Transport sind ähnlich wie bei der Bundesbahn Wagenlaufzettel geschrieben worden. Zur Betriebsleistungsmessung und zur Ermittlung von Versandgewichten war eine moderne elektronische Gleiswaage vorhanden.

Lange Zeit war die modernste Lok im Werk die 1973 vom französischen Hersteller Moyse gelieferte Lok 2.
Lothar Hülsmann

Radsatzverladung für die DB im Außenlager des Radsatzbaus. Im Hintergrund steht Lok 3 für den Verschub der Wagen bereit.   Slg. Ballmann

Für eine Werbeaufnahme wurden 1972 die Loks des Stahlwerks in Reihe aufgefahren (siehe auch Seite 85 oben). Von rechts: Loks 6, 8, 7, 3, 1 und 5. Slg. Ballmann

Triebfahrzeuge im Stahlwerk Osnabrück

a) Dampflokomotiven

Nr.	Hersteller	Fabrik-Nr.	Baujahr	Betriebszeit	Bauart	Bemerkungen
1	Hanomag	227	1865	1915 -...	Bn2t	ex GME Nr. 1
2	Hanomag	228	1865	1891 - 1959	Bn2t	ex GME Nr. 2
3'	Hanomag	267	1868	1890 - 1908	Bn2t	ex GME Nr. 3, ab 5.11.1908 zum Piesberg
3"	Krauss	786	1879	1879 - 1934	Bn2t	7.7.1879 bestellt, 3.9.1879 ausgeliefert, 1934 zum Piesberg
4	Hanomag	405	1870		Bn2t	ex GME Nr. 4
5	Henschel	2857	1890	- 1963	Bn2t	
6	Hanomag	4549	1906	1906 - 1906	Bn2t	
7	Hanomag	2504	1893	1944 - 1962	Bn2t	ex GME Nr. 7
8'	Hanomag	9548	1922	1922 - 1925	Cn2t	1925 zum Piesberg, dort Nr. 8
8"	Hanomag	2980	1897	1944 - ...	Bn2t	ex GME Nr. 6, abg. bis 1960
9'	Hanomag	1946	1897	1938 - 1960	Bn2t	ex GME Nr. 6
9"	Hanomag	3563	1900	1955 - 1964	Cn2t	ex GME Nr. 9

b) Diesellokomotiven

Nr.	Hersteller	Fabriknr.	Baujahr	Betriebszeit	Bauart	Bemerkungen
1	KHD	23072	1938	... - 1982	B	Typ A4M220, 17.5.1947 im Bestand, Februar 1982 verschr.
2'	KHD	33153	1940		B	Typ OMZ 122, 36/40PS, am 17.5.1947 im Bestand, um 1960 verschrottet
2"	Moyse	1264	1973	1973 -	B	Typ BN, umgerüstet von Ketten- auf Achsantrieb, verkauft
3	KHD	57198	1961	1961 -	B	Typ A12L714, verschrottet
4	?	?	?		?	eventuell nicht belegt
5	Krupp	1467	1935	1964 - 1972	B	1972 verschrottet
6	MaK	220089	1965	1965 -	B	Typ 240 B, verschrottet, Teile verkauft
7	MaK	220088	1965	1965 -	B	Typ 240 B, verschrottet
8	MaK	220087	1965	1965 -	B	Typ 240 B, verschrottet
-	KHD	33046	1940		B	Typ A4M220, 100/110PS, Holzgas, 17.5.1947 im Bestand, verschrottet
4112 allrad		135	1987	ca. 1990 -	B	minilok Typ DH 60, ex Thyssen Stahl AG Werk Hattingen

Der Schrottwagen 108 hatte eine Länge über Puffer von 7.400 mm. Lothar Hülsmann

Der Wagen 103 gehörte zur Gattung der „Hülsenwagen", auf denen in Kriegszeiten Geschoßhülsen stehend verfahren wurden. Lothar Hülsmann

Eine beachtliche Modellbauleistung stellt diese 1:20-Nachbildung der MaK-Type 240 B dar, die auch im Osnabrücker Stahlwerk eingesetzt wurden (siehe oben). Anfangs waren die Loks grün lackiert, spätestens 1972 präsentierten sich die Maschinen in einem Rotton. Lothar Hülsmann

Wagenbestand im Stahlwerk Osnabrück 1984

Hülsenwagen zweiachsig	102-112, 114-121, 123, 125-132, 134-142, 144-146, 148-152
Hülsenwagen vierachsig	181, 182, 184
Spänewagen zweiachsig	201-206, 208-210, 220, 226
Flachwagen zweiachsig	303-305
Pendelwagen zweiachsig	323-326,
Flachwagen zweiachsig	329-330, 332-333, 335, 342, 361-369
Flachwagen 4achsig	403-408, 422, 423, 425, 428, 431, 433-437
Pendelwagen im Werk vierachsig	438
Flachwagen vierachsig	451-456, 462, 480, 482
Flachwagen sechsachsig	481
Korbwagen vierachsig	501-506
Tieflader vierzehnachsig	511
Tieflader achtachsig	512
Tieflader vierachsig	513
Spezialwagen zweiachsig	521
Spezialwagen dreiachsig	523
Wagen nur für Räder zweiachsig	531-533
Wagen nur für Räder vierachsig	534-541
Wagen nur für Räder zweiachsig	541
Erzwagen zweiachsig	543
Steinschlagwagen zweiachsig	562, 563
Wagen f. Warmtransp. vierachs.	571
Achsentransportw. vierachsig	581, 582
Spezialwagen sechsachsig	583-586
Schuttwagen zweiachsig	601, 605, 606
Pötte- und Plattenwagen (hydraulischer Kippwagen)	607, 611-616, 621

Wagenbestand im ehemaligen Stahlwerk Osnabrück (heute MAGNUM) Februar 2000

Spänewagen zweiachsig	204
Flachwagen	330, 401
Flachwagen sechsachsig	481
Tieflader vierzehnachsig	511
Tieflader achtachsig	512
Spezialwagen	585, 586

Der Flachwagen 362 war für den Schwertransport konzipiert. Bei dem geringen Eigengewicht von 11,4 t hatte er eine Tragfähigkeit von 40 t. Der Achsstand betrug nur 3,5 m. *Lothar Hülsmann*

Flachwagen 128, beladen mit Drehteilen (9. Juni 1982). *Lothar Hülsmann*

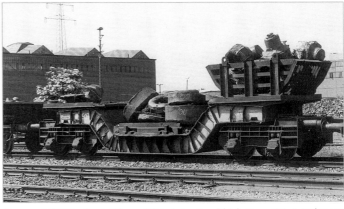

Der von BAMAG gebaute Wagen 513 hat eine Tragfähigkeit von 60 t. *L. Hülsmann*

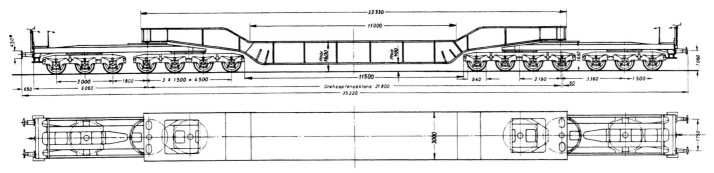

Mit einer Tragfähigkeit von 250 Tonnen ist der vierzehnachsige Tieflader Nr. 511 der schwerste Wagen des Stahlwerks. Er hat ein Eigengewicht von immerhin 108,4 Tonnen. *Archiv Klöckner-Werke AG*

Die Bahnen am Piesberg

Städtischer Kohlenabbau am Piesberg

Der Piesberg, nördlich der Stadt Osnabrück gelegen, ragt mit einer Höhe von 175,4 Metern über NN deutlich über das ihn umgebende Gelände hinaus. Die Ausdehnung des Berges beträgt in der Länge 1,9 km und in der Breite 1,2 km. Die ältesten Zeugen des an dieser Stelle durchgeführten Erz- und Kohleabbaus fanden sich im Jahre 1906 bei Abbauarbeiten am Fuße des „Schmiedehügels". Dort wurde ein sogenannter Rennherd freigelegt, der auf das 12. oder 13. Jahrhundert zurückging. Über den Kohleabbau erfolgt die erste urkundliche Erwähnung in einem Vertrag vom 24. März 1568 zwischen dem Rat der Stadt Osnabrück und dem Domkapitel.

Am 30. Juni 1727 wurde im Beisein des Rates der Stadt Osnabrück der 1. Spatenstich zum Ausbau des „Lücker-Stollens" (nach den aus Lüttich – flämisch Luik – kommenden Bergleuten, die im Plattdeutschen „Lücker" genannt wurden) getätigt.

Von 1776 bis 1806 konnten jährlich etwa 1620 Tonnen Kohle gefördert werden. Im Jahre 1827 begann man mit dem Abteufen des Haseschachtes. Die Arbeiten kamen aber zum Erliegen. Nachdem sich der Bau der hannoverschen Westbahn abzeichnete, gab die Stadt beim Baumeister Hartleben vom Osterwalde ein Gutachten in Auftrag. Vorgeschlagen wurde, den Hasestollen weiter abzuteufen, zwischen dem Stollenmund und der Staatsbahn eine Gleisverbindung zu schaffen, und für die Bergarbeiter, die nach der Fertigstellung der Bahn und des Stollens beschäftigt werden mußten, Wohnungen (sogenannte Colonien) zu erbauen. Man nahm die Arbeiten am Hasestollen wieder auf und beendete sie 1856. Der Stollen hatte eine Länge von 1.450 Meter. Für den Wohnungsbau erwarb man ein Gebiet in der Nassen Heide nördlich des Piesbergs und in der Eversheide.

Die Eröffnung der Gesamtstrecke der hannoverschen Westbahn erfolgte am 19. Juni 1856. Für die Stadt war es nun wichtig geworden, für die Kohleabfuhr einen Gleisanschluß zu bekommen. Am 19. Februar 1856 wurde ein vom Bergmeister Pagenstecher entworfener Plan der Zweigbahn und des Kohlenbahnhofs beraten. Geringe Änderungen waren notwendig. Man besprach die Tarifsätze für die Kohleabfuhr und klärte die Personalfrage.

Das gesamte Bahnpersonal war von der Stadt anzustellen. Bei der Errichtung des Anschlusses wollte die Königlich Hannoversche Eisenbahn das Baumaterial für die Stadt Osnabrück beschaffen und den Bau beaufsichtigen. Für die Hasebrücke war eine hölzerne Bauweise mit steinernen Uferpfeilern als ausreichend angesehen worden. Die Bauarbeiten begannen noch 1856 und waren im Juli 1867 abgeschlossen. Zwischen „der königlichen General-Direction der Eisenbahnen und Telegraphen" und dem Magistrat der Stadt Osnabrück wurde ein Betriebsvertrag abgeschlossen. Die Ausführung der Transporte übernahm die Staatsbahn. Es wurden anfänglich nur ganze Wagenladungen befördert. Die Stadt hatte schriftlich die benötigte Wagenzahl anzumelden. Es bestand aber für die Eisenbahnverwaltung keinerlei Verpflichtung, die entsprechende Wagenzahl dann auch tatsächlich bereitzustellen. Die leeren Wagen sollten in ganzen Zügen zum Kohlenbahnhof gefahren werden. Dabei sollte „nöthigenfalls ein einmaliges Vor- oder Rückwärts-Bewegen eines Theils des Wagenzuges auf der Station am Piesberge" mit zu der Leistung der Eisenbahnverwaltung gehören. Die Verwaltung war aber nur bereit, leere Wagen zum Piesberg zu bringen oder beladene Wagen von dort abzuholen, wenn „mindestens 16 vierrädrige Wagen und im ersten Jahr des Betriebs mindestens 12 vierrädrige Wagen" zu befördern waren. Geringere Wagenmengen war man nur bereit, vom parallel zum Hauptbahngleis verlaufenden Übergabegleis (bei der späteren Station Eversburg) abzuholen bzw. nach dort zu bringen. Einzelne Wagen wurden bis dorthin

Der Piesberg und seine Steinbrüche auf einer Karte aus den 1960er Jahren   *Klöckner Durilit*

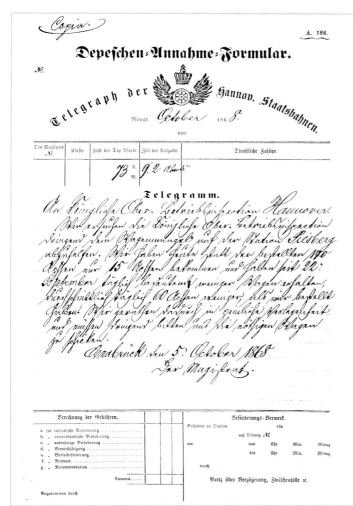

Am 5. Oktober 1868 forderte der Magistrat der Stadt Osnabrück von der Königlichen Betriebsinspektion in Hannover dringend die Bereitsellung der benötigten Wagen.
Niedersächsisches Staatsarchiv

Diese Aufteilung für die Zeit von 1868 bis 1871 zeigt, daß es zwischen Osnabrück und dem Piesberg einen öffentlichen Personenverkehr gegeben hat. Spätestens 1876 endete aber die Personenbeförderung. *Niedersächsisches Staatsarchiv*

mit Pferdekraft gebracht. Die von der Eisenbahnverwaltung im Kohlenbahnhof bereitgestellten Wagen mußten innerhalb von sechs Stunden beladen sein. Bei einer Bereitstellung der Wagen am Einmündungspunkt in die Hauptbahn verlängerte sich diese Zeit auf 24 Stunden. Bei Nichteinhaltung dieser Fristen erhob die Eisenbahnverwaltung einen Verspätungstarif von 16 Ggr. (Gutegroschen, 1 Taler = 24 Ggr = 288 Pfennig) pro Achse und Tag. Außerdem hatte die Eisenbahnverwaltung das Recht, die bei Eintreffen der Lokomotive noch nicht beladenen Wagen leer wieder abzufahren.

Die Bahnunterhaltung hatte der Magistrat zu besorgen. Alle anfallenden Kosten für den Anschluß „*von der Spitze oder Zunge der Weiche, welche am Einmündungspuncte der Zweigbahn in die Hauptbahn eingelegt worden war*" gingen zu Lasten der Stadt. Eine Ausnahme davon bildete die Besoldung für den Weichenwärter am Einmündungspunkt, der von der Eisenbahnverwaltung zu stellen war. Hiervon hatte die Stadt nur ein Drittel zu übernehmen.

Die Gründlichkeit eines damaligen Vertragswerks zeigte sich auch an der Festlegung, daß die erforderlichen Arbeitskräfte zum Drehen der Lokomotive auf der im Kohlenbahnhof vorhandenen kleinen Drehscheibe ohne Entschädigung bereitzustellen waren. Auch für die Lokomotive benö-

Im Über- und Untertagebetrieb waren am Piesberg Pferde zum Transport der Wagen eingesetzt. Klöckner Durilit

tigtes Wasser war kostenlos zu stellen. Für diesen Zweck stand von Anfang an ein Wasserkran zur Lokspeisung zur Verfügung. Die Betriebseröffnung legte man auf den 1. September 1857 fest.

Schon im Oktober 1857 gab es mit dem Wagenverschub durch Pferde die ersten

*Diese Aufnahme aus dem Jahre 1894 zeigt, welche Ausmaße der Steinbruchbetrieb bereits angenommen hatte. Auch die Gleisanlagen waren bereits sehr umfangreich.
Klöckner Durilit*

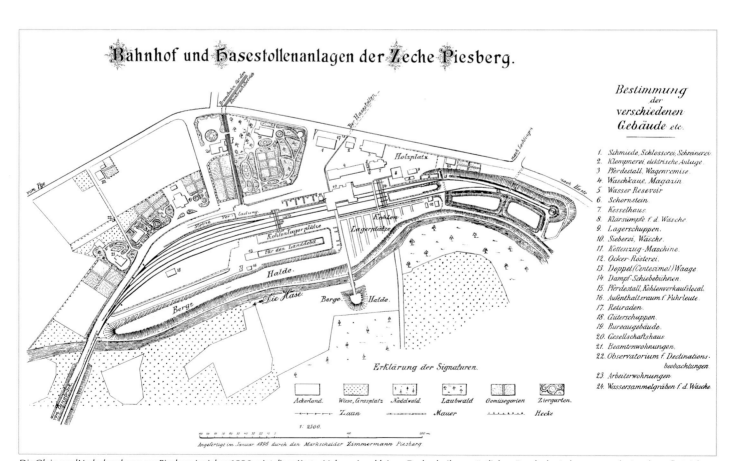

Die Gleis- und Verladeanlagen am Piesberg im jahre 1896 zeigt diese Karte. Neben einer kleinen Drehscheibe am östlichen Rande der Anlage war auch eine dampfbetriebene Schiebebühne vorhanden. Die Einrichtungen waren noch hauptsächlich für den Kohlentransport ausgelegt.

Schwierigkeiten. Die Eisenbahnverwaltung war davon ausgegangen, im Regelfall die Wagen bis zum Kohlenbahnhof zu fahren, so daß die Pferde nur innerbetrieblich benötigt werden sollten. Es zeigte sich aber, daß der Wagenmangel der Eisenbahnverwaltung keine ganzen Zuggarnituren mit mehr als 12 Wagen zustande kommen ließ. Die Zechenverwaltung ließ deshalb die Wagen per Pferd abholen und sparte Geld, das sonst der Eisenbahn hätte gezahlt werden müssen. Sie argumentierte, daß ein solcher Betrieb mit Pferden neben einem Lokomotivbetrieb auch sonst häufig durchgeführt werde und führte als Beispiel den Bahnhof Hannover an. Dort sollen ständig vier bis sechs Pferde mit dem Rangieren von Wagen beschäftigt sein, *„ohne daß sich Nachteile ergeben hätten. Wenn dies aber in dem Gewühle eines Bahnhofs, wie es der zu Hannover, wo zu allen Stunden des Tages oft gleichzeitig mehrere Züge ankommen, ausführbar ist: so kann es noch weniger Bedenken auf einer Zweigbahn finden und gerade zu einer Zeit, wo der Locomotivbetrieb nicht stattfindet."*

Von der Eisenbahnverwaltung wurde daraufhin zur Auflage gemacht, die Brücke über die Hase mit einem Geländer zu versehen, damit *„daß Pferd beim Scheuwerden nicht herunter stürze"*. Die Zahl der zu ziehenden Wagen war auf acht leere oder vier beladene begrenzt. Das Pferd durfte nicht im Gleis gehen, sondern mußte neben dem Gleis geführt werden. Es wurde dann aber doch noch eine sieben Punkte umfassende spezielle Betriebsordnung für den Pferdebetrieb erlassen.

Nach der Aufnahme des Kohlentransports mit der Eisenbahn konnten größere Mengen Piesberger Anthrazitkohle an die hannoversche Eisenbahnverwaltung verkauft werden – ein Verdienst des in Lingen stationierten Obermaschinenmeisters Prüßmann.

Mit dem Ende des Königreichs Hannover wurde Osnabrück 1866 preußisch, der Piesberg geriet unter die Aufsicht des Oberbergamtes Dortmund. Im Jahre 1868 begann man das Abteufen des Haseschachtes, der eine Tiefe von 92 Meter erreichte. Das heute noch vorhandene Verwaltungsgebäude des Piesbergs und die gegenüberliegende Gaststätte, das Piesberger Gesellschaftshaus, errichtete man 1871.

Zumindest ab 1868 hat es zwischen dem Bahnhof in Osnabrück und dem Kohlenbahnhof einen Personenverkehr gegeben. Immerhin sind zwischen 1868 und 1871 in der 3. Klasse 1.956 Personen befördert worden. Da auch die 4. Klasse benutzt wurde – 1.200 Personen machten davon täglich Gebrauch – ist davon auszugehen, daß es sich nicht nur um einen Transport der am Piesberg beschäftigten Arbeiter gehandelt hat. Wegen dieser Personenbeförderung bekam die Stadt 1871 eine steuerliche Nachbelastung. In den Konzessionsunterlagen läßt sich kein Hinweis über einen genehmigten Personenverkehr finden.

Es kann als gesichert angesehen werden, daß mit der Eröffnung des Bahnhofs Eversburg als Endpunkt der von der Großherzoglich Oldenburgischen Eisenbahn (G.O.E.) gebauten oldenburgischen Südbahn der Personenverkehr nach Osnabrück eingestellt wurde. Zur Eröffnung des Bahnhofs Eversburg kam der Großherzog und die Großherzogin von Oldenburg am 8. August 1876 nach Eversburg. Eine Fahrt auf der Zweigbahn und eine Besichtigung des Hasestollens standen auch auf dem Besuchsprogramm. Die Zweigbahn vom Kohlenbahnhof mündete nun direkt in die G.O.E.-Strecke ein.

Im Jahre 1873 war der Ausbau des Stüveschachtes begonnen worden. Während 1873 noch ein Überschuß von 35.000 Talern erwirtschaftet wurde, brachte das Jahr 1874 einen erheblichen Einnahmerückgang. 1880 mußte die Stadt bei der Landeskreditanstalt eine Anleihe von 2.000.000 Mark aufnehmen und im Jahre 1883 mußte der Rat der Stadt die Übernahme der Zinsen und der Tilgung von 1.200.000 Mark Bergwerksschulden beschließen. Der Kohlenabsatz hatte sich trotz der 1880 vom Ingenieur Lühring aus Dresden erbauten Kohlenwäsche und der damit verbundenen Qualitätssteigerung der Kohle nicht wie erhofft entwickelt. Im Jahre 1883/84 wurden am

Niedersächsisches Staatsarchiv

Die Loren (Hunde) wurden aus dem Hasenstollen auf einer sogenannten Schleppbahn herausgezogen.　　　　　　　　　　　*Klöckner Durilit*

Die Kohlenverladung an Kleinabnehmer erfolgte von einem kleinen fahrbaren mit Loren befüllten Bunker in die bereitstehenden Pferdewagen.　*Klöckner Durilit*

Alle Abbauebenen des Steinbruchs waren mit Bremsbergen verbunden. Die beladenen Wagen zogen bei ihrer Talfahrt die leeren Wagen wieder hinauf.　　　　　　　　　　　　　　　　　　　*Klöckner Durilit*

Das Gelände des Zechenbahnhofs nach den Umbauarbeiten des Jahres 1890. Im Vordergrund der Güterschuppen des Bahnhofs.　　　　　　　　　　　　　　　　　　　　　　　　　　　　　　　　*Klöckner Durilit*

Piesberg 1.650.677 Zentner Kohlen gefördert. Der Erlös je Zentner betrug 30 Pfennig. Ein Hauer schaffte es im gleichen Jahr je Schicht, 18 Zentner Kohle abzubauen. Der Lohn für diese Arbeitsleistung betrug 2,50 Mark. Pro Zentner lagen die Gewinnungskosten bei 23,5 Pfennig.

Die Kohlengruben gelangen zum GMBHV

Im Jahre 1889 bot sich für die Stadt Osnabrück die Möglichkeit, die Kohlengruben am Piesberg zu verkaufen. Um das Problem der Wasserableitung zu lösen, hatte sie in einem Vergleichsvertrag vom 16. März 1889 die Verpflichtung übernommen, einen Abwasserkanal vom Piesberg zur Ems zu bauen. Die aus dem Vertrag erwachsene finanzielle Belastung war für die Stadt einer der Gründe, die Gruben zu veräußern.

Zur Sicherung des Eigenbedarfs hatte der Georgsmarien-Bergwerks- und Hüttenverein sein Interesse angemeldet. In einer Aufsichtsratssitzung am 27. Juli 1889 beschloß der GMBHV den Kauf der Kohlengruben, wonach es am 22. August 1889 zum Kaufvertrag zwischen der Stadt und dem GMBHV zum Preis von 3.535.834,78 Mark kam (andere Angaben beziffern den Betrag auf 3.332.716 Mark). Der Besitzübergang wurde für den gleichen Tag festgesetzt.

Der GMBHV übernahm mit dem Kauf auch die Verpflichtung zum Unterhalt von neun Straßen in Eversburg – erst im Jahre 1937 gelang es den Klöckner-Durilit-Werken als Nachfolger des GMBHV am Piesberg, durch Zahlung einer Ablösung aus dieser Verpflichtung herauszukommen.

Zum Zeitpunkt des Besitzübergangs waren 877 Menschen bei der Kohlengrube beschäftigt. Grundlegende betriebliche Modernisierungsmaßnahmen erforderten zwischen 1889 und 1897 ein Investitionsvolumen über 3,5 Millionen Mark durch den GMBHV. In den Jahren 1890/92 vergrößerte man den Zechenbahnhof und gestaltete ihn dabei völlig um. Eine Rangierwinde wurde aufgestellt und erleichterte die Arbeit der Pferde im Bahnhof. Eine neue Kohlenaufbereitungsanlage stand ab 1893 zur Verfügung.

Im Jahre 1894 war die Produktion bereits auf 400 Tonnen je Tag gesteigert worden, die jährliche Förderungsmenge übertraf 100.000 Tonnen. Die größte Fördermenge wurde 1896/97 mit 186.734 Tonnen erreicht. Die Georgsmarienhütte konnte damit 37,5 % ihres Eigenbedarfs abdecken. Am 1. April 1892 war unter der 1. Sohle in einer Tiefe von 103 Metern eine 2. Bausohle angesetzt worden. Große Klärteiche mußten westlich des heutigen Bahnhofs Eversburg angelegt werden, da die Wasserzuflüsse immer stärker wurden. Dies führte bald zu einer Entschädigungsforderung der G.O.E, als nach einem Dammbruch am 2. Mai 1891 an den Teichen deren Strecke nach Oldenburg unterspült wurde.

Am 9. Juli 1893 kam es auf der zweiten Sohle zu einem folgenschweren Wassereinbruch, bei dem neun Bergleute den Tod fanden. Über acht Monate mußten vergehen, bis die Leichen erst am 22. März 1894 geborgen werden konnten. Einen Tag später erfolgte die Beerdigung auf dem Hasefriedhof in Osnabrück. Noch heute erinnert in Osnabrück der Haarmannsbrunnen, nach seinem Stifter so benannt, an dieses Unglück.

Der tiefste Punkt der Zeche war 209 Meter unter der Erdoberfläche. Durchschnittlich liefen 25.000 Liter Wasser in der Minute zu. Die Zahl der anfänglich vorhandenen Wasserhaltungsmaschinen von vier mit 1.200 PS mußte auf acht mit 3.000 PS erhöht werden. Die förderbare Wassermenge stieg damit auf 60.000 Liter in der Minute.

Im Jahre 1896 beschäftigte der GMBHV am Piesberg 1.492 Arbeiter und Angestellte, so daß einschließlich der Familienmit-

Bei den Erweiterungsarbeiten im Jahre 1911 an den Gleisanlagen im Zechenbahnhof entstand diese Aufnahme. Klöckner Durilit

glieder ca. 7.400 Menschen von den Löhnen und Gehältern lebten. Die Lohn- und Gehaltssumme betrug 1.109.120 Mark. Durch den GMBHV war eine eigene „Arbeiter-Colonie", bestehend aus 155 Häusern mit 256 Wohnungen auf 252 Hektar Fläche, angelegt worden.

Am 8. Juni 1898 lud der GMBHV zu einer außerordentlichen Generalversammlung der Aktionäre nach Osnabrück in das Haus Schaumburg ein. Der Grund hierfür waren Arbeiterstreiks im Februar und März 1898, die auch auf die Arbeiter der Georgsmarienhütte übergriffen. Hauptforderungspunkt war die Einhaltung kirchlicher Feiertage, auch wenn diese auf einen Wochentag fielen.

Mit 2.272 von den anwesenden 2.289 Stimmen wurde der Antrag des Vorstands angenommen, die Kohlengruben zu schließen. Die Betriebsleitung am Piesberg hat umgehend nach Bekanntwerden dieser Abstimmung die Pumpen abschalten lassen, und das gesamte Grubensystem „versoff". Von den rund 1.000 Arbeitnehmern, die durch diese Maßnahme arbeitslos wurden, bekamen 250 Mann noch 1898 eine Anstellung im Steinbruch, wo zu der Zeit bereits ungefähr 500 Menschen tätig waren.

Der Steinbruch Piesberg

Die Wandlung von einer Kohlengrube zum Steinbruch war damit vollständig vollzogen. Bereits seit 1832 war am Piesberg ein Steinbruch in Betrieb. Der Transport der Steine erfolgte auf Schmalspurgleisen über den 1880 errichteten Bremsberg zum Zechenbahnhof. Die Pachtverträge für diesen Steinbruchbetrieb waren 1889 ebenfalls vom GMBHV übernommen worden. Der innerbetriebliche Steinetransport wurde nach der Übernahme durch den Bau eines zentralen Bremsberges mit Kettentransport und zwei Kettenförderbahnen verbessert, der die kleinen Bremsberge zwischen den Abbausohlen ablöste. Die Förderwagen aus der Produktion des Stahlwerks in Osnabrück konnten 1 cbm Inhalt aufnehmen. Die Länge der Feldbahngleise war bereits auf 30 km angewachsen.

Die erste größere Steinelieferung konnte 1890/92 mit der Insel Helgoland abgewickelt werden. Im Jahre 1901 kam der erste Großauftrag mit der preußischen Staatsbahn über die Lieferung von Gleisschotter zustande, woraufhin sich 1904 ein Fünfjahresliefervertrag anschloß. Die Ausweitung der Steinelieferungen machte bereits 1904/05 den Bau eines neuen, 211 Meter langen Bremsberges als Verbindung der ersten Sohle mit dem Zechenbahnhof notwendig. Mit dem neuen Bremsberg konnten stündlich 200 Tonnen Steine gefördert werden. Insgesamt waren fünf Sohlen in Betrieb, die alle durch Bremsberge miteinander verbunden waren.

1905 wurde der Zechenbahnhof erneut vergrößert und die Steine nun über Rutschen in die Staatsbahnwagen verladen. Zwischen dem Piesberg und der Station Eversburg entstand ein zweites Gleis, wodurch die Gleislänge der Anschlußbahn auf 5,5 km anstieg.

Um die im Geschäftsjahr 1904/05 produzierten Güter befördern zu können, bestellte der GMBHV bei der Staatsbahn insgesamt 22.375 Doppelwagen für den Piesberg, nachdem seit 1902 auch ein Betonwerk in Betrieb stand. Der Tagesbedarf pendelte sich dann bei 140 Doppelwagen ein. Ab 1916 konnte der eigene Kanalhafen am neu eröffneten Stichkanal genutzt werden, wodurch das per Bahn verfrachtete Volumen zurückging.

Die zentrale Bremsberganlage am Piesberg um 1894. Die Wagen wurden an beiden Enden der Anlage in eine umlaufende Kette eingehängt. Klöckner Durilit

Links:
Ein Blick auf die umfangreichen Gleisanlagen im Steinbruch, ebenfalls um 1950 aufgenommen.
Klöckner Durilit

Karten unten:
Im Zweiten Weltkrieg entstand diese Verbindung unter Mitbenutzung des Zechenbahnhofs und der Anschlußbahn zur Umfahrung des Osnabrücker Hauptbahnhofs.
Klöckner Durilit

Im Jahre 1923 nahm der GMBHV dann noch eine Ziegelei in Betrieb, die einen Tagesausstoß von 40.000 Ziegeln aufweisen konnte.

Die Kleinbahn Rheine – Piesberg

Die vielfältigen Interessen des GMBHV rund um die Georgsmarienhütte werden auch an einem Kleinbahnprojekt deutlich:

Die Wasserableitungsschwierigkeiten während der Kohlenförderzeit hatten, wie bereits berichtet, ab 1889 zur Planung eines Kanals vom Piesberg zur Ems geführt. Der GMBHV unterbreitete nun den Vorschlag, gleichzeitig mit diesem Kanal eine Kleinbahnverbindung vom Piesberg bis nach Rheine zu bauen. Durch den parallelen Bau von Kanal und Bahn erhoffte er sich große Einsparungen bei den Grunderwerbskosten und eine Umsatzsteigerung durch die Lieferung der Kleineisen und Schienen.

Am 16. Mai 1897 trat im Stahlwerk in Osnabrück ein Komitee für den Bahnbau zusammen. Für die zu errichtende Verbindung wurde eine Spurweite von 600 mm vorgeschlagen, wie sie schon bei der Wallücke-Bahn zur Ausführung gekommen war. Der GMBHV übernahm die Ausarbeitung von umfangreichen Kostenvoranschlägen und Beschreibungen. Nachdem nun die Kohleförderung ab 1898 eingestellt wurde, gab es für den Kanalbau eigentlich keinen

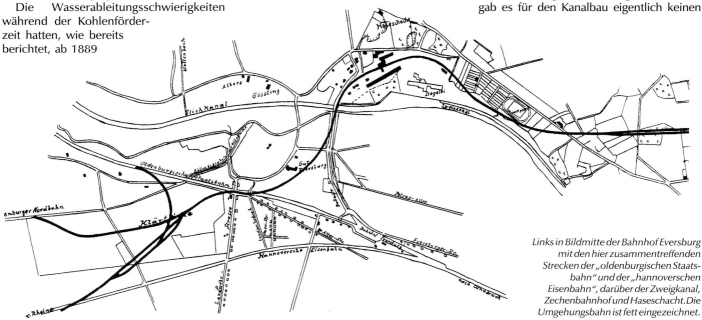

Links in Bildmitte der Bahnhof Eversburg mit den hier zusammentreffenden Strecken der „oldenburgischen Staatsbahn" und der „hannoverschen Eisenbahn", darüber der Zweigkanal, Zechenbahnhof und Haseschacht. Die Umgehungsbahn ist fett eingezeichnet.

Grund mehr, das Bahnbauvorhaben wurde aber dennoch weiter verfolgt. Durch Erlaß des Ministers für öffentliche Arbeiten vom 13. März 1900 erfolgte eine Festlegung der Spurweite auf 1.000 mm (Meterspur). In einem Schreiben vom 27. Juli 1900 teilte der Vorstandsvorsitzende Haarmann des GMBHV dem Aufsichtsratsvorsitzenden Dr. Müller in Hannover mit, daß am 24. Juli 1900 die Gründung einer Aktiengesellschaft „Kleinbahn Rheine – Piesberg" mit einem Kapital von 1.700.000 Mark beschlossen worden sei. Hervorgehoben wurde besonders, daß die bislang vom GMBHV getätigten Ausgaben in Höhe von 88.000 Mark dadurch mit Sicherheit zurückgezahlt werden würden.

An der neuen Kleinbahn beteiligte sich der GMBHV mit 200.000 Mark, und Haarmann wurde in den Aufsichtsrat gewählt. Am 3. Juni 1901 erfolgte bei Westerkappeln der erste Spatenstich und am 24. Oktober 1903 nahm die Kleinbahn den Betrieb zwischen Eversburg und Recke auf. Der Weiterbau der Bahn war zu diesem Zeitpunkt aber keineswegs sichergestellt, so daß der GMBHV der Kleinbahn noch 1903 einen Kredit in Höhe von 500.000 Mark geben mußte.

Am 10. Mai 1905 erfolgte die Eröffnung der Gesamtstrecke bis Rheine. Im Jahre 1935 wurde die Schmalspurstrecke auf Normalspur umgebaut. Heute ist die Strecke als „Tecklenburger Nordbahn" bekannt (auf unten abgebildeter Karte ganz links) und wird von der Teutoburger Wald-Eisenbahn betrieben. Die Personenbeförderung auf der Schiene endete bereits am 28. Mai 1967, der Güterverkehr besteht aber bis heute. Es gibt sogar ernsthafte Überlegungen, die Bahnlinie im Rahmen einer Schnellbahnlösung wieder für den Personenverkehr zu reaktivieren.

Diese Aufnahme aus dem Jahre 1940 verdeutlicht eindrucksvoll den Umfang der Vielzahl an Fahrzeugen und Gleisanlagen am Piesberg. Zum Zeitpunkt der Aufnahme waren ca. 100 Kilometer Gleis verlegt. Klöckner Durilit

Entwicklung im Zweiten Weltkrieg

In den letzten Kriegstagen des Zweiten Weltkrieges rückte der Zechenbahnhof auch für übergeordnete Interessen in den allgemeinen Blick. Um im Falle der Zerstörung des Osnabrücker Hauptbahnhofs dennoch die vielbefahrene Linie zwischen Bremen und dem Ruhrgebiet nutzen zu können, wurde abzweigend von der Strecke Osnabrück – Bremen eine provisorische Umleiterstrecke durch die heutigen Ortsteile Dodesheide und Haste bis zum östlichen Ende der Strecke des Zechenbahnhofs gebaut, die dann bis zum Bahnhof Eversburg benutzt werden konnte. Vom Bahnhof Eversburg aus bestand eine Verbindung zur Strecke Osnabrück – Rheine unter Benutzung eines Teilstücks der Tecklenburger Nordbahn. Über Velpe und die Trasse der Permbahn konnten die Züge nach Hasbergen und dann weiter in Richtung Münster fahren.

Im Herbst 1944 begannen die Bauarbeiten, die am 11. November 1944 durch den damaligen Reichsminister Speer besichtigt wurden. In Teilbereichen stand die Bahn ab dem 1. Februar 1945 zur Verfügung, doch erst nach dem Krieg erreichte die Strecke wegen der Zerstörung der Kanal- und Hasebrücke der Anschlußbahn eine gewisse Wichtigkeit. Die Steintransporte konnten über die Umleiterbahn zur Strecke Osnabrück – Bremen abgefahren werden. Für Transporte zu den Kasernen wurde die Strecke auch von den englischen Militärbehörden benutzt. Die Brücken über die Hase und über den Kanal wurden zum 1. Februar 1947 wieder betriebsfähig aufgebaut, so daß die Strecke durch Haste und Dodesheide abgebaut werden konnte. Im Juni 1946 hatte die niederländische Regierung bereits Anspruch auf das gesamte Oberbaumaterial erhoben, da es während des Krieges von der „Organisation Todt" in den Niederlanden ausgebaut worden war. Die Tecklenburger Nordbahn baute ihre Gleisanlagen in Eversburg wieder zurück und nahm ab dem 1. Dezember 1949 die alte Streckenführung wieder in Betrieb. Für die Benutzung der Gleisanlagen am Piesberg wäh-

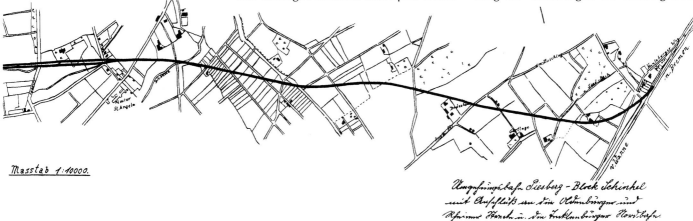

Die Fortsetzung der Umfahrungsstrecke Richtung Osten bis zum Block Schinkel.

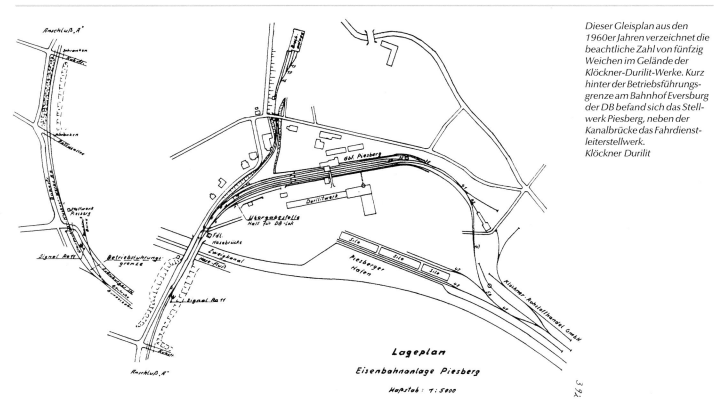

*Dieser Gleisplan aus den 1960er Jahren verzeichnet die beachtliche Zahl von fünfzig Weichen im Gelände der Klöckner-Durilit-Werke. Kurz hinter der Betriebsführungsgrenze am Bahnhof Eversburg der DB befand sich das Stellwerk Piesberg, neben der Kanalbrücke das Fahrdienstleiterstellwerk.
Klöckner Durilit*

*Noch im Jahre 1950 waren über 50 Kilometer Schmalspurgleise am Piesberg verlegt. Die Höhenunterschiede wurden noch immer mit Bremsbergen überwunden.
Klöckner Durilit*

rend des Krieges erhielt die Firma Klöckner später von der Deutschen Bundesbahn eine Entschädigung von 31.571 Mark, für die Benutzung der Permbahn wurden 13.429 Mark gezahlt. Im Zechenbahnhof erinnern heute noch die Reste eines provisorisch angelegten Bahnsteigs an die Umleiterstrecke.

Der Piesberg heute

Im Jahre 1960 erreichte man am Steinbruch eine Produktionsleistung von 1 Millionen Tonnen Steinabbau. Ein 1968 erstelltes Gutachten ging von einem Gesamtvorrat von 25 Millionen Tonnen aus. Der Piesberg galt 1972 als größter Hartsteinbruch in Europa. Im Südfeld des Abbaugebietes wurde die Förderung 1973 eingestellt, woraufhin die Stadt Osnabrück dort am 1. September 1976 eine zentrale Mülldeponie einrichtete, die noch bis zum Jahre 2004 in Betrieb stehen wird.

Die Klöckner Durilit GmbH als GMBHV-Nachfolgerin am Piesberg ist seit 1960 eine hundertprozentige Tochter der Klöckner Werke AG und hat mit der Georgsmarienhütte keine Verbindung mehr. 1991 wurde der gesamte Steinbruchbetrieb an die Piesberger Steinindustrie verpachtet.

Im Jahre 1999, nach 110 Jahren, hat die Stadt Osnabrück den Piesberg für 14 Millionen Mark von den Klöckner-Durilit-Werken wieder zurückgekauft. Zwischenzeitlich hatte sich das 1,1 Quadratkilometer große Gebiet zu einem Naherholungsgebiet entwickelt, das in einen geplanten Museums- und Landschaftspark integriert wird. Bereits 1985 wurde mit der Restaurierung des Haseschachtgebäudes am Piesberg begonnen. Im Oktober 1994 fand die Eröffnung des Museums für Industriekultur am Piesberg statt, das die Stadt Osnabrück als Zentrum einer über 150 Jahre alten Industriekulturlandschaft präsentiert. Hier werden in sehr anschaulicher Weise die Zusammenhänge zwischen Mensch, Natur und Technik aufgezeigt. Zahlreiche ehemalige Zechengebäude sind in dieses Museumsprojekt einbezogen und fügen sich zu einer interessanten Museumsidee zusammen.

Derzeit liegt der Schwerpunkt der Aktivitäten am Piesberg auf dem Ausbau des Hasestollens. Der Plan sah vor, diesen Stollen bis zur Eröffnung der in Hannover stattfindenden Weltausstellung „Expo 2000" im Juni 2000 für Besucher zugänglich zu machen. Nach der Fertigstellung kann man im Förderschacht 30 Meter tief einfahren und durch ein 250 Meter langes Stollensystem vom Haseschachtgebäude zum tiefergelegenen Mundloch und zum Magazingebäude gelangen. Die gesamte Anlage des Museums- und Landschaftsparks paßt vom Profil

Das alte Gebäude des Haseschachtes wird heute nach mustergültiger Restaurierung als Museum für Industriekultur genutzt.
Museum für Industriekultur

exakt in das Themenfeld „Mensch, Natur und Technik" der Expo 2000.

Unabhängig davon wird der Piesberg teilweise, wie bereits berichtet, derzeit noch als Mülldeponie benutzt. Der derzeit ebenfalls noch aktive Steinbruchbetrieb wird der Stadt noch einige Zeit ein zusätzliches Einkommen verschaffen. Das Ende des Abbaus ist für das Jahr 2015 vorgesehen.

Betriebsmittel und Anlagen

Die Normalspurbahn

Der Dampflokeinsatz begann am Piesberg mit der Antragstellung am 7. Mai 1907 an den Regierungspräsidenten in Osnabrück, auf „der Privatanschlußbahn den bisherigen, den Anforderungen nicht mehr genügenden, Betrieb mit Pferden durch den Maschinenbetrieb zu ersetzen." Am 13. Mai kam vom Regierungspräsidenten die Aufforderung, einen Plan, einen Erläuterungsbericht und die zustimmende Stellungnahme der Großherzoglich Oldenburger Eisenbahn und des Königlichen Eisenbahnkommissars in Münster beizubringen. Am 3. August 1907 schließlich wurde die Genehmigung erteilt, den Verschiebedienst im Bahnhof Piesberg mit Dampflokomotiven zu betreiben.

Als erste Dampflok für den Betrieb im

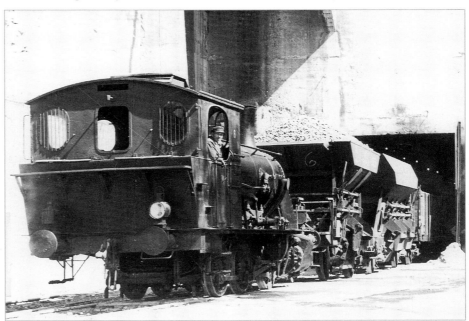

Lok „Piesberg 8" wurde 1922 von Hanomag mit der Fabriknummer 9548 gebaut. Sie war von 1925 bis 1960 am Piesberg im Einsatz.
Klöckner Durilit

Lok „Piesberg 1" in zweiter Besetzung abgestellt im Bahnbetriebswerk der GME (10. Juli 1963). Gerhard Moll

Die Brechanlage „Vosslinke" mit Lok „Piesberg 2". Klöckner Durilit

Bahnhof Piesberg war bereits am 15. April 1907 eine 1881 von Henschel gebaute Lok von der Firma Schollmeyer & Mahler in Hagen/Westf. für 9.500 Mark gekauft worden. Der Preis galt ab den Betriebswerkstätten der Halle-Hettstädter Eisenbahn in Halle/Saale, wo die Maschine aufgearbeitet worden war. Ingenieur Rust vom GMBHV hatte die Lok am 13. April begutachtet und für den Piesberg als geeignet befunden. Die Lok ist dann am 17. April ab Halle mit eigener Kraft und Personal des GMBHV nach Osnabrück zum Stahlwerk überführt worden. Schon am 16. April 1907 war bei der Eisenbahndirektion Münster die Abnahme der Lok, die die Bezeichnung „Piesberg 1" tragen sollte, beantragt worden. Gleichzeitig suchte man um die Genehmigung nach, die Lok mit eigener Kraft nach der Abnahme vom Stahlwerk zum Piesberg fahren zu dürfen. Die Abnahmeuntersuchung wurde auf den 15. Mai festgesetzt. Der abnehmende Beamte war der Baurat Gerlach aus Münster. Die Lok war in einem guten Zustand und konnte ohne Beanstandungen in Betrieb genommen werden.

Im Jahre 1924 mußte der Kessel der Lok einer größeren Reparatur unterzogen werden, die die Firma Prenzler & Vieth vornahm. Die sich anschließende Druckprobe wurde am 21. März 1924 durch das Eisenbahnwerkstätten-Amt Osnabrück durchgeführt. Im November 1950 erfolgte der Verkauf der Lok an das Alteisenlager Osnabrück der Firma Klöckner & Co. und die anschließende Verschrottung.

Schon 1908 wurde die nächste Dampflok gekauft. Auf dem Gebrauchtmaschinenmarkt erwarb man die 1892 von Hagans gebaute Lok 1 der Köln-Frechen-Benzelrather Eisenbahn. Die Maschine erhielt die Bezeichnung „Piesberg 2" und war bis zum August 1941 im Einsatz, um dann 1942 verschrottet zu werden.

Als Dampflok „Piesberg 3" übernahm man eine 1867 an die Georgsmarienhütten-Eisenbahn gelieferte Maschine, die dort die Betriebs-Nr. III getragen hatte. Sie wurde am 5. November 1908 zum Preis von 10.000 Mark geliefert. Im Jahre 1934 wurde sie abgestellt, mit eigenem Personal am Piesberg zerlegt und mit den Reichsbahnwagen „Köln 21 146" und „Würzburg 15 776" zur Verschrottung zur Georgsmarienhütte gefahren.

Mit Schreiben vom 17. Juni 1911 an den Vorsitzenden des Aufsichtsrates erbat der Vorstand des GMBHV die Genehmigung zum Ankauf einer vierten Dampflokomotive. Es handelte sich dabei um eine 1885 von Henschel gebaute und von der Eisenbahndirektion Münster als „Münster 6104" in Emden stationierte T3. Die Maschine wurde nach der Abnahme im August 1911 als „Piesberg 4" in Betrieb genommen. Bereits im August 1925 stellte man sie außer Dienst und verschrottete die Lok. Die „Münster 6104" gehörte zu einer Gruppe von neun Maschinen, die alle von der Direktion Münster zum Verkauf angeboten waren. Es handelte sich dabei um die Lokomotiven 6102, 6104, 6105, 6107, 6109, 6110, 6112, 6115 und 6401.

1912 war eine vorhandene Maschine reparaturbedürftig ausgefallen, so daß man sich nur mit einer Leihlok vom Stahlwerk helfen konnte. Eine weitere Lokomotive wurde notwendig, so daß der GMBHV-Vorstand Haarmann am 16. April 1912 um die Aufnahme eines Kredites von 8.000,- Mark zum Ankauf einer weiteren Dampflok bat. Hinzu kam, daß größere Steinlieferungen, so zum Beispiel 50.000 cbm Grobschlag und 75.000 cbm Feinschlag an die Eisenbahndirektion Münster und größere Lieferungen in Richtung Löhne mittlerweile ein Versandvolumen von täglich bis zu 420 Doppelwagen erbrachten. Der Aufsichtsrat stimmte am 20. April 1912 dem Ankauf einer weiteren Lok zu. Die Absicht, die in Emden stationierte „Münster 6109" zu kaufen, zerschlug sich. Statt dessen wurde bei der Westdeutschen Eisenbahngesellschaft in Liblar eine von der Firma Hohenzollern aus Düsseldorf 1894 gebaute und bei der Direktion Elberfeld mit der Nummer 1797 und ab 1906 mit der Bezeichnung „Elberfeld 6198" im Einsatz gewesene T 3 gekauft. Der Kaufpreis betrug 8.800 Mark. Die Lok hatte 1912 einen von Egestorff (Hanomag) mit der Fabrik-Nr. 2129 gebauten Kessel erhalten. Als Lok „Piesberg 5" war sie bis Anfang 1937 am Piesberg tätig, danach wurde auch sie verschrottet.

Der Kauf von gebrauchten Maschinen setzte sich mit der 1922 von Hanomag für das Stahlwerk Osnabrück gebauten Lok 8 fort. Die Lok war im Mai 1925 für 9.000 Mark an den Piesberg verkauft worden. Im Dezember 1959 erfolgte die Abstellung und Anfang 1960 die Verschrottung.

Im Jahre 1934 kam die von Krauss & Cie. in München für das Stahlwerk in Osnabrück gebaute Lok, die dort die Betriebs-Nr. 3 getragen hatte, für den Buchwert von 148 Mark zum Piesberg. Der Kaufpreis der Lok hatte 1897 16.000 Mark betragen. Beim Verkauf der Lok war bereits ein Henschel-Kessel eingebaut. Bereits 1936 erfolgte die Verschrottung der Lok.

Eine weitere T 3 erwarb man 1937 wieder bei der Westdeutschen Maschinenfabrik in Liblar. Es handelte sich dabei um die in Esslingen 1908 gebaute Lok 24 „Tanne" der Halberstadt-Blankenburger Eisenbahn. Diese Lok hatte nach ihrem Einsatz bei der HABE noch ein Gastspiel bei der Gewerkschaft Silesia gegeben, um dann für 21.500

Die normalspurigen Dampflokomotiven am Piesberg

Nr.	Hersteller	Fabr.-Nr.	Bauj.	Betriebszeit	Bauart	Bemerkung
1'	Henschel	1170	1881	1907-1950	Bn2t	
1"	Hohenzollern	3534	1919	1955-1967	Cn2t	ex Zeche Victor-Ickern Nr.7
2'	Hagans	270	1892	1908-1942		ex Köln-Frechen-Benzelrather Eisenbahn Nr. 1
2"	Henschel	16381	1918	1950-1962	Cn2t	ex Bad Eilsener Kleinbahn Nr. 2, ex Wittlager Kreisbahn
3'	Hanomag	267	1867	1908-1934	Bn2t	ex Stahlwerk Nr. 3, ex GME Nr. 3
3"	Esslingen	3479	1908	1937-1958	Cn2t	ex Halberstadt-Blankenburger Eisenbahn Nr. 24 „Tanne"
4	Henschel	2053	1885	1911-1925	Cn2t	ex Münster 6104
5'	Hohenzollern	776	1894	1912-1937	Cn2t	ex Elberfeld 1797, ex Elberfeld 6198
5"	Krauss	786	1879	1934-1936	Bn2t	ex Stahlwerk Osnabrück Nr. 3
5"'	Zimmermann	720	1913	1937-1959		
8	Hanomag	9548	1922	1925-1960	Cn2t	ex Stahlwerk Osnabrück Nr. 8

„Piesberg 8" trägt auf dieser Aufnahme um 1930 noch die Bezeichnung „Eisen- und Stahlwerk VIII". Auf der Lok posiert ihr Stammpersonal: Lokführer Bethge, Heizer Kohlbrecher und Rangierer Steinwedel.
Slg. Hülsmann

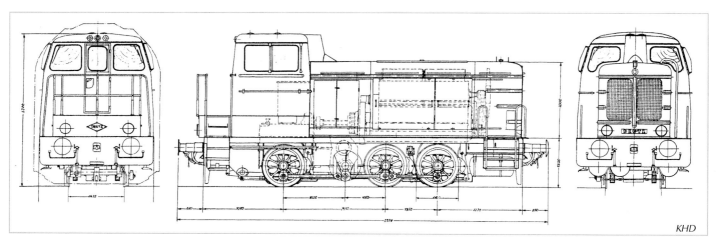

Mark an den Piesberg verkauft zu werden. Am 23. November 1955 mußte diese Lok schadhaft abgestellt werden. Die Verschrottung erfolgte im November 1958.

Ebenfalls im Jahre 1937 erwarb der Piesberg von der Firma Gebrüder Sensburg in Köln eine mit der Lokomotiv-Nr. 720 bezeichnete Lok. Das Baujahr war mit 1913 angegeben, als Hersteller die Firma Zimmermann, Hanerz & Co. genannt. Von dieser unbekannten Firma ist zu vermuten, daß sie ein Gebrauchtmaschinenhandel war. Im Oktober 1959 wurde diese Maschine verschrottet.

Im Jahre 1950 kam dann eine weitere Dampflok mit einer bewegten Vergangenheit zum Piesberg. Es handelte sich dabei um eine T 3-Variante, die von Henschel unter der Bezeichnung „Thüringen" 1918 gebaut worden war. Im Jahre 1919 verkaufte sie die Firma Höhne aus Berlin an die Bad Eilsener Kleinbahn, wo sie 1920 als Nr. II in Betrieb genommen wurde. Im Jahre 1926 erwarb die Firma Grützner aus Berlin die Lok und ließ sie im Sachsenwerk Stendal instandsetzen. Im Jahre 1927 kaufte die Wittlager Kreisbahn die Lok. Dort war sie als Lok „Wittlage" in zweiter Besetzung in Betrieb. Zum Piesberg kam sie 1950 für 10.000 Mark. Sie bekam dort die Betriebs-Nr. 2. Im Juli 1962 wurde sie verschrottet.

Die letzte Dampflokerwerbung war die „Piesberg 1" im Jahre 1955. Es war eine 1919 von Hohenzollern gebaute Maschine, die bei der Klöckner-Bergbau AG, Zeche Victor-Ickern, als Nr. VII im Einsatz gewesen war. Im November 1966 verschrottete man auch diese Lok.

Von August 1960 bis August 1980 war diese KHD-Diesellok als „Nr. 1" am Piesberg im Einsatz (12. Juni 1974).
Dieter Riehemann

Ab dem 4. August 1960 war eine von der Firma Klöckner-Humboldt-Deutz im Jahre 1956 gebaute Diesellok zum Piesberg gekommen (Fabrik-Nr. 56308). Diese Lok gehörte zum Typ V6M436. Bis zum August 1980 bewältigte sie, ebenfalls als „Nr. 1" bezeichnet, die Rangieraufgaben im Zechenbahnhof und in der Zufahrt zur Verladeanlage. Die Lok wurde nach ihrer Außerdienststellung an eine Museumseisenbahn verkauft.

Da der Steineversand mit der Bahn rückläufig war, wurde konsequenterweise ein kleines Rangiergerät angeschafft. Ein Gabelstapler fuhr auf dieses Gerät auf und die sich drehenden Räder des Gabelstablers trieben über Walzen das Rangiergerät an. Die gleiche Antriebsfunktion konnte auch der im Werk vorhandene Unimog übernehmen.

Als Neuerwerbung kam im Oktober 1984 dann eine gebrauchte Kleinlok zum Piesberg. Es handelt sich dabei um eine O&K-Maschine (Fabrik-Nr. 26005), die bei der DB die Bezeichnung 323 166 getragen hatte. Diese Lok wurde 1996 an die Firma

Das Rangiergerät wird hier von einem Gabelstapler angetrieben (3. März 1981). Martin Sturm

Die Bahnen am Piesberg

Noch heute sind alte Wagen am Piesberg vorhanden, deren Lagerschalen auf die Baujahre 1912/14 schließen lassen. *Lothar Hülsmann*

Diese Aufnahme aus der Wagenwerkstatt in Georgsmarienhütte zeigt im Vordergrund einen speziell für den Piesberg gefertigten Wagen. *Slg. Beermann*

Newag in Oberhausen im Tausch gegen die winterfeste 323 529 (Gmeinder Fabriknr. 4975, Baujahr 1957) abgegeben. Die Gmeinder-Lok befindet sich noch am Piesberg im Einsatz.

Die Schmalspurbahn

Nur einem Monat nach dem Ankauf der ersten Dampflokomotive stellte der Vorstand des GMBHV mit Schreiben vom 9. Mai 1911 an den Aufsichtsrat den Antrag, drei schmalspurige Benzollokomotiven kaufen zu dürfen. Diese 12 PS starken Maschinen sollten auf der 2., 3. und 4. Sohle die Pferde ablösen, die hier noch die Wagen ziehen mußten. Gerade auf diesen Sohlen waren die längsten Transportwege zu überwinden, die den Pferdebetrieb nicht mehr wirtschaftlich erscheinen ließen. Die von der Gasmotorenfabrik Deutz angebotenen Maschinen sollten 7.400 Mark frei Piesberg je Stück kosten.

Der Aufichtsrat genehmigte den Kauf am 31. Mai 1911. Die guten Erfahrungen mit diesen drei Lokomotiven führten am 7. März 1912 zu einem weiteren Antrag über drei Loks an den Vorstand. Diese neuen Maschinen hatten nun bereits eine Leistung von 18 PS, ihr Kauf – nun bereits zum Gesamtpreis von 24.900 Mark – wurde am 14. März 1912 genehmigt. Hinzu kamen noch 1.100 Mark für den Neubau von zwei Lokomotivschuppen auf der 3. und 5. Sohle.

Für den Posthalter Rahe aus Osnabrück bedeutete die Anschaffung der Benzollokomotiven einen deutlichen Einnahmeausfall. Er hatte bislang, durch Vertrag verpflichtet, immer eine ausreichende Zahl von Pferden für den Einsatz im Piesberg vorzuhalten. Im Jahre 1911 war das immerhin noch die ansehnliche Zahl von 72 Pferden gewesen.

Die Benzollokomotiven bewährten sich so gut, daß der damalige Betriebsdirektor Hülsbruch weitere Maschinen anschaffen wollte. Der Kauf fünf weiterer Loks wurden

Von 1984 bis 1996 erledigte die 1959 gebaute ehemalige DB-Köf 6598 (später 323 166) die Verschubaufgaben am Piesberg, danach wurde sie von einer winterfesten Maschine abgelöst. Im März 1990 wurde die Wagenwaage an der Verladeanlage Vosslinke geeicht – die Eichwagen sind mittlerweile ebenfalls selten geworden. *Reinhard Rolf*

Schmalspur-Benzollokomotive vom Typ CX II am Piesberg, aufgenommen um 1912. Ursprünglich war an diesem Streckenstück eine Bremsberganlage installiert. *Werkfoto KHD*

am 20. Januar 1913 beantragt und am 5. März genehmigt. Die 18 PS-Loks kosteten nun insgesamt 39.375 Mark, für die Erweiterung der Lokomotivschuppen waren nochmals 1.625 Mark eingeplant. Ein notwendig werdendes zentrales Tanklager sollte 4.000 Mark kosten. Durch diese Investition konnten 20 Pferde eingespart werden. Es ergab sich daraus eine jährliche Ausgabenverringerung für den GMBHV von 16.162,80 Mark.

Am 27. März 1913 beantragte die Verwaltung den Bau zweier neuer Bremsberge, um das auf der ersten und zweiten Sohle gewonnene Gestein auf kürzestem Wege zu der neu eingerichteten Eisenbahn-Verladeeinrichtung an der Vosslinke bringen zu können. Der Kostenvoranschlag belief sich dafür auf 26.000 Mark.

Trotz des mittlerweile ausgebrochenen Ersten Weltkrieges gingen auch 1914 die Beschaffung der Benzolloks mit drei neuen Exemplaren weiter. Der Bestand hatte sich damit auf 14 Maschinen erhöht. Ein Schreiben des Vorstands an den Aufsichtsratsvorsitzenden des GMBHV vom 19. Februar 1915 läßt etwas von der Situation im zweiten Kriegsjahr erkennen:

„Infolge des Krieges sind die Preise für Pferde und Futtermittel sehr gestiegen, so daß wir dem Fuhrunternehmer Rahe aus Osnabrück, welcher die Pferde für den Piesberger Betrieb zu stellen hat, in den letzten Monaten bereits zweimal Zulagen gewähren mußten, da er bei den bisherigen Sätzen sein Auskommen nicht mehr fand. Da nun außerdem die besten Pferde bei Ausbruch des Krieges von der Heeresverwaltung ausgemustert worden sind und bei der augenblicklich zu Verfügung stehenden geringen Hafernahrung die Arbeitsleistung der Tiere zurückgegangen ist, haben die Förderkosten im Steinbruchbetrieb eine nicht unbeträchtliche Steigerung erfahren. Es empfiehlt sich daher, den Pferdebetrieb möglichst durch Maschinenbetrieb zu ersetzen, und wir beabsichtigen nach reiflicher Überlegung, noch weitere fünf Benzollokomotiven von je 18 PS zu beschaffen und der Firma Gasmotorenfabrik Deutz in Köln-Deutz, von der wir bereits 14 Lokomotiven zu unserer vollen Zufriedenheit bezogen haben, zum Gesamtpreis von 39.625 Mark franko Piesberg in Auftrag zu geben."

Die Gasmotorenfabrik hatte sich verpflichtet, zwei Maschinen bereits am 15. März zu liefern und die restlichen drei Maschinen bis spätestens 15. Mai zu versenden. Ein neuer Lokschuppen für 5.000 Mark mußte noch gebaut werden. Betont wurde besonders, daß im Frühjahr 50 bis 100 italienische Arbeiter erwartet würden und ein geregelter Einsatz dieser Arbeitskräfte nur bei Vorhandensein der Lokomotiven gesichert sei.

Bereits am 5. Oktober 1915 mußte der Vorstand erneut um den Ankauf von drei weiteren Benzollokomotiven nachsuchen. Durch sich weiter verschärfenden Pferdemangel und wegen der Schwierigkeiten, ausreichend Futter für die Pferde zu beschaffen, sollte der Pferdebetrieb bis auf die Stellen eingestellt werden, die nicht mit Lokomotiven erreichbar waren.

In den Jahre 1925 und 1927 wurden noch vier weitere Lokomotiven gekauft. Es ergab sich folgende Bestandszahlenentwicklung:

Jahr	Stück	Typ	PS	Gesamt
1911	3	CX II	12	3
1912	3	CX II	18	6
1913	5	CX II	18	11
1914	3	CX II	18	14
1915	5	CX II	18	19
1916	4	CX II	18	23
1925	2	ML232	22	25
1927	2	ML232	25	27

Im Jahre 1927, vier Jahre nach dem Übergang des GMBHV in den Klöckner-Konzern, erreichte die Steinproduktion 826.000 Tonnen. Diese Leistung wurde mit einer Belegschaft von 1.636 Mitarbeitern erbracht.

Im Jahre 1944 waren noch 18 Benzollokomotiven im Einsatz. Die Brennstoffknappheit im Zweiten Weltkrieg hatten die Klöckner-Werke einen Antrag bei dem mittlerweile als Klöckner-Humboldt-Deutz AG firmierenden Hersteller stellen lassen, ob der Umbau der vorhandenen Maschinen von Benzol- auf Gasgeneratorbetrieb mög-

Die Motorloks für die Schmalspurbahnen am Piesberg wurden bei Deutz beschafft. Oben der Benzollok-Typ CXII, von dem 23 Maschinen in Dienst gestellt wurden. Unten der modernere Typ ML 232, der bereits mit Dieselmotor ausgerüstet war. Werkfotos KHD

lich sei. Loks der am Piesberg vorhandenen Typen waren bereits von der Firma Christian Pampel in Lübbecke/Westf. mit Erfolg umgebaut worden, und man empfahl dem Betriebsleiter Steinkamp, dort weitere Informationen einzuholen. Ob es tatsächlich zu einem Umbau kam, ist nicht bekannt.

Nach dem Krieg wurden die Schmalspuranlagen im Abbaugebiet dezimiert, der Schmalspur-Steintransport endete im Jahre 1957. Für den Transport waren auch bis Anfang der 1950er Jahre Pferde eingesetzt gewesen. Lastwagen und lange Transportbänder hatten sowohl die Schmalspurbahn als auch die Pferde überflüssig gemacht. Heute erinnert nichts mehr an dieses Stück Industriegeschichte am Piesberg.

Die Museumsbahn am Piesberg

Erst mit den Aktivitäten der „Osnabrücker Dampflokfreunde e.V.", die im Zechenbahnhof am Piesberg ihr Domizil gefunden haben und hier bestrebt sind, historische Eisenbahnfahrzeuge zu unterhalten, ist es bei Sonderfahrten dieses Vereines zwischen dem Zechenbahnhof und dem Bahnhof Osnabrück wieder zu Fahrten mit Personenverkehr gekommen. Die dort vorhandenen Fahrzeuge (auch des früheren GMBHV) sind sehenswert. Der Verein ist am 1. Juni 1987 gegründet worden und zählt heute 48 Mitglieder. Im April 1988 konnte er das Gelände erstmalig für seine Aktivitäten nutzen. Die Aufarbeitung von historischen Schienenfahrzeugen begann mit der Überführung des Steuerwagens (ex DB VS 145 351) der GME. Weitere Fahrzeuge der Georgsmarienhütte und sogar das Stellwerk fanden am Piesberg einen neuen Standort. Fast der gesamte Gleisbereich wurde aufgearbeitet und für den musealen Betrieb genutzt. Vom 25. bis 27. August 1995 konnte der Verein erstmals mit seinem historischen Zug Sonderfahrten durchführen. Mit einer Diesellok der Baureihe V 65 (ex DB 265 001) und einem stilreinen Wagenpark aus den 1920er Jahren ist dem Verein eine beachtliche Restaurierungsleistung gelungen.

Die V 65 001 ist nach ihrer dreijährigen mustergültigen Aufarbeitung seit 1999 die einzige betriebsfähige Lok dieser Baureihe. Nach einer Stationierung in Marburg/Lahn, Hamburg-Altona, Puttgarden und Lübeck schied die Lok aus DB-Diensten aus und kam 1973 zur damaligen Meppen-Haselünner Eisenbahn. Dort wurde sie bis zu ihrer Abstellung 1990 im Güterzugdienst eingesetzt.

Die beachtliche Arbeit der Osnabrücker Dampflokfreunde e.V. fand 1999 durch die Verleihung des Kulturförderpreises des Landschaftsverbandes Osnabrücker Land e.V. eine wohlverdiente Würdigung.

Lok 1 der Firma Homann entstand 1923 bei Hohenzollern. Am 14. August 1989 wurde die Maschine von den Osnabrücker Dampflokfreunden zum Piesberg gebracht. Eine gründliche Untersuchung ergab jedoch, daß eine Aufarbeitung nicht möglich war. Die Lok wurde daraufhin verschrottet. *Reinhard Rolf*

Am 3. Juni 1996 gelangte die GME-Lok 22 zum Piesberg. Nach dem Abladen vom Tieflader zieht die Karmann-Lok 2 sie aus dem Anschlußgleis der Firma Hellmann. *Reinhard Rolf*

Auch auf DB-Strecken ist die V 65 001 wieder zu sehen. Für die Eisenbahnfreunde Hönnetal und den AK Eifelbahnen war die Lok am 2. Oktober 1999 im Sauerland bei Usseln (Strecke Brilon – Korbach) unterwegs. *Malte Werning*

Museumsfahrzeuge am Piesberg

Eine bunte Sammlung historischer Fahrzeuge kann heute am Zechenbahnhof bewundert werden, der zu einem Teil des Museums- und Landschaftspark geworden ist.

„Star" der Museumssammlung am Piesberg ist die betriebsfähige V 65 001, die nach dreijähriger schwieriger Aufarbeitung heute wieder Museumszüge ziehen kann (27. März 1999). *Reinhard Rolf*

Die Osnabrücker Dampflokfreunde haben bemerkenswerterweise neben zwei Dampfspeicherloks nur Dieselloks in ihrer Obhut. Auch 64 491 war am 4. Oktober 1994 nur zu Besuch am Piesberg. *Reinhard Rolf*

Von den Betonwerken Halberstadt kam Lok 3 (Typ V 10 B, Baujahr 1962) nach Osnabrück, hier noch im Januar 1995 in der blauen Originalfarbe. Sie wurde auch schon aushilfsweise an den Piesberger Steinbruch verliehen. *Reinhard Rolf*

Dampfspeicherlok Nr. 1 kam von der Firma Schoeller und wurde 1946 von Henschel für die Niedersächsische Kraftwerk-AG in Osnabrück gebaut. Die Lok gehört dem Industriemuseum (10. Dezember 1991). *Reinhard Rolf*

Von der Firma Eisenbahn und Häfen aus Duisburg konnte diese Beilhack-Draisine für Streckenbereisungen übernommen werden (6. September 1991). *Reinhard Rolf*

Im November 1989 nahmen die Osnabrücker Dampflokfreunde von ihrer „neuen" Lok 11 der Georgsmarienhütten-Eisenbahn Besitz. *Reinhard Rolf*

Fahrzeugbestandsliste des Vereins Osnabrücker Dampflokfreunde e.V. (Stand Januar 2000)

Triebfahrzeuge

Nr.	Bauart	Hersteller, Fabrik-Nr.	Baujahr	Leistung	Bemerkung
V 65 001	D-dh	MaK 600004	1956	650 PS	1996 ex Emsländische Eisenbahn D 02, bis 1979 DB 265 001. Betriebsfähig
Goliath	B-dm	Diema 1324	1949	25 PS	1987 ex Klöckner Wilhelmsburger Georgsmarienhütte, umgespurt von 600 auf 1435 mm. Btrf.
2	B-dh	Deutz 33208	1941	108 PS	1990 ex Karmann Osnabrück Lok 2, bis 1950 Eisenwerk Velbert. Betriebsfähig
3	B-dm	LKM 252359	1962	100 PS	1992 ex BEFER Halberstadt. Betriebsfähig
11	C-dh	Deutz 57452	1962	530 PS	1989 ex Klöckner Werke Georgsmarienhütte Nr. 11. Abgestellt
22	B-dh	Deutz 55872	1954	107 PS	1997 ex Klöckner Werke Georgsmarienhütte Nr. 22. In Aufarbeitung
-	B-dm	Henschel 2130	1949		1997 ex Klöckner Wilhelmsburger Georgsmarienhütte, Lok 70. Denkmal
1	B-fl	Hohenzollern 4413	1923		1989 ex Homann Dissen Lok 1. 1996 zerlegt.
2	B-fl	Henschel 28394	1946		1989 ex Papierfabrik Schoeller Osnabrück Nr. 2, bis 1963 Nike Ibbenbüren. Abgestellt. Im Besitz des Museums für Industriekultur.
EH 373	1A-dm	Beilhack 3086	1964	72 PS	1989 ex Eisenbahn & Häfen Duisburg EH 373. Betriebsfähig.

Personenzugwagen

a) Durchgangspersonenwagen der Einheitsbauart (sog. „Donnerbüchsen")

Nr.	Gattung	Hersteller, Fabrik-Nr.	Baujahr	Bemerkung
81966 Berlin	Cid	Orenstein & Koppel Berlin	1923	1995 ex DR RAW Potsdam. Betriebsfähig
83154 Augsburg	Ciu	Westwaggon, Köln	1928	1997 ex Augsburger Eisenbahnclub. Betriebsfähig
83337 Magdeburg	Ci	Hannoversche Waggonfabrik	1928	1993 ex DR Berlin Schöneweide. Betriebsfähig
83889 Hannover	Ci	Linke Hofmann Breslau	1928	Ex DB Gleisbauhof Duisburg Wedau. Betriebsfähig
114184 Münster	Pwi	Waggonfabrik Gotha	1923	1991 ex DR Frankfurt/Oder. Betriebsfähig
82922 Wuppertal	Cpwif	Linke Hofm. Breslau 52561	1927	1928 in Cid (3. Klasse, Bretterbänke), 1930er Jahre in Ciu (Lattenbänke, Wegfall eines der zwei WC's) umgezeichnet. 1950er Jahre Umbau zum Steuerwagen Cpwif. 1964 Umbau zum Bahndienstwagen Werk Duisburg-Wedau. In Aufarbeitung
28259	Bi	Westwaggon, Mainz	1929	ex DB (Lehrte)
36842	BCi	Westwaggon, Köln	1929	ex DB (Osnabrück)
8400	Citr	MAN	1928	ex DB (Kalkum)

b) Sonstige Personenwagen

Nr.	Gattung	Hersteller, Fabrik-Nr.	Baujahr	Bemerkung
308048	MCi		1943	1997 ex DGEG Museum Bochum Dalhausen
2	B3yg	(Umbauwagen)		1999 vermietet Mitsubishi Papers Bielefeld. 1996 ex DB Osnabrück. Betriebsfähig.
5768	Post b-13			1999 ex Privatmann Bocholt
VS 1	ABPost 4i	Dessau		1987 ex Georgsmarienhütte VS 1, 1966 ex DB VS 145 351. 1996 Fahrzeug bis auf Führerstand zerlegt

Güterwagen

Nr.	Beschreibung	DR-Bez.	Hersteller	Baujahr	Bemerkung
Severin	Langer geschl. Wagen m.Tonnendach	Dresden		1912	1992 ex Fa. Severin Bünde. Aufgearbeitet
525333	Geschl. Wärmeschutzwagen	P-Wagen			1988 ex Homann Dissen, 1970 ausgemustert. Aufgearbeitet
525357	Kesselwagen	P-Wagen	Sächsische Waggonfabrik	1921	
120834	Geschl. Güterwagen Flachdach		Kassel/München	1911	1995 ex DB Osnabrück, Bf-Wagen, 1960 Umbau in Gerätewagen. Aufgearbeitet
220544	Geschl. Güterwagen Tonnendach	Oppeln		1937	1995 ex Privat Bohmte, WKB Bahnhof, Mitte der 1970er Jahre ex DB. Aufgearbeitet
863738	Offener Wagen	Omm 52	Uerdinger Waggonbau AG	1953	1994 ex DB. Aufgearbeitet
370159	Schiebedach-,Schiebewandwagen	Lmmgks	Siegener Eisenbahnbedarf	1958	1995 ex Henschel, 1984 ex DB. Wagen wurde von Henschel für Nürnberger Museumsparade aufgearb.
404	4achs. Drehgestell-Flachwagen			1917	1990 ex Stahlwerk Osnabrück. Im 1. Weltkrieg in USA vorgefertigt, in England endmontiert
522	4achs. Drehgestell-Muldenwagen		Uerdinger Waggonbau AG	1978	1990 ex Stahlwerk Osnabrück. 1985 ex EVA (EKH-WB 1599, ex EKH-WB 24289
536	4achs. Drehgestell-Schwerlastwagen			1917	1990 ex Stahlwerk Osnabrück. Im 1. Weltkrieg in USA vorgefertigt, in England endmontiert
651037 Ackermann	Offener Wagen	-		1891	1993 ex Fa. Ackermann Osnabrück, dort Umbau zum Werkswagen. Aufgearbeitet
Au 2409	Schotterwagen				1999 ex Privatmann Franken
120123	Geschlossener Güterwagen	Gmhs 53		1953	1997 ex DB Osnabrück. Betriebsf. f. Fahrradtransporte
426218	Rungenwagen	Rmsso 31		1940	1997 ex DB Osnabrück. Aufgearbeitet
901331	Schienentransportwagen	Sm 14		1915	1997 ex DB Osnabrück
998893	Schienentransportwagen	Sm 14		1915	1997 ex DB Osnabrück
-	Güterzugbegleitwagen	Pwg			1993 ex DR Saalfeld

Die Perm-Bahn

Rund 25 Kilometer westlich von Osnabrück, im Raum Ibbenbüren, läßt sich der Erz- und Kohleabbau bis in das 16. bzw. 17. Jahrhundert nachweisen. Für die in diesem Buch behandelten Erzabbaugebiete wurde 1806 der Zeche „Friedrich-Wilhelm" am Ostrand von Ibbenbüren, am Südrand des Schafberges, die Schürfrechte verliehen. Am 20. Oktober 1866 schloß man die östlichen Abbauflächen zu einem Gesamtfeld unter dem Namen „Bergwerk Perm" zusammen, das sich nun über mehrere Kilometer zwischen Ibbenbüren und Velpe erstreckte.

Der GMBHV war an den Abbaugebieten interessiert und nahm im Jahre 1879 zunächst die Verhandlungen zum Ankauf der Eisensteinfelder am Schafberg auf. Am 24. April 1880 kam es mit der Gewerkschaft Perm zum Abschluß eines entsprechenden Kaufvertrages. Für die Summe von 350.000 Mark wurden die oberirdischen Schürfrechte und das technische Gerät vom GMBHV übernommen.

Am 1. August 1883 folgte ein Vertrag mit der „Gewerkschaft Friedrich-Wilhelm", der den Abbau in der Zechen Friedrich-Wilhelm vorsah und am 24. November 1883 in einen Kaufvertrag über 1.287.000 Mark umgewandelt wurde. Hierzu gehörte auch eine vermutlich 750mm-spurige Schmalspurbahn zwischen dem Bahnhof Ibbenbüren und der Zeche „Friedrich-Wilhelm". Auf der 2,4 km langen Bahn zog bereits ab 1879 eine 4,5 t schwere Dampflok bis zu 30 Förderwagen. Das Grubenmaterial durften mit einer Geschwindigkeit von 15 km/h befördert werden. Nach zwei Jahren wurde der Betrieb aus wirtschaftlichen Gründen auf Pferdekraft umgestellt und nach der Fertigstellung der schmalspurigen Schleppbahn am Schafberg Richtung Permer Stollen 1886 wieder abgebrochen.

Am 13. Oktober 1883 erwab der GMBHV noch die ebenfalls am Südrand des Schafbergs gelegene Zeche „Hector" westlich von Velpe für 150.000 Mark. Beim Kauf war man davon ausgegangen, dort 80.000 Tonnen Erz fördern zu können. Tatsächlich belief sich die Gesamtförderung bis zum Jahre 1905 aber auf stolze 450.461 Tonnen. In der Folgezeit sind vom GMBHV noch die Eisensteinfelder „Hannover" und „Eisenschlucht" erworben worden, so daß alle abbauwürdigen Flächen im Besitz des Vereins waren.

Die normalspurige Perm-Bahn Velpe – Hasbergen

Um den Abtransport des gewonnenen Erzes sofort sicherstellen zu können, schloß der GMBHV mit dem „Königlichen Eisenbahn-Betriebsamt Hannover – Rheine" Ver-

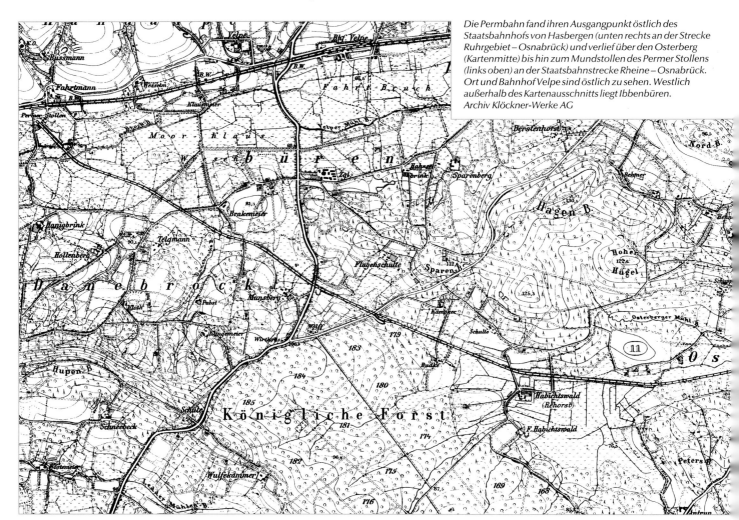

Die Permbahn fand ihren Ausgangpunkt östlich des Staatsbahnhofs von Hasbergen (unten rechts an der Strecke Ruhrgebiet – Osnabrück) und verlief über den Osterberg (Kartenmitte) bis hin zum Mundstollen des Permer Stollens (links oben) an der Staatsbahnstrecke Rheine – Osnabrück. Ort und Bahnhof Velpe sind östlich zu sehen. Westlich außerhalb des Kartenausschnitts liegt Ibbenbüren.
Archiv Klöckner-Werke AG

Die Perm-Bahn

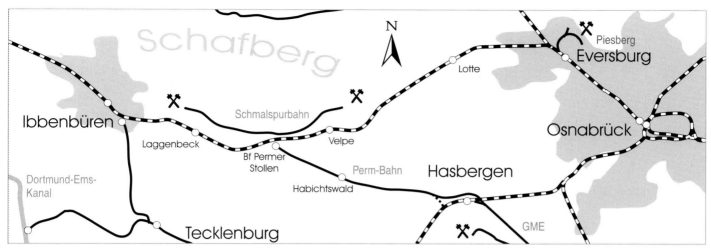

Der Schafberg westlich von Osnabrück. Von der GME-Stammstrecke aus konnten die Züge über Hasbergen auf der Perm-Bahn bis zum Bahnhof Permer Stollen kurz vor der Staatsbahn (Rheine –) Ibbenbüren – Osnabrück durchfahren.
Malte Werning

träge ab. Der Weitertransport des mit der Schmalspurbahn nach Ibbenbüren gebrachten Erzes aus erfolgte über Osnabrück zur Georgsmarienhütte. Mit Vertrag vom 17. Dezember 1861 und Nachtrag vom 8. Mai 1868 wurde auch der Erztransport von der Station Laggenbeck (zwischen Ibbenbüren und Velpe) aus aufgenommen. Abzweigend von der damals noch eingleisigen Hauptbahn bei Kilometer 154,2 war eine Gleisverbindung zu einem Erzlagerplatz geschaffen worden. Von diesem Platz aus hatte schon die Zeche „Perm" und davor bereits die „Gewerkschaft Oranien" aus Wohlheim bei Kassel Erz auf die Bahn verladen. Der GMBHV übernahm am 17. Juli 1882 auch diese Verträge und erwarb gleichzeitig das Gelände nördlich des Gleisanschlusses und der aus einer Wartehalle und einem Güterschuppen bestehenden Station Laggenbeck. Für den Weichensteller war westlich der Abzweigung von der Staatsbahn extra ein Wohnhaus errichtet worden.

Im Hinblick auf die hohen Kosten der Verladung und des Transports über die Staatsbahn bis Hasbergen, gab es bald Planungen zum Bau einer eigenen Strecke durch den GMBHV. Allerdings wäre das nicht ohne ein kostspieliges Kreuzungsbauwerk mit der Staatsbahn Rheine – Osnabrück möglich gewesen. Der GMBHV fand aber einen anderen Weg, indem von der Zeche Perm aus ein 830 Meter langer Stollen gegraben wurde, der erst auf der Südseite der Bahnlinie an die Oberfläche kam. Die Bauarbeiten begannen 1881 und dauerten bis 1884 an. Der Stollen hatte eine Höhe von 2,7 Metern und eine Breite von 2 Metern. Sein heute noch vorhandenes Mundloch lag im Brockbachtal, unweit westlich der Bahnstation Velpe.

Noch im Februar 1881 nahm man in diesem Zusammenhang auch die Planung einer normalspurigen 10,7 km langen direkten Schienenverbindung vom Stollenmund nach Hasbergen auf. Der Bau begann aber erst 1884, nachdem das Oberbergamt in Dortmund am 2. Dezember 1884 die Konzession für die Bahn erteilt hatte. Am 31. August 1885 konnte der GMBHV mit dem Königlichen Eisenbahn-Amt in Münster einen Vertrag über die Errichtung eines Brückenbauwerkes über die Gleise der Strecke Osnabrück – Münster in Hasbergen abschließen. Das größte Hindernis für die Perm-Bahn war damit überwunden.

Mitte Oktober 1886 waren die Bauarbeiten an der Perm-Bahn fast abgeschlossen. Der Termin für die Abnahme wurde auf den 29. Oktober 1886 festgesetzt. Von Hasbergen aus war eine gemeinsame Bereisung der Strecke mit einer Lok und einem Personenwagen der GME vorgesehen. Das Ergebnis dieser Bereisung waren kleinere Mängel (u.a. fehlende Kilometersteine und Steigungsanzeiger), die durch den GMBHV abzustellen waren. Der ordentliche Betrieb auf der Perm-Bahn begann dann am 1. Januar 1887, ein halbes Jahr später wurde die zulässige Geschwindigkeit auf 30 km/h erhöht. Damit konnte die Erzverladung am Laggenbecker Bahnhof aufgegeben werden

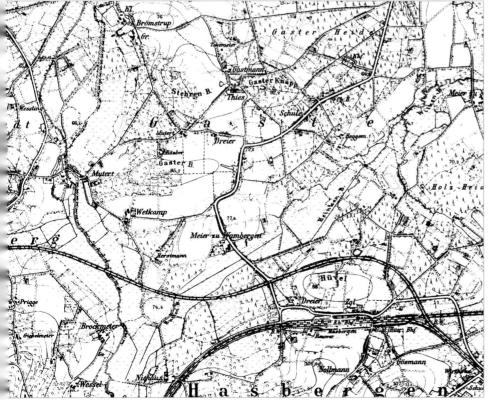

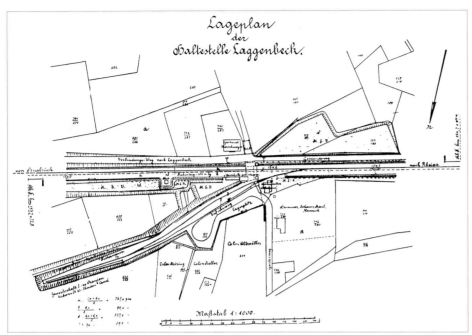

Gleisplan des Bahnhofs Laggenbeck mit dem Erzverladegleis an der Strecke Osnabrück – Rheine um 1882. Mit der Inbetriebnahme der Perm-Bahn und des Permer Stollens wurde die Erzverladung hier aufgegeben.
Archiv Klöckner-Werke AG

Am Endpunkt der normalspurigen Perm-Bahn am Permer Stollen befand sich diese Erzaufbereitungsanlage neben einigen weiteren Bahnanlagen, fotografiert um 1920.
Slg. Röhrs

und das Ladegut direkt auf eigener Trasse zur Georgsmarienhütte gebracht werden.

Am 31. März 1889 erhielt der GMBHV die Genehmigung zur Beförderung von Personal im Werksverkehr auf der „Montanbahn". Eine eigens geschaffene Polizeiverordnung für diesen Werksverkehr bestimmte:

„Frauen, Betrunkene und solche Personen, die sich nicht als Beamte oder Arbeiter des GMBHV legitimieren können, sind unter allen Umständen von der Fahrt auszuschließen".

In Hasbergen konnte man die Perm-Bahn einfach in das bestehende GME-Gleis einfädeln. Am anderen Streckenende aber, am Permer Stollen, entstand der sogenannte „Permer Bahnhof" mit Verladeeinrichtung und Erzwaschanlage, ein kleiner Lokschuppen, Personalgebäude und einigen Aufstellgleisen. Betrieblich hatte die Perm-Bahn einen Status als reine Grubenanschlußbahn und unterstand damit nicht der Aufsicht des Reiches, wie der Minister für öffentliche Arbeiten 1892 dem GMBHV in einem Erlaß nochmals bestätigte.

Die Perm-Bahn machte sich für den GMBHV bezahlt. Die Einsparungen bei den Transportkosten der Erze vom Schafberg zur Hütte sollen um 50 % gelegen haben.

Im Jahre 1908 kamen auf der Perm-Bahn erstmals sogenannte Selbstentlader zum Einsatz. Bei den Wagen handelte es sich um eine Eigenentwicklung des GMBHV, die auch auf den Strecken zum Hüggel in Betrieb waren. Die Wagen hatten einen Achsdruck von 7,5 Tonnen, so daß der Oberbau der Strecke durch Einziehen von zusätzlichen Schwellen verstärkt werden mußte. Diese wie auch alle anderen Fahrzeuge wurden stets von der GME gestellt. Die Bahn wurde bis zur gänzlichen Einstellung des Erzverkehrs im Jahre 1926 betrieben und dann zurückgebaut.

Im November 1935 prüften die Klöckner-Werke AG, ob sich die Trasse für eine angedachte Gleisverbindung zum Hafen Saerbeck am Dortmund-Ems-Kanal nutzen ließ. Acht Kilometer des alten Bahnkörpers, der noch immer im Besitz der Hütte war, hätten dabei benutzt werden können. Auch die sich anspannende politische Situation, ließ das alte Erzabbaugebiet am Schafberg im Hinblick auf eine Eigenversorgung mit Rohstoffen für die Georgsmarienhütte wieder interessant werden. Die Beschleunigung des Kohleverkehrs von Ibbenbüren aus über TWE-Gleise und die Perm-Bahnspielte ebenfalls eine Rolle.

Mit Unterstützung der Reichsbahn wurde die Perm-Bahn 1944 erneut aufgebaut. Sie sollte nun als Verbindungsbahn zwischen den Strecken Hannover – Rheine und Bremen – Ruhrgebiet dienen. Westlich des Bahnhofs Velpe schuf man eine Gleisverbindung zur Perm-Bahn, die den Zügen von Osten (Osnabrück) aus somit eine direkte Einfahrt in das Gleis nach Hasbergen ermöglichte. Am Habichtswald, in der Streckenmitte, entstand eine Ausweichstelle. Auf einer eigens neu aufgeschütteten Rampe wurde die Strecke südlich des Bahnhofs Hasbergen in das Gleis nach Münster eingefädelt. Die Züge der GME hingegen konnten ihre alte direkte Trasse nach Georgsmarienhütte nicht mehr nutzen, da die alte Brücke der Perm-Bahn am Ostkopf des Hasbergener Bahnhofs im Jahre 1931 demontiert worden war. Sie mußten, nachdem sie südlich von Hasbergen in die Hauptstrecke einfädelten, bis nach Hasbergen zurücksetzen und dort auf die GME-Strecke wechseln.

Noch im Jahre 1946 wurde das Schnellzugpaar D 287/D 288 Münster – Osnabrück – Löhne – Hameln – Hannover und zurück über die „neue" Perm-Bahn geführt. Diese 45 bis 50 Minuten dauernde Fahrstrecke war solange notwendig, wie in Osnabrück die Schinkel- und Löhnerkurve kriegsbedingt nicht befahrbar war. Selbst im amtlichen Fahrplan der Reichsbahndirektion Münster aus dem Jahre 1948/49 ist diese Strecke noch eingezeichnet, obschon

Die Perm-Bahn

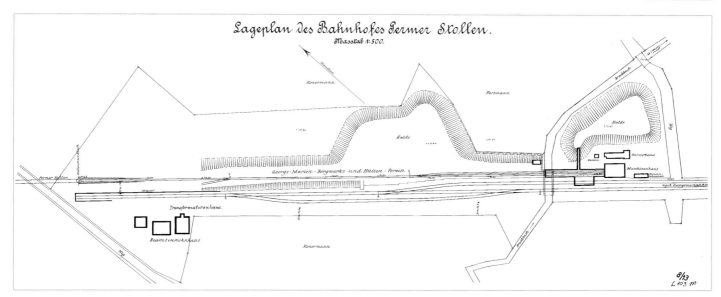

Oben:
Der „Permer Bahnhof" am Mundloch des Permer Stollens (links auf der Karte) um 1920. Über eine Ladebühne (rechts) konnte das Erz auf die normalspurige Perm-Bahn umgeladen werden.
Slg. Biener

sie zu dieser Zeit nicht mehr benutzt wurde. Die Demontage erfolgte im Sommer 1949.

Schmalspurbahn am Schafberg

Schwieriger zu klären und nachzuzeichnen ist die Geschichte der Schmalspurbahn am Schafberg. Durch sie wurde eine Verbindung zwischen den einzelnen Abbaugebieten sowie der Anschluß an die Perm-Bahn zum Abtransport des Erzes hergestellt. Die 7,1 Kilometer lange Strecke mit einer Spurweite von 750 mm hatte ihren westlichen Ausgangspunkt am Tagebau „B" der Zeche „Friedrich-Wilhelm" am Ende einer schiefen Ebene, mit der das Erz vom Tagebau zur Bahn befördert wurde. Die Erze des dortigen Tagebaus „C" sind im Schacht „Theodor" bis auf die Höhe der Schmalspurbahn gefördert worden.

Vorbei an der Zeche „Perm" führte die Strecke Richtung Osten bis zum Ostschacht der Zeche „Hector". Auf den westlichen Teil zwischen Perm und dem Tagebau entfielen dabei 6,3 km. An der Station Perm befand sich die Bergschmiede mit einem Schuppen für die Schmalspurlokomotiven. In dieser Werkstatt wurden alle Reparaturen an den Wagen und Loks durchgeführt. Bis zu fünf Dampfloks sollen hier in Dienst gestanden haben. Von der Station Perm aus führte ein Bremsberg mit Seilbetrieb hinab zum 350 Meter entfernten und 29,29 Meter tiefergelegenen Schacht der Zeche „Perm". Die Anlage hatte eine Länge von

Die Zeche Perm am Schafberg. Von hier führte der Permer Stollen zum Mundloch am Ende der Perm-Bahn.
Slg. Beermann

Neben dem Werkstattgebäude am Schafberg entstand diese Aufnahme der 750mm-spurigen Lok 5. Slg. Röhrs

150 Metern.

Die auf den Zechen „Friedrich-Wihelm" und „Hector" abgebauten Erze beförderte die Schmalspurbahn bis zur Station Perm. Dann erfolgte der Transport über den Bremsberg und den Perm-Schacht hinab zum Permer Stollen und weiter mit Seilbetrieb zum Mundloch südlich der Staatsbahnstrecke. Dort übernahm die normalspurige Perm-Bahn den Weitertransport zur Georgsmarienhütte.

Einen noch komplizierteren Weg hatten die Rasensteinerze vom Brochterbecker Feld der „Friedrich-Wilhelm-Zeche". Im Abbaugebiet war eine fünf Kilometer lange Feldbahn zur Strecke nach Ibbenbüren erstellt worden. Am Endpunkt der Strecke wurden die Erze auf Pferdewagen verladen und zu einem nördlich des heutigen Bahnhofs in Ibbenbüren angelegten Lagerplatz gefahren. Dort begann eine mit Pferdekraft betriebene Schmalspurbahn zum Mundloch des „Friedrich-Wilhelm-Stollens" am Rochusknapp, östlich von Ibbenbüren. Durch den Stollen beförderte man die Erze bis zum Schacht „Theodor", wo sie auf die Höhe der Schmalspurbahn gebracht wurden. Weiter ging es dann bis zur Station Perm und wie oben beschrieben zur Georgsmarienhütte.

Das Gelände für die Schmalspurstrecke war von dem GMHBV angepachtet worden. Im ersten Halbjahr 1887 beschäftigte die Schmalspurbahn zwei Lokomotivführer, zwei Heizer und zwei Bremser. Für die Instandhaltung der Bahn waren 16 Männer verantwortlich. Diese schwierigen Transportverhältnisse führten ab 1886 zum Ausbau des Permer Stollens, der den gesamten Schafberg durchqueren sollte und 1889 die Zeche „Friedrich-Wilhelm" erreichte. Am 1. Juli 1895 hatte dieser Grundstollen bereits eine Länge von 2.300 Metern. Nach 3.800 Metern erreichte man den Schacht „Theodor" der Zeche „Friedrich-Wilhelm", wo aber kurz zuvor die Erzförderung eingestellt wurde. Dabei war der Grund in den hohen Kosten zu suchen, den der Bau des Grundstollens verursachte. In Richtung Osten wurde die zwischen dem Ost- und Südschacht der Zeche „Hector" bestehende Stollenverbindung mit dem Permer Stollen verbunden.

Im Mai des Jahres 1894 endete (bis auf zwei Bremsberge) der oberirdische Schmalspurbetrieb, nachdem in den Stollen ebenfalls Schmalspurgleise verlegt worden waren. Von den fünf vorhandenen Schmalspurdampfloks wurden zwei zum Stahlwerk nach Osnabrück abgegeben. Drei Lokomotiven und 345 Erzwagen blieben im Bestand. Die unterirdische Strecke hatte ein Gefälle von 53,8 Metern, so daß kleine, sogenannte Fördermaschinen von 8 bzw. 10 PS für einen Seilzugbetrieb ausreichend waren. Im Stollen mußten sich aber auch in größerer Zahl Pferde zum Transport der Wagen abmühen. Ungefähr ab 1910 lieferte die Gasmotoren-Fabrik Deutz auch Benzollokomotiven für den Einsatz unter Tage. Mitte des Jahres 1912 waren vier derartige Maschinen vorhanden.

Erwähnung finden soll an dieser Stelle auch der nördlich des „Judenkirchhofs" in Ibbenbüren gelegene Tagebau „Therese" der Zeche „Friedrich-Wilhelm", wo in den Jahren 1915 bis 1917 insgesamt 24.821 Tonnen manganhaltigen Erze abgebaut wurden. Die Erze wurden auf einem Bremsberg hochgezogen und mit einer weiteren Schmalspurbahn mit Pferdekraft zur Staatsbahn ca. 700 Meter westlich des Stationsgebäudes in Ibbenbüren transportiert. Über ein Sturzgerüst erfolgte dann die Verladung auf Staatsbahnwagen und der Transport zur Georgsmarienhütte. Im August 1917 endete der Abbau.

An einigen Stellen ist die Trassenführung der oberirdischen Schmalspurbahn noch heute zu erkennen. Straßen- und Wegebezeichnungen weisen auf das ehemalige Erzabbaugebiet hin. Das im Schafberg vorhandene Stollensystem wird schon seit ca. 1965 zur Trinkwassergewinnung für die Stadt Ibbenbüren genutzt. Der alte Permer Stollen dient dabei als Zugang für Kontrollgänge im unterirdischen Bereich.

Der Eröffnungszug der Wallücke-Bahn an der Station „Haus Beck". Die amerikanischen „Cow Catcher" geben der Lok ein exotisches Aussehen. Slg. Foto Schäffer

Die Wallücke-Bahn

Geschichte

Die Erzlagerstätten östlich und westlich der Porta Westfalica wurden ab 1856 durch die Friedrichshütte abgebaut. Der hohe Phosphorgehalt führte zu einer Einstellung des Abbaus im Jahre 1872. Im Jahre 1891 erwarb der GMBHV die auf 14 Millionen Tonnen geschätzte westlich der Porta gelegene Erzlagerstätte. Erst als sich die preußische Staatsbahn bereit erklärte, für die Erztransporte zur Georgsmarienhütte die gleichen verbilligten Tarife anzurechnen, die sie bereits für die östlich der Porta gewonnenen Erze berechnete, wurde der Erzabbau rentabel.

Der GMBHV plante eine Schmalspurverbindung von Kirchlengern, Tengern und Schnathorst zum Erzstollen auf der Wallücke bei Bergkirchen. Die ursprünglichen Absichten, nur eine Grubenbahn zu erbauen, ließen sich nicht realisieren. Nur bei Einrichtung eines Personenverkehrs in dieses verkehrsmäßig bislang nicht erschlossene Gebiet waren die Gemeinden bereit, die benötigten Flächen für die Trasse und finanzielle Zuschüsse zu zahlen.

In einer Aufsichtsratssitzung des GMBHV am 30. Juli 1895 fiel dann die Entscheidung, entsprechend den Wünschen der beteiligten Kreise Herford, Lübbecke und Minden eine Kleinbahn zu bauen. Der GMBHV wurde angewiesen, für den Bahnbau eine Summe von 140.000 Mark bereitzustellen. Grundstücksfragen und Einwände einzelner Bürger bereiteten dem Bahnbau noch einige Schwierigkeiten. Die meisten Einwände und Verzögerungen kamen aus der Gemeinde Menninghüffen. Das führte dazu, daß die Wallücke-Bahn erst ein Vierteljahr nach ihrer Betriebseröffnung in Menninghüffen anhielt. Viele sahen darin eine Bestrafung der Menninghüffener durch den GMBHV.

Die Gleise wurden von Kirchlengern aus verlegt und sofort mit Bauzügen befahren. Die erste probeweise Befahrung der Gesamtstrecke erfolgte am 4. Mai 1897. Am 1. September 1897 veröffentlichte der GMBHV die 17 Paragraphen umfassenden Verkehrsbestimmungen und Tarife für die Wallücke-Bahn, und am 13. September konnte der GMBHV die Einladungen für die Eröffnungsfahrt am 25. September 1897 versenden. Diese Fahrt wurde mit 70 Ehrengästen und der auf einem offenen Wagen mitfahrenden Musikkapelle zu einem großen Ereignis.

Am 1. Oktober 1897 nahm die Wallücke-Bahn dann den öffentlichen Betrieb auf. Die Baukosten für die Kleinbahn hatten 604.160,64 Mark betragen. Davon fielen auf den Grunderwerb 47.908,35 Mark. Für

Der Eröffnungszug der Wallücke-Bahn wurde mit einer der beiden Jung-Loks bespannt (25. September 1897).
Slg. Foto Schäffer

Zur Betriebseröffnung kam auch geladene Prominenz. Unter den Ehrengästen befindet sich auch August Haarmann (in der Mitte Dritter von links).
Slg. Foto Schäffer

die Erdarbeiten waren 50.393,28 Mark zu zahlen gewesen. Hinzu kamen für die Wegeübergänge 4.846,40 Mark und für Brücken und Durchlässe 15.290,35 Mark. Die Oberbaukosten machten den größten Posten aus. Sie betrugen 282.190,86 Mark. Die Signale waren mit 9.803,49 Mark ausgewiesen. Für das Bahnhofsgebäude und für das Sturzgerüst zur Erzverladung in Kirchlengern waren 61.194,17 Mark aufgeführt. Für die Lokomotiven und Wagen hatte man 11.879,81 Mark ausgeben müssen. Hinzu kamen dann noch 19.299,69 Mark Verwaltungskosten, 118,84 Mark Bauzinsen und 1.235,40 Mark Allgemeinkosten. Die Summe reduzierte sich um die unentgeltlichen Leistungen der Kreise Herford (4.915,83 Mark) und Lübbecke (8.393,74 Mark), so daß 590.851,07 Mark verblieben. Von diesen Kosten mußten die beteiligten Kreise noch die Grunderwerbskosten übernehmen, so daß sich die Summe für den GMBHV auf 498.851,07 Mark verringerte.

Der erste Jahresbericht der Bahn umfaßte die Zeit vom 1. Oktober 1897 bis zum 30. Juni 1898. In den ersten neun Monaten waren bereits 44.936 Menschen mit der Bahn gefahren. Das erste vollständige Betriebsjahr (1898/99) brachte steigende Beförderungsleistungen, aber keine Erhöhung des Betriebsüberschusses. Es wurden 65.133 Personen und 33.742 Tonnen im Güterverkehr befördert. Die Gesamteinnahmen betrugen 42.023 Mark, denen Ausgaben in Höhe von 37.801 Mark entgegen standen.

Einen vorläufigen Höhepunkt im Erzladeverkehr erlebte die Wallücke-Bahn mit 32.000 Tonnen im Jahre 1901. Im Jahre 1902 wurde die Erzförderung auf 19.000 Tonnen gesenkt. Das Jahr 1908 brachte einen weiteren Rückgang im Erztransport. Die Zahl der beförderten Personen war auf 92.277 angestiegen. Kriegsbedingt ging die Güterbeförderung 1915 auf 14.265 Tonnen zurück, und auch der Anstieg bei der Personenbeförderung auf 105.362 Personen konnte die Bahn nicht vor Verlusten bewahren.

Der GMBHV veröffentlichte am 1. November 1917 einen neuen Fahrplan, der nur noch drei Zugfahrten je Richtung enthielt. Am 27. November 1917 verfügte der Regierungspräsident in Minden eine Einstellung der Wallücke-Bahn, was aber zu Protesten in den Anliegergemeinden führte und am 8. Januar 1918 von ihm wieder aufgehoben wurde. Tariferhöhungen und eine Ausdünnung des Fahrplans konnten es nicht verhindern, daß die Bahn nur noch Verluste einfuhr. Bis 1923 ziehen sich die Versuche des GMBHV hin, die Bahn stillegen zu dürfen. Nach Besprechungen am 12. Februar 1923 erfolgte dann eine Betriebseinschränkung. Die Züge fuhren nur noch am Wochenende. Am 18. Juli 1923 wurde nun durch die Klöckner-Werke AG, als Nachfolgerin des GMBHV, erneut ein Antrag auf Betriebseinstellung gestellt. Am 10. November 1923 erging durch den Regierungspräsidenten in Minden ein vorläufiger Einstellungsbescheid. Am 5. Dezember 1923 erging die Genehmigung zur Einstellung des Betriebs und am 6. Dezember fuhren die Züge der Wallücke-Bahn vorläufig das letzte Mal. Die Genehmigung zum Abbau der Bahn war den Klöckner-Werken aber nicht erteilt worden. Es gab in den Gemeinden die Überlegung, die Kleinbahn unter Aufsicht der Kreise weiterzubetreiben.

Zum 28. Januar 1925 wurden von den Klöckner-Werken alle Beteiligten an einer derartigen Übernahme der Bahn nach Löhne in das Hotel Horstkotte eingeladen. Nach langen Verhandlungen einigte man sich auf die Summe von 245.000 Mark als Wert der Kleinbahn, die mit einer jährlichen Rückzahlungssumme von 4.500 Mark an die Klöckner-Werke AG abzuzahlen sei. Am 17. Juni 1925 kam es dann zum Abschluß eines „Gesellschaftsvertrages über die Kreisgesellschaft Wallückebahn". An der Gesellschaft waren der Kreis Herford mit 35 %, der Kreis Minden mit 20 % und der Kreis Lübbecke mit 45 % beteiligt. Die Führung der Bahn wurde einem aus neun Mitgliedern bestehenden Wallückebahn-Ausschuß übertragen. Im Juli 1925 begannen die Instandsetzungsarbeiten an der Bahnstrecke. Die Wiederinbetriebnahme für den Wagenladungsverkehr wurde auf den 1. Oktober und für den Personenverkehr auf den 15. Oktober festgesetzt. Der endgültige Vertragsabschluß über den Verkauf der Wallücke-Bahn erfolgte am 14. Oktober 1925 in der Gastwirtschaft Barmeier in Bruchmühlen, von wo man sich zu einer um 14 Uhr beginnenden Eröffnungsfahrt über die Gesamtstrecke nach Kirchlengern begab. Am 15. Oktober begann mit dem Frühzug (5.20 Uhr ab Station Wallücke) der reguläre Personenverkehr. In den ersten Betriebsjahren nach 1925 hat die Kleinbahn für die Kreise sogar Gewinne abgeworfen. Der Per-

Slg. Hülsmann

sonenverkehr, einschließlich vieler Ausflugs- und Sonderfahrten hinauf auf den Kamm des Wiehengebirges brachte gute Einnahmen.

1928 stellte sich dann die ersten negativen Zahlen ein. 1931 konnte nochmals ein Rohüberschuß erzielt werden, doch 1932 zeichnete sich dann der wirtschaftliche Nie-

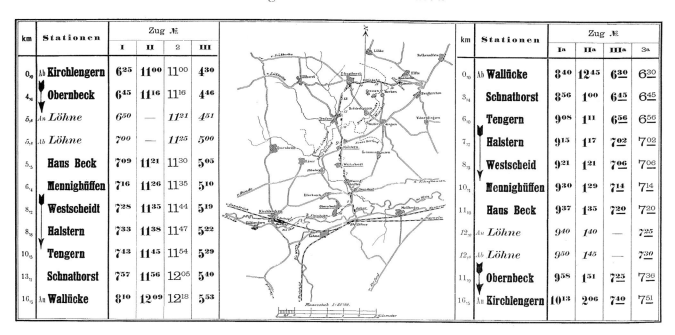

Slg. Hülsmann

Das Personal der Wallücke-Bahn hat sich im Jahre 1901 zum Foto vor dem Bahnhof Kirchlengern versammelt. Im Hintergrund steht die von Orenstein & Koppel gebaute Lok 6.   *Slg. Hülsmann*

Diese seltene Betriebsaufnahme zeigt eine der beiden Jung-Loks 1 oder 2 mit einem Güterzug mit Personenbeförderung in Kirchlengern. Die beiden Mallets standen nur bis 1906 bei der Wallücke-Bahn im Einsatz. Gut zu erkennen sind die in Osnabrück entwickelten Erzwagen, die ebenfalls mit dem speziell für die Wallücke-Bahn entwickelten Einheitsdrehgestell ausgerüstet waren.   *Slg. Beermann*

Die Wallücke-Bahn

dergang der Bahn ab. Der Personenverkehr ging um weitere 20 % zurück, eine Postbuslinie war inzwischen zum größten Konkurrenten geworden, und beim Güterverkehr waren es sogar 50 %.

Weiter sinkende Verkehrsleistungen führten dann im Februar 1937 zu dem Entschluß, die Bahn noch im gleichen Jahr einzustellen. Am 25. November 1937 endete der planmäßige Verkehr auf der Wallücke-Bahn, und am 7. Dezember 1937 fuhr dann nochmals ein Sonderzug als Abschiedsfahrt zur Wallücke und zurück. Die Bahn war bei ihrer Einweihung von einem Festredner als Kulturtat gewürdigt worden. Geblieben ist von ihr nur die Erinnerung, die entlang der Strecke erstaunlich ausgeprägt ist.

Das bewegliche Material wurde an die Klöckner-Werke AG zur Verschrottung verkauft. 120.000 Mark konnten dafür erzielt werden. Die Gebäude wurden für 3.000 Mark verkauft. Von diesen 123.000 Mark waren die Verpflichtungen der Kreise in Höhe von 62.500 Mark, die kapitalisierte Schuld bei den Klöckner-Werken in Höhe von 34.800 Mark und der Fehlbetrag des letzten Betriebsjahres in Höhe von 4.000 Mark abzuziehen. Es verblieb ein Überschuß von 21.700 Reichsmark.

Für den Personenverkehr war bei der Gastwirtschaft „Zur schönen Aussicht" auf der Wallücke der Endpunkt der Strecke erreicht. *Slg. Jurkewitz*

Noch heute ist an vielen Stellen zwischen Kirchlengern und Wallücke der alte Bahndamm zu sehen, zu erahnen oder durch Straßennamen ausgewiesen. Der frühere Kleinbahn-Bahnhof in Kirchlengern dient renoviert als Wohnhaus.

Slg. Hülsmann

Ein Personenzugnahe der Station Westscheidt. Slg. Foto Schäffer

Der Gepäckwagen besaß ein Postabteil. Auf diesem Foto wird der bergwärtsfahrende Zug vom Handkarren mit Post be- und entladen. Slg. Lohmann

Eine der wenigen Aufnahmen von einem talfahrenden Erzzug auf einer alten Ansichtskarte. Slg. Bösch

Die eisenbahntechnischen Anlagen und Betriebsmittel

Die Strecke

Rückblickend muß zur Wallücke-Bahn gesagt werden, daß mit dem Bau der nur 600mm-spurigen Kleinbahn eine technische Pioniertat vollbracht worden ist. Sowohl der Oberbau wie auch die Fahrzeuge zählten zu dem Modernsten und in gewisser Weise Gewagtesten, was für eine Bahn mit dieser geringen Spurweite möglich war.

Der GMBHV und im Besonderen das Stahlwerk in Osnabrück als Produzent von Gleis- und Oberbaumaterial versprachen sich eine nicht unbeträchtliche Absatzförderung durch eine solche Bahn als Werbeträger. Dieser Umstand wird auch durch die Herausgabe einer 26 Seiten umfassenden Broschüre über die Wallücke-Bahn sichtbar, die jeder Teilnehmer an der Eröffnungsfahrt bekam.

Beginnend mit dem km 0,0 im Bahnhof Kirchlengern führte die Strecke bis zum km 17,22 beim Stollenmund auf der Wallücke. Nur an drei Stellen waren größere Erdarbeiten (im Bachtal „Sieben Siek" bei Tengern, im Tal bei Schnathorst und der Einschnitt auf der Wallücke) auszuführen. In km 4,3 war Obernbeck die erste Haltestelle. Bei km 4,9 befand sich ein in Richtung Löhne abzweigendes Gleis. Bei der Haltestelle Haus Beck war ein Rangiergleis vorhanden. An der Lübbecker Straße bei der Gastwirtschaft „Zum Spieker" war eine Haltestelle.

In Holzbrede war eine Bedarfshaltestelle. Die Haltestelle in Westscheidt lag gegenüber der Gastwirtschaft „Zum Brinke" und hatte ein Ladegleis, einen Güterschuppen und eine später eingebaute Brückenwaage. In Halstern war ein Stückgutschuppen vorhanden. Tengern hatte eine Haltestelle mit einem Ladegleis. Die Haltestelle auf der Wallücke lag gegenüber der Gastwirtschaft „Hülsbruch", die später „Zur schönen Aussicht" umbenannt wurde. Die Gleise führten weiter zur Erzverladeanlage auf dem Rangiergelände vor dem Stollenmund der Zeche Porta I.

Die Erzzüge wurden dort von einem Sturzgerüst aus beladen. Schon drei Jahre vor dem Bau der Kleinbahn hatte man auf der Wallücke größere Mengen Erz gelagert, so daß die von der Bahn transportierten Erzmengen anfänglich 120 bis 150 Tonnen je Zug abgefahren worden.

Im Jahre 1909 wurde der Abzweig nach Löhne durch eine neue Trassenführung so verändert, daß der Abzweig in Löhne kurz vor der Werrebrücke wieder in Richtung Norden geführt wurde, um dann in der Nähe der Witschaft Haus Beck wieder auf die alte Strecke zu stoßen. Die lästigen Stichfahrten

Die Wallücke-Bahn

Erinnerungen an die Wallücke-Bahn

Es ist erstaunlich, welchen Bekanntheitsgrad die seit 1936 der Vergangenheit angehörende Bahn in der Bevölkerung entlang der alten Bahntrasse hat. Doch die persönlichen Erinnerungen verblassen nach solch einer langen Zeit. Ganz anders dagegen die Erinnerungen, die Emil Altenhain uns hinterlassen hat. Die handschriftlichen Aufzeichnungen des Bahnverwalters wurden erst im Juni 2000 „wiederentdeckt". In einem einfachen Schulheft hatte dieser 1936, als sich das Ende der Bahn abzeichnete, seine Erinnerungen zu Papier gebracht. Manche Beschreibungen der Wallücke-Bahn, die bislang fast immer auf Veröffentlichungen des GMBHV beruhen, erscheinen in diesem Bericht in einem anderen Licht. Altenhain kam am 15. März 1897 von der Georgsmarienhütte nach Kirchlengern, um bei dem Bau der Bahn mitzuarbeiten. Eine kurze Unterbrechung seiner Arbeit bei der Wallücke-Bahn gab es ab dem 1. Dezember 1916, als er nach Thüringen versetzt wurde, um dort bei dem Bau einer Erzwaschanlage zu helfen. Zum 1. März 1920 kehrte er wieder zurück und auf seinen alten Posten. Die Wallücke-Bahn hatte aber bereits ihre besten Zeiten schon wieder hinter sich, so daß Altenhain mangels genügender Arbeit zur Georgsmarienhütte zurückging. Zum 1. Juni 1925 konnte Altenhain, nun als Angestellter der Kreisgesellschaft Wallücke-Bahn, seine alte Tätigkeit wieder aufnehmen. Wegen Erreichen der Altersgrenze schied er mit Ablauf des Jahres 1933 aus dem Dienst der Bahn.

Altenhains Aufzeichnungen geben einige Hinweise darauf, daß die geringe Spurweite von nur 600 mm doch recht problematisch im Betrieb war. Entgleisungen gehörten zur Tagesordnung, vor allem bei den zehn Meter langen Personenwagen. Altenhain stellte ausdrücklich fest, daß in der gesamten Betriebszeit keiner der nur 5 Meter langen Erzwagen entgleist sei. Dies führte nach Besichtigungen der Herforder Kleinbahnverwaltung unter anderem dazu, daß diese sich für die Meterspur entschieden.
Die für die Wallücke-Bahn angefertigten Wagenräder waren im Gegensatz zu den Konstruktionsunterlagen gerade und nicht konisch, so daß sich ein ungünstiger Lauf mit einem hohen Verschleiß ergab. Bei den offenen Güterwagen mit nur 10 Tonnen Ladegewicht ergaben sich unnötig viele Zugfahrten, da diese Wagen für die Versorgung der Anlieger mit Kohle benutzt wurden. Die beim Bau der Bahn als Packlage benutzte Hüttenschlacke führte zu übermäßigem Rostbefall an den Schwellen und Gleisen. Die Bettung wurde daraufhin mit Piesberger Kleinkies aufgefüllt. Die Streckenführung beschreibt Altenhain folgendermaßen:

> „Sie war die reinste Kurvenbahn nach dem Grundsatz 'läßt uns der Bauer nicht durch sein Land, gehen wir drum herum'. So kam die Bahn auf 17 km Länge und 116 Kurven".

Von den Anliegern der Wallücke-Bahn wurde die einzige Verkehrsverbindung hinauf auf den Kamm des Wiehengebirges im großen Umfang genutzt. Altenhain vermerkt, daß an manchen Tagen 300 bis 400 Personen im Ausflugsverkehr befördert wurden. Da die vorhandenen Personenwagen dazu nicht ausreichten, wurden die

Das Bahnhofsgebäude in Kirchlengern (Dezember 1937). Foto Kasse

Güterwagen mit Zweigen ausgelegt und für die Personenbeförderung bereitgestellt. Der Sandtransport auf der Wallücke-Bahn, 1925 immerhin 25.000 Tonnen, hatte sich zufällig ergeben. Beim Bau der Bahn war beim Kilometer 0,4 in einem Einschnitt guter Bausand angefallen, der für alle Maurerarbeiten bei der Bahn benutzt wurde. Im Jahre 1900 hatte der Maurermeister in Schnathorst sich einige Wagenladungen von diesem Sand erbeten. Der Umbau der Kirche in Schnathorst und der Kirchenneubau in Oberlübbe wurde mit Sand der Wallücke-Bahn durchgeführt. Als die Türme in Oberlübbe wieder einstürzten, wollte man den Grund in der Qualität des Sandes suchen. Schuld war aber vermutlich eher der heiße Sommer 1911, der den Kalk zu schnell hatte austrocknen lassen.

Der Sonderzug zur Streckenstillegung bei der Rückfahrt nahe Schnathorst (7. Dezember 1937). Slg. Kammeyer

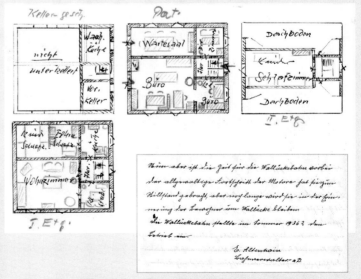

Altenhain hatte im Bf Kirchlengern seine Dienstwohnung (große Abbildung). In seinen Aufzeichnungen ging er noch von einer Stillegung der Wallücke-Bahn 1936 aus. Slg. Hülsmann

Dieser Ausschnitt aus einer Postkarte zeigt die Erzverladeanlage auf der Wallücke um 1910. Slg. Foto Schäffer

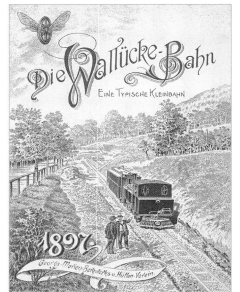
26-seitige Broschüre zur Betriebseröffnung der Wallückebahn *Slg. Hülsmann*

zum Haltepunkt Löhne konnten damit entfallen.

Die alte Strecke wurde weiterhin für Erztransporte benutzt und nach der Einstellung der Erzförderung 1917 abgebaut. Im Jahre 1902 erhielt in Obernbeck das Tonwerk „Wilhelmshöhe" einen Gleisanschluß, das zu einem der Hauptkunden wurde. Am 16. Februar 1911 wurde noch ein Gleisanschluß zur „Stühmeyerschen Sandgrube" nördlich von Löhne eingerichtet.

Die Uniformen der bei der Wallücke-Bahn beschäftigten Eisenbahner sind in einer alten Beschreibung als „wahre Schmuckstücke" bezeichnet worden. Danach waren sie aus einem grünen Rock mit schwarzen Kragen und Silberbeschlägen. Die Hose war nicht erwähnt, aber vermutlich schwarz. Wegen ihrer farblichen Besonderheit und weil die Uniformträger auf der Strecke Bahnpolizeivollmachten hatten, war bei der großen Polizeiausstellung in Berlin 1926 eine Uniform der Wallücke-Bahn ausgestellt.

Die einzige bekannte Darstellung des Sturzgerüstes im Bahnhof Kirchlengern zur Verladung der Erze auf die Staatsbahn. *Slg. Kollmeyer*

Auch nach der Wiedereröffnung der Bahn im Jahre 1925 durch die Kreise Minden, Herford und Lübbecke war die Uniform auf Wunsch der Beschäftigten unverändert weitergetragen worden.

Im Jahre 1907 bekam der Bahnhof Kirchlengern eine kleine elektrische Kraftstation. Dadurch war die Anschaffung einer Drehbank möglich, wodurch kleinere Reparaturen dort selber erledigt werden konnten.

Zum Zeitpunkt der Betriebseinstellung 1923 hatte die Bahn 16 Beschäftigte. Für die Übernahme der Wallücke-Bahn durch die Kreisgesellschaft erstellten die Klöckner-Werke eine genaue Auflistung aller Betriebsmittel und Oberbaumaterialien mit ihrem jeweiligen Wert.

Danach waren vorhanden:

Stück	Art	Wert i.M.
3	Personenwagen	6.000
4	gedeckte Güterwagen	8.000
1	kleiner Güterwagen (Bagdadbahn)	1.000
14	offene Güterwagen	21.000
9	Erzwagen	16.000
2	Holzwagen	1.000
1	gedeckter Postwagen	1.720
1	Tenderlok (Nr. 6 von O&K)	5.000
1	Tenderlok (Nr. 7 von O&K)	5.000
1	Tenderlok (Nr. 4 inzw. verschrottet)	
1	Bahngebäude in Kirchlengern	10.000
1	Lokomotivschuppen mit Werkstatt in Kirchlengern	7.500
1	Magazingebäude mit Abort in Kirchlengern	2.000
1	Anfahrrampe mit Sturzgerüst (verbleibt im Besitz Bergbau)	—
1	Kohlenschuppen unter der Rampe in Kirchlengern	500
1	Aufbewahrungsraum in Tengern	350
1	Aufbewahrungsraum in Schnathorst	350
1	altes Fachwerkhaus mit Strohdach in Tengern	2.000
1	Güterschuppen in Menninghüffen	250
1	Güterschuppen in Westscheidt	250
1	Güterschuppen in Halstern	250
1	Güterschuppen in Tengern	250
1	Güterschuppen in Schnathorst	250
1	kleiner Lokschuppen in Wallücke (massiv)	750
27.240 m	Schienen á 15kg/m	40.860
9.820 m	Schienen á 25kg/m	24.550
17.596	eiserne Schwellen á 18kg	31.672
110	hölzerne Schwellen	—
37	Weichen á 4t	14.800
Kleineisenzeug ca. 50t		5.000

Nach der Aufarbeitung der Strecke 1925 wurde am 7. Juli 1926 eine Streckenbereisung durchgeführt. Bis zur Einstellung des Betriebs 1937 sind die Gleisanlagen nicht mehr verändert worden. Zwischen den einzelnen Stationen gab es eine Telefonanlage.

Die Wallücke-Bahn

Die Hanomag-Lok 8 der Georgsmarienhütte um 1900, vor ihrer Abgabe zur Wallücke-Bahn. Das Foto stammt aus dem Nachlaß des Wallücke-Bahn-Betriebsleiters Emil Altenhain. *Slg. Hülsmann*

Lok 4, hier auf einer Werkaufnahme, wurde von der Firma Hagans gebaut. *Werkfoto*

36 Jahre waren die von Orenstein & Koppel gebauten Loks 6 und 7 zwischen Kirchlengern und der Wallücke im Einsatz. *Werkfoto*

Zur Erstausstattung der Wallückebahn gehörten diese Wagen mit „niederflurigem" Mittelteil, Acetylenbeleuchtung und Ofenheizung (Bf Schnathorst). *Slg. Bösch*

Spezielle Signale waren für nicht notwendig erachtet worden. Es war nie mehr als ein Zug auf der Strecke, so daß es zu keinem Begegnungsverkehr kommen konnte.

Fahrzeuge

Bei der Betriebseröffnung im Jahre 1897 verfügte die Wallücke-Bahn über zwei Dampflokomotiven, fünf offene Güterwagen mit einem Ladegewicht von 7,5 Tonnen, zwölf Erzwagen mit einem Ladegewicht von 10 Tonnen, einem Packwagen mit Postabteil und drei Personenwagen. Die Eröffnungsfahrt unternahmen die beiden von der Lokomotivfabrik A. Jung gelieferten B'B'-Lokomotiven in Verbundbauart Günther-Meyer. Sie hatten die Betriebs-Nummern 1 und 2 erhalten. Von Jung waren sie mit den Fabrik-Nummern 248 und 249 erbaut worden. Sie hatten eine Heizfläche von 50 qm und eine Rostfläche von 1 qm. Der Radstand eines Drehgestells betrug 1.100 mm, der Gesamtradstand 5.000 mm. Der Raddurchmesser betrug 700 mm. 1,95 qbm Wasser und 0,9 T Kohle bildeten die Betriebsmittelvorräte. Bei einem Gesamtgewicht von 20 Tonnen hatten die Lokomotiven einen Achsdruck von 5 Tonnen.

Diese Maschinen waren wegen der besonderen Kurvengängigkeit gekauft worden. Sie erwiesen sich aber als für die Wallücke-Bahn ungeeignet. Neben vielen auftretenden Fehlern war auch das Bedienungspersonal mit dieser Lokbauart überfordert. Die Maschinen wurden 1906 an die „Wirsitzer Kreisbahn" verkauft. Dort erhielten sie die Betriebs-Nummern 21 und 22. Sie wurden von der dortigen Hauptwerkstatt in Weißenhöhe betreut und standen noch 1941 im Einsatz. Über den weiteren Verbleib ist nichts bekannt.

Im März 1899 kam dann die bereits 1897 gekaufte Hagans-Lok aus Erfurt bei der Wallücke-Bahn an. Sie erhielt die Betriebs-Nummer 4. Gebaut worden war sie 1898 mit der Fabrik-Nr. 385. Schon bald erwies sich diese B'B'nt-Lok als ungeeignet. Sie war technisch zu kompliziert und störanfällig. Bis zu ihrer Verschrottung im Jahre 1917 war sie nur wenig im Einsatz und wurde in Kirchlengern als Reservelok vorgehalten.

Für die leichteren Rangierarbeiten war bereits 1898 eine für das Hüttenwerk in Georgsmarienhütte gelieferte 750 mm-Schmalspurlok angekauft worden. Sie war von Hanomag mit der Fabrik-Nr. 1305 gebaut worden und für ihren Einsatz bei der Wallücke-Bahn im Stahlwerk Osnabrück umgespurt worden. Zwei weitere Maschinen dieser Serie (Fabrik-Nr. 1308 und 1309) kamen 1899 für Rangierarbeiten auf der Wallücke nach Kirchlengern. Auch sie waren in Osnabrück umgespurt worden.

Um leistungsfähige Maschinen für den Streckendienst zu haben, hatte der GMBHV im Jahre 1900 zwei Lokomotiven der Bauart B1n2t bei der Firma Orenstein & Koppel für einen Kaufpreis von 33.230 Mark bestellt. Diese mit der Fabrik-Nr. 591 und 592 gebauten Maschinen kamen 1901 zur Auslieferung und erhielten die Betriebs-Nummern 6 und 7. Die Hanomag-Lok mit der Betriebs-Nr. 6 war Ende 1900 ausgemustert und 1901 verschrottet worden. Die O&K-Lokomotiven hatten ein Dienstgewicht

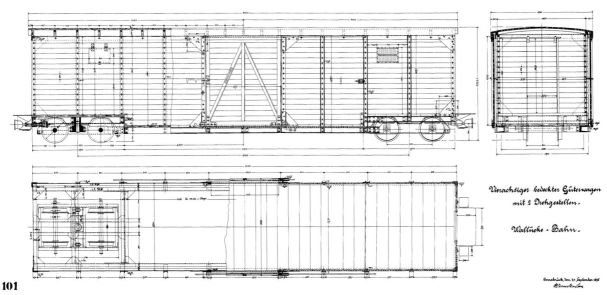

101

von 14 Tonnen und eine Leistung von 80 PS. Sie standen bis zur Einstellung der Bahn 36 Jahre im Einsatz. Nach dem Ankauf dieser beiden Maschinen konnten die kleineren Hanomag-Maschinen abgegeben werden.

Die Zahl der 1897 vorhanden gewesenen Wagen hatte sich bis zum 1. Juli 1905 auf 5 Personenwagen, 2 Gepäckwagen und 29 Güterwagen erhöht. Die Wagen der Wallücke-Bahn sind in Osnabrück beim Stahlwerk konstruiert und gefertigt worden. Im Jahre 1908 erhielten die Wagen eine elektrische Beleuchtung mit Akkumulatoren. In Kirchlengern installierte man dafür eine Ladestation. Die bislang vorhanden gewesene Acetylenbeleuchtung war von der Aufsichtsbehörde verboten worden.

Im Jahre 1916/17 entwickelte Henschel einen neuen überschweren Loktyp für die Bagdadbahn. Diese Maschinen sollten bei Bauarbeiten für die Normalspurverbindung über das Taurusgebirge Verwendung finden. Probefahrten mit diesen Maschinen wurden auf der Wallücke-Bahn durchgeführt, da nur sie über einen ausreichend tragfähigen Oberbau mit einer Spurweite von 600 mm verfügte. Einer der Bagdadbahn-Güterwagen in gedeckter Bauform wurde von der Wallücke-Bahn zu einem Sonderpreis von 4.000 Mark erworben. Der Wagen kostete normalerweise das Fünffache.

Zur Wiederinbetriebnahme der Bahn übernahm die Klöckner-Werke die Reparatur der Lok 6 und 7 und die Aufarbeitung eines Reservekessels für die beiden Maschinen.

Am 31. März 1934 wurde der Betriebsmittelbestand für die Wertermittlung der Bahn aufgelistet. Es waren demnach zu diesem Zeitpunkt vorhanden:

102
Zeichnung des in Osnabrück konstruierten Schmalspurdrehgestells für die Wallücke-Bahn.
Niedersächsisches Staatsarchiv

2	2/3 gekuppelte Lokomotiven
2	Personenwagen 2. u. 3. Klasse
1	Personenwagen 3. Klasse
1	Gepäckwagen mit Postabteil
1	bedeckter Güterwagen 5t Ladegewicht
3	bedeckte Güterwagen 10t Ladegewicht
20	offene Güterwagen 10t Ladegewicht
6	offene Güterwagen 15t Ladegewicht
1	normalspuriger Stückgutumschlagwagen

Dampflokomotiven der Wallücke-Bahn

Nr.	Hersteller	Fabr.-Nr.	Baujahr	Betriebszeit	Bauart	Bemerkungen
1	Jung	248	1896	1896-1906	B'B'n4t	verkauft an Wirsitzer Kreisbahn
2	Jung	249	1896	1896-1906	B'B'n4t	verkauft an Wirsitzer Kreisbahn
3	Hanomag	1305	1875	1896-...	Bn2t	ex Georgsmarienhütte
4	Hagans	385	1897	1897-1917	B'B'n2t	1917 verschrottet
5	Hanomag	1308	1875	1896-...	Bn2t	ex Georgsmarienhütte
6'	Hanomag	1309	1875	1896-...	Bn2t	ex Georgsmarienhütte
6"	O & K	351	1901	1901-1937	B1n2t	1938 verschrottet
7	O & K	592	1901	1901-1937	B1n2t	1938 verschrottet

Die Wallücke-Bahn

*Diese Wagenzeichnungen waren noch als Fragmente von Blaupausen in den im Staatsarchiv Osnabrück lagernden Akten der Klöckner-Werke AG vorhanden und konnten mit großem Aufwand wieder restauriert werden.
Mit den bei der Wallücke-Bahn eingesetzten Wagen und Oberbaumaterialien sollte der Beweis angetreten werden, daß auch bei einer kleinen Spurweite gute Betriebsergebnisse zu erzielen seien. Die Wagen wurden allesamt vom Osnabrücker Stahlwerk produziert.
Niedersächsisches Staatsarchiv*

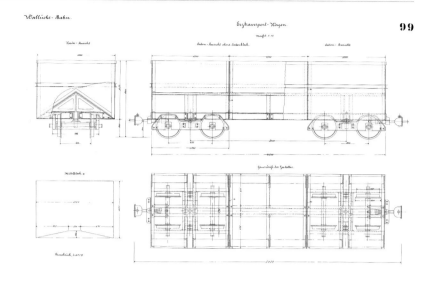

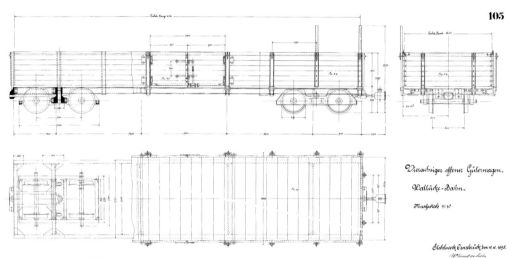

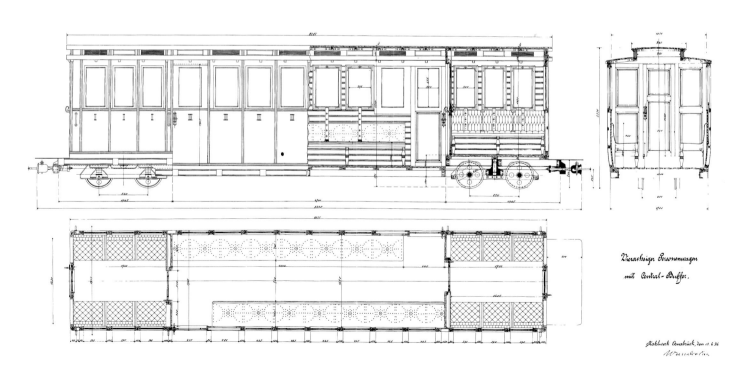

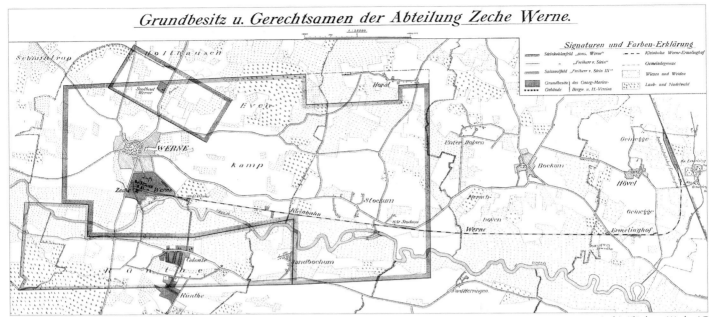

Die Trasse der Kleinbahn Werne – Ermelinghof verband die Zeche mit der Staatsbahn Münster – Hamm. Archiv Klöckner-Werke AG

Die Kohlenzeche Werne

Mit der Schließung des Piesberges für die Kohleförderung 1898 sowie der Zechen in Oesede und Kloster Oesede bekam der GMBHV erhebliche Probleme in der Kohlenversorgung. Aufgrund von persönlichen Besitzverhältnissen war die Direktion des GMBHV auf das vermutliche Kohlenfeld nördlich der Lippe bei Werne, gelegen am Nordrand des Ruhrgebiets, aufmerksam gemacht worden. Am 7. Juli 1897 erwarb der GMBHV das Thermalbad Werne und die „Gerechtsame" der AG Thermalbad Werne. Neben allen denkbaren Betriebsabteilungen war der GMBHV nun auch Besitzer eines Thermalbades geworden! In der Hauptsache erfolgte der Kauf aber, um gegen Prozesse wegen Wasserhinterziehung durch das Thermalbad abgesichert zu sein. Bei einer Aufnahme der Kohlenförderung war erfahrungsgemäß mit einem Absinken des Grundwasserspiegels zu rechnen.

Die erworbenen Grubenfelder hatten eine Größe von 8.755.134,28 Quadratmetern. Durch die „Internationale Bohrgesellschaft" wurden einige Probebohrungen niedergebracht, um Erkenntnisse über den Verlauf der Kohlenflöze zu gewinnen. Durch mit Bergwerksarbeiten vertraute Mitarbeiter vom Piesberg wurde ein „Allgemeiner Betriebsplan für das Bergwerk Werne" er-

Die zunächst als Grubenbahn betriebene 12 km lange Anschlußstrecke zwischen Werne und Ermelinghof wurde 1905 in eine Kleinbahn umgewandelt und diente damit auch dem öffentlichen Verkehr. Später wurde aus der Kleinbahn die „Werne – Bockum-Höveler Eisenbahn" (WBHE). Am 20. April 1964 zog die WBHE-Lok 6 einen bunt gemischten Güterzug. Ralf Reich

Die Kohlenzeche Werne

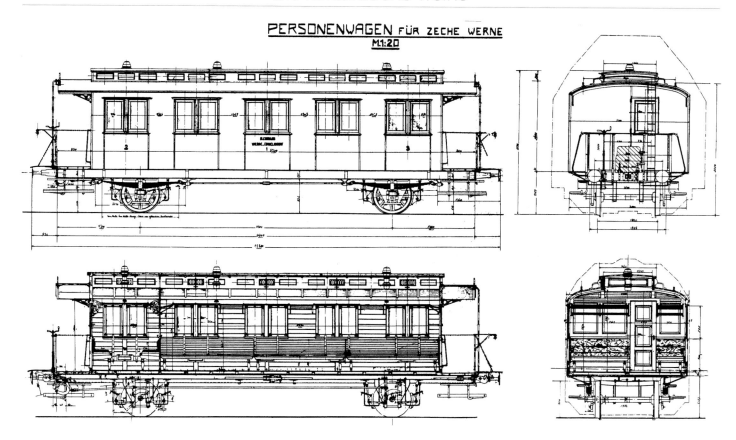

Oben: Nach Zeichnungen der preußischen Staatsbahn wurde dieser Wagen in Georgsmarienhütte für die Kleinbahn Werne – Ermelinghof gebaut.
Archiv Klöckner-Werke AG

stellt. Ausrüstungsgegenstände vom Bergbau am Piesberg wurden nach Werne gebracht.

Am 24. Mai 1899 erteilte eine außerordentliche Generalversammlung dem Vorstand des GMBHV die Genehmigung, neue Aktien im Wert von 5.350.000 Mark durch die Deutsche Bank in Berlin zum Kurs von 130 % auszugeben. Mit dem Geld sollte die Zeche Werne errichtet werden. Am 17. August 1899 erfolgte der erste Spatenstich. Zwei Schächte wurden abgeteuft. Der Schacht I hatte am 28. Oktober bereits eine Tiefe von 453 Meter erreicht. Die Tiefe beim Schacht II betrug 353 Meter. Zur Anfuhr der Baumaterialien war eine provisorische Bahnverbindung zur Zeche Monopol errichtet worden, von wo die Staatsbahn bei Hamm zu erreichen war.

Die Überschreibung des Feldes erfolgte am 13. November 1900. Die Konsolidierung wurde am 6. Juni 1901 auf den Namen „Bergwerk Werne" vorgenommen. Am 2. Mai 1901 hatte der Schacht I eine Tiefe von 580 Metern erreicht. Der Schacht II war am

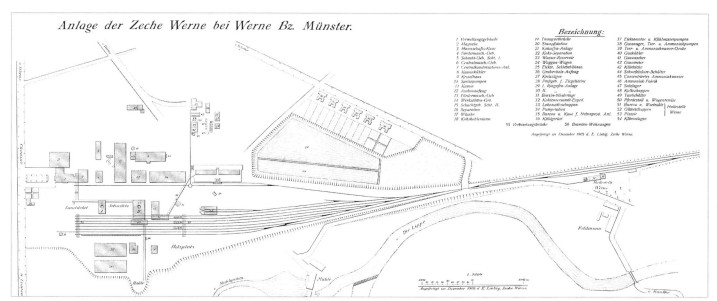

Die Gleisanlagen der Zeche Werne im Jahre 1906. Der Personenverkehr endete an der am rechten Kartenrand erkennbaren Haltestelle Werne. Archiv Klöckner-Werke AG

1969 ging die Zeche Werne an die Ruhrkohle AG. Am 19. März 1972 stand die RAG 795 (ex Klöckner Nr. 15) hier abgestellt.   Ralf Reich

9. Juli 1901 bei 580 Meter auf Steinkohle in nichtabbauwürdiger Menge gestoßen. Am 15. November 1901 war man mit dem Schacht I bei 728 Metern angelangt. Die Aufnahme der Kohlenförderung konnte damit für 1902 geplant werden. Der erste Hauptquerschlag hatte eine Länge von 1.225 Meter nach Norden und 965 Meter nach Süden. Die lagernden Kohlenmengen waren aber wesentlich geringer als angenommen, so daß eine zweite Sohle bei 850 Meter notwendig wurde.

Mit der in Werne geförderten Kohle konnte der Bedarf der Georgsmarienhütte und des Stahlwerks in Osnabrück gedeckt werden. Der GMBHV beabsichtigte, zwischen der Zeche Werne und dem Staatsbahn-Bahnhof Ermelinghof an der Strecke Münster – Hamm eine Gleisverbindung erstellen zu lassen. Bei dem Genehmigungsverfahren für diese als Grubenbahn vorgesehene Verbindung haben die Anliegergemeinden den Wunsch vorgetragen, die Bahn als öffentliche Kleinbahn zu betreiben. Um den schnellen Abtransport der Kohlen sicherzustellen, sah man jedoch vorerst davon ab. Am 3. Juli 1903 erfolgte die Betriebsaufnahme. Als Betriebsmittel waren vorhanden: 3 Dampflokomotiven, 3 Arbeitertransportwagen, 3 Zechenholzwagen und drei kleine Bahndienstwagen. Die Kohle sollte in Staatsbahnwagen verladen werden.

Am 19. Juni 1904 stellte der GMBHV den Antrag auf „Genehmigung zur Umwandlung der Zechen-Anschlußbahn Werne – Ermelinghof in eine Kleinbahn". Die Genehmigung wurde am 19. Juni 1904 erteilt. Die vollständige Inbetriebnahme mußte innerhalb eines Jahres, spätestens jedoch bis zum 19. Juni 1905 erfolgen. Am 1. Juni 1905 nahm die Kleinbahn Werne – Ermelinghof den öffentlichen Personen- und Stückgutverkehr auf, nachdem der öffentliche Wagenladungsverkehr bereits am 1. Juli 1904 aufgenommen worden war. Der Ausbau der Kleinbahn war im Jahre 1915 abgeschlossen. Bis zu diesem Zeitpunkt waren durch den GMBHV für die Kleinbahn 1.558.000 Mark ausgegeben worden. Die Strecke führte von der Station Ermelinghof (heute Bockum-Hövel) über Stockum nach Werne. Die Streckenlänge betrug 12 Kilometer. Neben den Gleisanlagen zur Wagenübergabe in Ermelinghof war in Stockum ein Bahnhofsgebäude mit Stellwerk erbaut worden. Im Zechengelände waren umfangreiche Gleisanlagen und ein Lokschuppen errichtet worden. Vor dem Osttor der Zeche endete der Personenverkehr am dort errichteten zweistöckigen Bahnhofsgebäude.

Wie vorhergesehen, war durch den Bergbau die Quelle des Thermalbades in Mitleidenschaft gezogen worden. Während die Quelle vor Aufnahme der Bohrarbeiten 1896 eine Steighöhe von drei Metern über die Austrittsöffnung gehabt hatte, floß im Frühjahr 1897 das Wasser nur noch eben aus. Im Oktober 1900 war der Wasserstand bereits auf 19,65 Meter unter der Geländeoberfläche abgesunken. Im Mai 1903 betrug der Stand 21,4 Meter und im Februar 1905 fiel er auf 37 Meter ab. Das Ende des Thermalbades kündigte sich damit an. Am 2. Mai 1905 durch die „Hannoversche Tiefbohrgesellschaft" begonnene Bohrungen konnten keine neue Quelle erschließen. Wegen Wassermangel mußte das Bad 1905 dann aber so plötzlich geschlossen werden, daß eine größere Anzahl von Kindern, die bereits in Werne zur Kur eingetroffen waren, wieder nach Hause geschickt wurden. Immerhin hatte das Bad in den Jahren 1897 bis 1904 einen durchschnittlichen Betriebsüberschuß von 8.567,19 Mark erzielt. Die austretende Sole hatte eine Temperatur von 27,84 °C gehabt und in der Zusammensetzung der Quelle in Bad Oeynhausen entsprochen.

Im Jahre 1910 wurden 357.668 Tonnen Kohle gefördert. 22.668 Tonnen gingen in den Zecheneigenverbrauch, 334.970 Tonnen konnten verkauft werden.

Für über 1.000 Arbeitnehmer der Zeche entstand in Rünthe eine Wohnsiedlung. Um den Mitarbeitern den Weg zur Arbeitsstelle zu erleichtern, beteiligte sich der GMBHV an dem Bau einer Straßenbahnverbindung von Unna nach Kamen vorbei an der Wohnsiedlung in Rünthe und am Zechengelände.

Die Lok 5 der Zeche Werne rangiert am 2. Mai 1966 im Werksgelände.   Ralf Reich

Die Kohlenzeche Werne

Vor der Werkstatt der Kleinbahn entstand am 7. Juli 1966 diese Aufnahme: Neben der Kleinbahnlok 2 sind die Zechenbahnloks 5, 1, 6 und 3 zu sehen. Gerhard Moll

Die Betriebseröffnung fand am 1. August 1909 statt. Nach einer kriegsbedingten Verkürzung der Strecke auf das Teilstück Kamen – Rünthe fuhr schließlich am 15. Dezember 1950 auch hier die letzte Straßenbahn. Eine Buslinie übernahm die Personenbeförderung.

Die Kleinbahn Werne – Ermelinghof erreichte profitable Beförderungsleistungen. Für den Güterverkehr hatte sich der Bau des Kraftwerks „Gersteinwerk" in Stockum 1922 positiv ausgewirkt. Beim Übergang der Besitzverhältnisse vom GMBHV auf die Klöckner-Werke AG war die Kleinbahn ein Gewinn abwerfender Teilbetrieb.

Ab 1941 gab es eine Gleisverbindung von der Zeche Werne zur Zeche Königsborn der Klöckner-Werke AG. Damit waren alle südlich der Zeche Werne gelegenen Reichsbahnstrecken und Zechen mit der Kleinbahn Werne – Ermelinghof verbunden. Aus der Kleinbahn wurde die „Werne – Bockum-Höveler Eisenbahn", die 1969 von den Klöckner-Werken mit in die „Ruhrkohle AG" eingebracht und betrieben wurde.

Am 31. Januar 1975 endete die Kohlenförderung auf der Zeche Werne I/II. Am gleichen Tage endete auch der Dampflokbetrieb auf der ehemaligen Kleinbahn Werne – Ermelinghof. Der Bahnhof Werne-Ost ist im Jahre 1980 verkauft worden. In Stockum befindet sich ein Anschluß zum Kraftwerk Gersteinwerk. Der dort abzweigende Anschluß zum Schacht „Werne 4" ist 1981 stillgelegt worden.

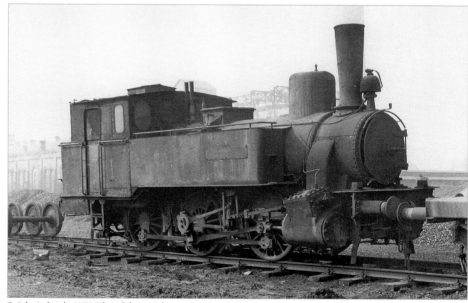

Bei der Lok 1 der WBHE handelte es sich um einen T7-Nachbau. Kurz nach ihrer Abstellung entstand im März 1960 diese Aufnahme. Gerhard Moll

Abgestellte Lok 2 an der Gleiswaage in Georgsmarienhütte. Ihre eigenen Triebfahrzeuge benötigt die GET heute fast nur noch für Rangierarbeiten. Lothar Hülsmann

Literatur- und Quellenverzeichnis

- Beermann, Werner: Schon fast vergessene Erinnerungen, Selbstverlag, Georgsmarienhütte 1982
- Beermann, Werner / Görbing, Dieter: Die Hütte, Arbeit und Leben in der Region um das Werk in Georgsmarienhütte, Eigenverlag D. Görbing, Georgsmarienhütte 1985
- Dreger, Gerhard: Kirche im Wandel, Hasbergen 1976
- Däbritz / Metzeltin: 100 Jahre Hanomag, Düsseldorf 1935
- div. (Heimatverein Löhne): Beiträge zur Heimatkunde, Löhne 1975
- div.: 1200 Jahre Osnabrück, Nürnberg 1980
- Grovermann, Christian / Spilker, Rolf: Industriearchitektur in Osnabrück, Rasch, Osnabrück 1999
- Haarmann, August: Historische kritische Darstellung der Entwicklung des Oberbaues, Osnabrück 1885
- Haarmann, August: Der Georgs-Marien-Hütten- und Bergwerksverein, Osnabrück 1900
- Haarmann, August: Die Kleinbahn, Berlin 1896
- Hackenberg, W.: Geschichte der Piesberger Steinindustrie, Osnabrück 1981
- Harms, Franz-Jürgen: Hüggel, Geologischer Exkursionsführer, Hasbergen 1980
- Hülsmann, Lothar H.: Der Haller Willem, Lübbecke 1983
- Hülsmann, Lothar H.: Die Eisenbahn in Osnabrück, Freiburg 1982
- Hülsmann, Lothar H. / Scheidemann, Wilfried: Die Eisenbahnen der Georgs-Marien-Hütte, Lübbecke 1985
- Kemper, F.: Kleine Geschichte der Wallücke-Bahn, Hannover o.J.
- Kutsch, Joseph: Die Georgsmarienhütte – ein revierfernes Werk, Frankfurt 1965
- Muthesius, Dr. V.: Du und der Stahl, Berlin 1941
- Müller, Dr. H.: Der Georgs-Marien-Bergwerks- und Hüttenverein, Osnabrück 1886
- o.A.: 100 Jahre Borsig-Lokomotiven, Hennigsdorf 1937
- o.A.: 125 Jahre Henschel-Lokomotiven, Düsseldorf 1973
- o.A.: 125 Jahre Stadtsparkasse Werne, Werne 1982
- o.A.: Beschreibung der GM-Hütte, Osnabrück 1873
- o.A.: Piesberger Anthrazit, Osnabrück 1896
- Röhrs, Hans: Der Ibbenbürener Steinkohlenbergbau, Paderborn 1983
- Schmidt-Klewitz, E.: 100 Jahre Georgsmarienhütten-Eisenbahn, Georgsmarienhütte 1966
- Schmitz, Reinhard: Dampfbetrieb auf den Strecken der RAG, in: Eisenbahn-Magazin, 13. Jahrgang (1975), Nr. 5
- Schweinefuß / Uhle, Bernhard: Die Wittlager Kreisbahn, Lübbecke 1973

Nachweise und Verzeichnisse

Personenverkehr auf der GME: Lok 1 mit der Triebwagengarnitur zwischen Augustaschacht und Patkenhof (24. Juni 1972).   Ludwig Rotthowe

- Spilker, Rolf: Industriekultur, Bramsche 1989
- Stetza, Günter: Die Kleinbahn Unna – Kamen – Werne, in: Straßenbahn Magazin, 4. Jahrgang (1973), Nr. 7
- Strudthoff, Joh.: Fortschritte auf dem Gebiet der Hochofenbeschickungsanlagen, in: Siemens-Zeitschrift 1924
- Thörner, Dr.: Piesberger Pflastersteine, Osnabrück 1910
- Uhle, Bernhard: Die Wallückebahn, Lübbecke 1987
- Volz, R.: Jung (Katalognachdruck), Velbert 1975
- Wilker, Hubertus: Getreuer noch, als wie im Spiegel, Osnabrück 1994
- Wolff, Gerd: Deutsche Klein- und Privatbahnen Bd. 1, Gifhorn 1974
- Wolff, Gerd: Deutsche Klein- und Privatbahnen Bd. 2, Gifhorn 1974
- Wolff, Gerd: Die Privatbahnen in der BRD, Freiburg 1984

- **Periodika:** Herforder Kreisblatt, Osnabrücker Zeitung, Westfalenblatt

- **Lieferverzeichnisse über die Lokomotivproduktion von:** Hanomag, Union, Henschel, Hagans, Jung, Orenstein & Koppel, Borsig und Hohenzollern

- **Archive:**
  - Niedersächsisches Staatsarchiv Osnabrück *Rep 335 Bd 9, Rep 660, Rep 430 Dez. 302, Rep 490 Osn Dep 49 a+b (Klöckner-Werke AG), Dep 81 237, Dep 3b IV*
  - Werksarchiv der Klöckner-Werke AG
  - Werksarchiv Klöckner-Humboldt-Deutz
  - Werksarchiv Klöckner-Durilit
  - Werksarchiv Georgsmarienhütte GmbH
  - Siemens-Museum
  - Karsdorfer Eisenbahn GmbH

Danksagung

Der Autor und der Verlag danken allen Leihgebern von Materialien, Akten und Fotografien. Ohne diese Unterstützung hätte dieses Buch in der vorliegenden Form nicht entstehen können. Alle namentlich bekannten Leihgeber sind im Quellenachweis bzw. in der Bildunterschrift aufgeführt.

Ein besonderer Dank gilt den Klöckner-Werken AG (bis 1985) sowie der heutigen Georgsmarienhütte GmbH, für die Bereitschaft den Zugang zu allen Archivalien zu eröffnen.

Ein Dank gebührt den Mitarbeitern der Firma DATATRONIC GmbH Osnabrück, die bei der Beseitigung von Hard- und Softwareproblemen während der Manuskripterstellung selbstlos behilflich waren.

LOK RUNDSCHAU

Postfach 80 01 07, D–21001 Hamburg
Telefon (04151) 89 69 13, Telefax (04151) 82 8 89

Neue Literatur für Ihr Hobby

Stationierungsdokumentationen

Karl Heinz Jansen, Peter Melcher
Die Lokomotiven der Baureihen 01 bis 10 und ihr Verbleib
Hochformat 15 / 21 cm. 192 Seiten, 236 s/w-Fotos. Gebunden, fester Farbeinband. DM 39,80 / öS 291,00 / sfr 37,50

Neben den Entwicklungen aus den 20-er und 30-er Jahren behandelt dieses Buch auch die Umbauten nach 1945 bei DB und DR. Nach einer baugeschichtlichen und technischen Einführung werden alle Lokomotiven mit ihrer letzten Bahnverwaltung, dem letzten bekannten Heimat-Bahnbetriebswerk und dem Z-Stellungs- sowie Ausmusterungsdatum aufgelistet. Über 200 Fotos zeigen die verschiedenen Loks der Baureihen 01, 02, 03, 04, 05, 06 und 10 im Zustand der verschiedenen Umbauten und in den unterschiedlichsten Einsatzgebieten.

Michael Reimer
Die Lokomotiven der Baureihe 52
Hochformat 21 / 30 cm. 240 Seiten, 204 s/w-Fotografien, Grafiken und Karten. Gebunden, fester Farbeinband. DM 62,00 / öS 453,00 / sfr 56,50

In fast 7.000 Exemplaren wurde die „Kriegslok" der BR 52 zwischen 1942 und 1952 gebaut. Neben einer Bauartbeschreibung inkl. kriegsbedingter Umbauten fehlen natürlich auch die Kondensloks sowie die DR-Reko-Umbauten BR 52^{80} und 52^9 nicht. Der Einsatz der Maschinen im In- und Ausland wird ausführlich dargestellt. Eine umfangreiche Statistik stellt den Hauptteil des Bandes dar, der dank der Hilfe vieler Eisenbahnfreunde auch die Verbleibe der Loks in der UdSSR, Polen, Bulgarien und der Tschechoslowakei weitgehend klären kann.

Karl Heinz Jansen, Peter Melcher
Die Lokomotiven der Baureihe 94 und ihr Verbleib
Hochformat 15 / 21 cm. 194 Seiten, 192 s/w-Fotos. Gebunden, fester Farbeinband. DM 39,80 / öS 291,00 / sfr 37,00

Ein Muß für jeden Dampflokfreund: Der bekannten und beliebten Baureihe 94 wird hier ein würdiges Denkmal gesetzt. Im Mittelpunkt dieser „Stationierungsdokumentation" steht eine Verbleibsliste aller Loks der Bauarten 94^0, 94^1, 94^{2-4}, 94^{5-17}, 94^{19-21} sowie 94^{70}, die neben einer Übersicht über die Einsätze in den einzelnen Direktionsbezirken bei DB und DR auch technische Einführungen bietet. Den Autoren gelang es außerdem, zahlreiche hervorragende und bislang unveröffentlichte Bildraritäten aus allen Einsatzepochen der 94er zusammenzutragen.

Allgemeine Themen

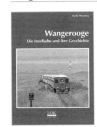

Malte Werning
Wangerooge – Die Inselbahn und ihre Geschichte
Hochformat 21 / 30 cm. 120 Seiten, 18 Farb- und 149 s/w-Fotos, 57 sonst. Abb. Gebunden, fester Farbeinband. DM 45,00

Seit 1897 verbindet die von der oldenburgischen Staatsbahn G.O.E. gebaute Schmalspurstrecke auf der Insel Wangerooge den Inselort mit dem Anleger im Westen der Insel. Die strategisch wichtige Lage der Insel vor dem preußischen Kriegshafen Wilhelmshaven sorgte für eine bewegte Vergangenheit. Dieses Buch stellt ausführlich die Entwicklung der Bahn vor und bringt anhand erstmalig ausgewerteter Unterlagen auch Licht in die bislang wenig bekannte Geschichte der Marinefahrzeuge und Gleisanschlüsse. Ein Muß für jeden Schmalspur- und Kleinbahnfreund.

Arend Boldt
Bahndienstfahrzeuge Technik und Aufgaben der BR 701-740
Hochformat 21 / 30 cm. 144 Seiten, 116 s/w-Fotos, 35 Zeichnungen. Gebunden, fester Farbeinband. DM 48,00 / öS 350,00 / sfr 44,50

Ein bislang viel zu kurz gekommenes Thema! Dieses Buch widmet sich ausschließlich den gelben Spezialfahrzeugen, vom Turmtriebwagen 701 bis hin zum Signaldienstwagen der Baureihe 740. Neben ausführlichen Portraits und seltenen Fahrzeugzeichnungen enthält das Werk auch eine Vielzahl rarer Betriebsaufnahmen. Mit diesem Buch wird eine echte Lücke in der Eisenbahnliteratur geschlossen.

Carl W. Schmiedeke
Der Wagenpark der Berliner S-Bahn
Hochformat 21 / 30 cm. 120 Seiten, 139 s/w-Fotos, Grafiken u. Zeichnungen. Gebunden, fester Farbeinband. DM 36,80 / öS 269,00 / sfr 34,00

Carl W. Schmiedeke, Berlin-Redakteur der LOKRUNDSCHAU und anerkannter S-Bahn-Historiker, beschreibt in diesem neuen Werk den interessanten Fahrzeugpark der Berliner S-Bahn. Von den Versuchszügen der zwanziger Jahre bis hin zur modernsten S-Bahn-Generation, den Triebzügen der Reihe 481/482, sind alle Typen detailgenau beschrieben. Modernisierungen, Umbauten, Umzeichnungen und Verbleibe werden genau nachvollzogen. Ein Standardwerk für alle Freunde der Berliner S-Bahn.

Hans-Peter Kuhl, Jörg Petry, Malte Werning
Die Eifelquerbahn Mayen – Gerolstein
Hochformat 15 / 21 cm. 160 Seiten, 28 Farb- und 155 s/w-Fotos, Grafiken. Gebunden, fester Farbeinband. DM 29,80 / öS 218,00 / sfr 27,50.

Die als Eifelquerbahn bekanntgewordene Bahnlinie von Mayen nach Gerolstein gehört zu den schönsten Strecken Deutschlands. Auf dieser typischen Nebenbahn, die die Vulkaneifel in West-Ost-Richtung in ihrer ganzen Länge durchzieht, endete der planmäßige Reisezugverkehr bereits Anfang 1991. Dieses Buch zeichnet ihre Geschichte nach, illustriert mit zahlreichen eindrucksvollen Zeichnungen und Fotos – davon viele in Farbe!

Karl Pokschewinski
Feuerlose Lokomotiven – Geschichte, Einsatz u. Verbleib der Dampfspeicherloks
Hochformat 21 / 30 cm. 168 Seiten, 297 s/w-Fotos und Zeichnungen. Gebunden, fester Farbeinband. DM 49,80

Feuerlose Lokomotiven, auch als »Dampfspeicherloks« bezeichnet, sind in der Eisenbahnliteratur bislang nahezu unbekannt. Der Autor hat in langjähriger Recherche diesen umfassenden Überblick über die in Deutschland und Österreich gebauten und eingesetzten Loks dieser Bauart geliefert. Da Dampfspeicherloks bevorzugt bei Werk- und Industriebahnen verwendet wurden, war ihr Bekanntheitsgrad nie hoch. 297 Bilder zeigen sie in all ihren Varianten: Neben großen und formschönen Maschinen gab es auch kurios anmutende winzige Loks oder abenteuerlich anmutende Umbauten.

Die LOKRUNDSCHAU

Erscheint zu Beginn aller ungeraden Monate. Ca. 78 Seiten pro Heft, Hochformat 21 / 30, Klebebindung. Einzelheft: DM 9,00, Abo: DM 49,00 (für Deutschland)

Alle zwei Monate berichtet ein Team ehrenamtlicher Redakteure über alles Aktuelle bei
☐ der Deutschen Bahn AG
☐ Privatbahnen
☐ Industriebahnen
☐ Museumsbahnen
sowie aktuelle verkehrspolitische und eisenbahnhistorische Themen rund um die Schiene. Die Meldungsfülle, Statistiken sowie zahlreiche gute Fotos machen die LOKRUNDSCHAU für jeden Eisenbahnfreund unentbehrlich.

Betriebsmittel der Georgsmarienhütten-Eisenbahn.
M 1:100.
Aufnahme September 1913.